私法评论

第一卷

郑 宇 郭 丹 主编

哈爾濱工業大學出版社

内容提要

本书是由哈尔滨工业大学法学院和哈尔滨工业大学私法研究所共同主办的以民商法为研究方向，推进我国民商法学的发展和民商法律建设的系列文集。本书为《私法评论》第一卷，设专题研讨、学术论坛、判例研究、域外法专论、民商法研究述评五个栏目，共收录全国优秀论文20余篇。

本书可作为高等院校民商法等专业研究生参考书，也可供相关专业研究人员参考。

本书的出版得到了哈尔滨工业大学法学平台建设基金的资助

图书在版编目(CIP)数据

私法评论．第1卷/郑宇，郭丹主编．—哈尔滨：哈尔滨工业大学出版社，2010.12

ISBN 978-7-5603-3087-7

Ⅰ.私…　Ⅱ.①郑…　②郭…　Ⅲ.①私法-文集　Ⅳ.①D906-53

中国版本图书馆CIP数据核字(2010)第259608号

责任编辑　田新华
封面设计　长　江
出版发行　哈尔滨工业大学出版社
社　　址　哈尔滨市南岗区复华四道街10号　邮编150006
传　　真　0451-86414749
网　　址　http://hitpress.hit.edu.cn
印　　刷　哈尔滨工业大学印刷厂
开　　本　787mm×960mm　1/16　印张17　字数358千字
版　　次　2010年12月第1版　2010年12月第1次印刷
书　　号　ISBN 978-7-5603-3087-7
定　　价　54.00元

目　　录

□ 判例研究

□ 域外法专论

□ 民商法研究评述

卷首语

《私法评论》是由哈尔滨工业大学法学院和哈尔滨工业大学私法研究所共同策划出版的民商法丛书，其以民商法为研究方向，旨在为我国民商法学的发展和民商法律建设贡献自己的绵薄之力。本书为《私法评论》第一卷，内容划分专题研讨、学术论坛、判例研究、域外法专论、民商法研究述评五部分，共收录优秀论文20余篇。

专题研讨的内容为侵权责任。随着我国《侵权责任法》的颁布和实施，学界对于侵权责任相关内容的研究更加广泛和深入。此部分收录论文4篇。范纯博士的《日本侵权行为法的三次转折》一文，认为日本律令制的法体系中存在侵权行为法的最初形态，具有明确的赔偿意义。明治维新后，日本引入近代侵权行为法而发生历史上第一次转折，但所发挥的作用不容乐观，直到上世纪20年代，侵权法体系才得以完善。二战后的50~60年代，日本侵权法制发生第二次转折，侵权行为法学也取得进展。90年代以来，面对侵权法危机和新保护法益的出现，侵权法法制正发生第三次转折，日本学者以新自由主义权利论为基础，提出诸多理论对策，对策既是从现实角度对侵权行为制度目的和机能的根本性追问，又是开创日本侵权法新时代的大胆尝试。孟丽君副教授、于巍巍硕士的《商业秘密侵权行为探析》一文，分析了商业秘密侵权行为的类型、认定标准及除外情况，阐述了商业秘密侵权行为的法律责任，旨在明晰商业秘密侵权行为的各项法律问题。博士研究生吕可的《论共同侵权行为的认定》一文，通过分析关于共同侵权行为的现有理论和法律规定，试图寻找出共同侵权行为认定上的一个基本标准，即共同侵权的“共同性”；并以“共同性”的主观方面和客观方面二者为基本思路，结合我国新出台的《侵权行为法》，对共同侵权行为认定的具体规定提出了相关完善的意见。杜明艳博士的《从橙剂案看毒物致害公众侵权案件的解决机制》一文，以 Peter H. schuck 教授的《橙剂案庭审直击》一书为基础，以动态的方式剖析了橙剂案的起因、发动、审理、和解的整个程序，主要从因果关系、行政合同、集团诉讼与和解协议三个方面分析了橙剂案的特有问题和独特的解决方式，对如何应对橙剂案所揭示的毒物致害公众侵权案件中最复杂的问题给予了探讨。

学术论坛部分收录论文13篇。孙文桢博士的《合同法理视野下的婚姻》一文,用合同的法理考察透视婚姻。婚姻的实质在于它是男女双方为满足各自利益互为配偶的结合,而和感情并无必然联系;婚姻的基础则既可能是感情的利益,也可能是其他的利益。婚姻的成立不以"合法"为条件,它和婚姻生效截然不同。《婚姻法》应对婚姻的成立予以明文规定,同时也应进一步完善对婚姻效力状态的规定。婚姻登记的功能在于形式审查、效力确定和公示公信,而其中的法理则类似于物权契约。对离婚协议的效力,《婚姻法》应规定得再详细一些;而对现行的诉讼离婚理由,我们则可以从新的视角去认识其不妥当性,并据此作出相应的立法设计。袁雪博士、硕士研究生刘春宇的《法律选择理论演进的法哲学渊源探讨》一文,以法律选择理论发展演进的历史为线索,探讨法律选择理论与法哲学思想的内在联系。赵晓钧博士的《占有与本权——兼论占有公示效力的变迁》一文,认为占有制度的关键在于其与所有权及其他本权间的关系。所有权与占有之间关系的微妙表现在占有是所有权取得的先决条件,是所有权的权能之一,是所有权最常见的外在表现方式,是物权变动的公示要件等。将占有作为动产物权的公示表彰方式是生活和交易经验的总结,基本上可以满足交易实践的需要。但是,当所有权概念逐渐稳固、所有权体系基本形成时,对物的利用常使占有状态和权利归属发生分离。也就是说,实际占有财产的人很可能并不是真正的权利人。因此,占有对权利的表彰存在着不确定性。此为占有公示效力的"新近发展",特别表现为法律对非典型性担保物权认可时。郑宇博士的《票据抗辩概念解析》一文,通过对票据抗辩的概念进行解析,确定票据抗辩的研究基础。本文首先介绍了关于票据抗辩含义的几种观点,并指出其争论点,进而对各个争论点进行分析,最后在对各种观点比较分析的基础上,确立了票据抗辩的合理内涵。赵融博士的《工程伦理中的若干法律问题》一文,首先对工程伦理的基本知识进行介绍,明确其概念与知识背景;其次提出工程伦理中的法律问题,并对其进行了充分的阐释。即工程价值判断与法律价值判断在人权、效率和公平方面出现重合,在工程伦理的法律责任方面既有合同责任,也有侵权责任。郝晶博士的《论我国劳动者参与企业治理制度的完善》一文,尝试以我国现有相关立法规定为基点,反思我国劳动者民主参与企业治理的实现机制与保障框架,并提出完善我国劳动者参与企业治理制度的法律思路,即建构劳动权本位的综合劳动者经营参与制度体系。侯银萍博士生的《论票据代理的两种特殊形态》一文,通过详细探讨票据隐名代理制度与票据代行两种制度,使大家能够对票据代理制度具有全面的认识和把握。刘琳琳博士的《有价证券所有权理论研究——以证券作为"物"为基础》一文,突破我国关于有价证券基础理论的研究甚少,且单独研究、缺少整体性考察这样一种现状,从有价证券本身出发,研究证券的本质、构建有价证券理论。作为有价证券基础理论研究的基础性问题——有价证券所有权问题首先被触及。文章从有价证券所有权理论的核心思想、存在价值以及对其的批判三个方面,对有价证券所有权理论做了详细的阐述。申伟硕士的《论民法的价值实现——以抽象身份与具体身份的紧张与冲突关系为视角》一文,注意到近代民法确立了抽象人的形象,使民法确定产权归属和实现财富增长的价值得以实现。但现代社会经济和社会的高速发展,出现了贫富差距过大等一系列问题,使抽象人背后的具体身份越来越受到关注。而且随着大量社会经济法律出现,使民法制度设计中难免会出现抽象身份和具体身份的紧张关系。因此,文章以人的抽象身份和具体身份的紧张与冲突关系为视角来分析民法如何实现民法关注民生,实现多数人的财富普遍增长这一价值。孙亚楠硕士生的《浅析中国农村宅基地使用权流转制度》一文,针对我国农村宅基地使用权流转的相关法律规范少、管理混乱等弊端,提出建立宅基地使用权流转的具体措施,以确立新型的合理适度的农村宅基地使用权流转制度。王雪杉博士的《保险法中告知义务制度的流变》一文,对保险法中告知义务制度流变的研究,不仅有利于明确其发展脉络,更为其履行标准等问题的研究奠定基础。文章从告知义务制度的起源、告知义务制度的立法例、告知义务演化中法观念的变迁三个方面介绍了保险法中告知义务制度的流变。刘海英硕士、祖霞法官的《票据权利善意取得的构成要件》一文,比较分析了关于票据权利善意取得构成要件的各种学说,并论证了五要件说合理性。在此基础上,对五要件说的具体内容进行了全面深入的探讨。李育元硕士的《破产清偿顺位的应然选择——兼评我国〈企业破产法〉关于破产清偿顺位的规定》一文,以我国对破产清偿顺位的讨论为背景,对有争议的几种债权的清偿顺位问题进行探讨。并以此为基础,对我国《企业破产法》关于该问题的规定进行了评析并提出了改进建议。

判例研究部分收录论文2篇。资琳博士的《储蓄合同视角下的许霆案》一文,以储蓄合同为视角,分析得出许霆案中的许霆行为是因给付错误导致的不当得利。由于许霆案件反映了目前我国储蓄合同内容不公平的现状,因此文章以许霆案件为分析范本,就如何实现储蓄合同的公平,提出了一些建议。张春雷硕士的《以北京美丽园案件的再审为视角析〈关于审理物业服务纠纷案件具体应用法律若干问题的解释〉的得失》一文,以北京首例业主委员会告物业公司胜诉案件——美丽园案件的再审为视角,审视最高人民法院出台的《关于审理物业服务纠纷案件具体应用法律若干问题的解释》的得失利弊。通过该《解释》对核心案件再审环节中有关问题的应对,针对合同效力、收费标准、双方自处和诉讼主体四个问题,得出结论并由此提出建议。

域外法专论部分收录论文1篇。于天娇博士的《浅析俄罗斯思想对俄罗斯民法发展的影响》一文,认为法律的发展是一国文明进程中的重要环节,而每当一国之文化、思想以及道德审美的情趣发生变化,就会影响到该国、该社会阶段的法律制度的演变,这其中又因为民法与社会民生的息息相关而犹受牵连。俄罗斯思想是影响俄罗斯国家民法制度发展的不可忽视的因素。这种造就了俄罗斯民族特性的思想情操也打造出俄罗斯民法发展的独特脉络。文章从俄罗斯历史发展出发,探讨各种思潮以及道德文化的变迁对其民法发展的影响。

民商法研究述评部分收录论文1篇。郑宇博士的《新中国票据法与票据法学的回顾与展望》一文,认为无论在国际领域还是国内领域,票据都有着悠久的历史,只不过由于种种原因,我国票据法制定与施行仅有十余年的时间,其在理论研究与司法实践方面尚处于起步阶段,有待于进一步加强理论研究,完善相关立法。因此,本文系统梳理了票据法以及票据法学的发展历史,并对我国未来票据法以及票据法学的发展路径进行展望。

本书的顺利出版,首先要特别感谢哈尔滨工业大学法学院赵海峰院长和王晓东书记的关心;其次要感谢哈尔滨工业大学法学院民商法教研室各位同仁——任旭东老师、冯秋燕老师、吴江老师、王富强老师、王伟老师、赵晓钧老师的支持;最后要感谢私法研究所助管杨砚犁同学在本书完成过程中所做的各项协助工作。这里,还要特别感谢哈尔滨工业大学出版社的田新华老师,正是她不辞辛劳的审校工作才使得本书能够顺利出版。《私法评论》第一卷的出版,只是我们私法研究所工作进程的一个起点,虽然今后的道路会很艰辛,但我们会始终保持前进的勇气,使其得到更好的发展。

鉴于水平有限,疏漏在所难免,恳请各界同仁批评指正,使我们能够在求知的道路上越走越远。

编　者

2010年9月6日

□ 专题研讨:侵权责任

日本侵权行为法的三次转折

范纯[①]

摘　要:日本律令制的法体系中存在侵权行为法的最初形态,具有明确的赔偿意义。明治维新后,日本引入近代侵权行为法而发生历史上第一次转折,但所发挥的作用不容乐观,直到上世纪20年代,侵权法体系才得以完善。二战后的50~60年代,日本侵权法制发生第二次转折,侵权行为法学也取得进展。90年代以来,面对侵权法危机和新保护法益的出现,侵权法法制正发生第三次转折。日本学者以新自由主义权利论为基础,提出诸多理论对策,对策既是从现实角度对侵权行为制度目的和机能的根本性追问,又是开创日本侵权法新时代的大胆尝试。

关键词:日本侵权法;侵权原初形态;基本权保护;日本型模式

目　次:

一、日本侵权法的原初形态——明治初期的过失赔偿

在日本,1868年明治政府建立后,1870年颁布了《新律纲领》,1873年作为新律纲领的补充颁布了《改定律例》。这一时期日本法已受到西方法的影响且影响日增,但统治集团不允许西方法律思想成为纲领制定的主流思想,仍然沿袭固有法和中国法系的概念,无论思想与内容可以说是对大宝律、养老律以及汉、晋、隋、唐、明、清各律的模仿,进而,法律构成未见公法与私法体系化形式,使纲领包含许多私法尤其是民事上的规定。从损害赔偿来看,"过失杀伤人"、"过失杀伤

① 范纯,法学博士,黑龙江大学法学院教授,研究方向为环境法学、比较法学、民商法学。

收赎图”的规定就是其中之一，可以说这是考察日本私法史应当特别关注的事项。

过失杀伤人以过失为要件，依据《唐律疏议》和日本的法律注释书《法曹至要抄》的解释，过失是以没有害意为前提，是说耳目不及的场合或思虑不足的场合。例如，因没有听到人声，未见人影，投掷砖瓦或弹射时杀伤人的场合，或者举起重物而不能控制、或升到一定高度而跌足、或想猎杀动物而错误杀伤人的场合等。这些场合均为过失杀伤罪。从注释来看，当时的过失概念，采用了因果关系乃至归责可能性的原因主义或者结果责任主义。这一立场不仅被唐律、日本律，几乎被所有的古代法采用，罗马法、日耳曼法也采用过失概念。日本《新律纲领》和《改定律例》就是对该立场的踏袭[①]。《新律纲领》的“过失杀伤人”、“过失杀伤收赎图”，以及《改定律例》规定的“过失杀伤人条例”、“过失杀伤收赎例图”，均规定“收取赎罪金给其家，作为埋葬和医药费用”，这在今天的损害赔偿意义上值得关注。这种赎罪金制度，意味着通过提供财物能够免除犯罪行为或者作为犯罪结果而应受的刑罚。赎罪的机能原本是作为刑事罚，但赎罪是具有作为民事上的损害赔偿性质而发达起来。

赎罪思想最早见于我国《尚书》，自汉律和晋律作出规定以来，经过唐律，引入日本律制。日本律适用赎罪的条件如下：第一，该当议者[②] 及其亲族、八位、勋十二等以上者、七位、勋六等以上者的一定范围的亲族、五位以上者的妾犯流罪的场合；第二，70 岁以上的 16 岁以下的以及患病者犯流罪以下的场合；第三，疑罪的场合；第四，过失杀伤人。日本律还规定了九种犯罪赎罪适用除外的场合，即加役流、反逆缘坐流、子孙过失流、不孝流、会赦犹流，二等以上尊长与外祖父母对丈夫和丈夫父母犯有过失杀伤罪而处徒者、故意殴人至疾应流、男夫犯盗处徒以上的、妻妾犯奸。但是，对于过失杀伤的场合，除子孙过失流和二等以上尊长徒外，均可用赎金清偿。

《新律纲领》和《改定律例》的刑分为“实断”和“纳赎”，实断也称“的决”，只要

---

① 这里的过失是指人的行为变成原因若发生杀伤结果，即使该人没有不注意的场合，只因发生了结果，过失杀伤人就会成立。而近代法的过失概念是立于过失责任主义，日本最初引入这一概念的是法国学者波阿索纳德为日本编制的旧民法，即基于故意和过失给他人带来损害的场合，加害者要承担损害赔偿责任。参见小林忠正：《日本民法史论》，法学书院 1997 年版，第 66 页。

② 议者是根据六议规定，分为议亲（天皇血族和婚姻特定范围的人）、议故（天皇近侧）、议贤（被称为君子和贤人的人）、议能（国家枢要人物）、议功（有武功的人、海外使者）、议贵（三品以上的人）。参见小林忠正：《日本民法史论》，法学书院 1997 年版，第 68 页。

符合律的本文就以实刑处断,纳赎是说只要符合例图[①]就让其以金钱支付。纳赎又分为赎罪和收赎,赎罪是出具金钱免除刑罚,收赎是比赎罪较为轻微的框架,催收赎罪的金钱。赎罪和收赎虽然意味着出具金品能免除刑罚,但不会适用所有的刑罚,主要依据身份而定。但是,对于过失杀伤的场合,则不考虑身份条件,无论华族士族还是平民,均能适用过失杀伤人。但还规定,在“殴打祖父祖母父母”(纲领)、“殴打祖父祖母父母条例”(律例)(符合子孙过失流)的与“殴打二等尊长”(纲领)、“殴打二等亲尊长条例”(律例)方面,即使是过失杀伤场合,也不允许适用收赎。

一般来讲,对犯有过失杀伤的人,适用赎法,原则上不适用实刑,所以不存在刑罚权与受害者赔偿请求权竞合的余地,只是不能收纳赎金时,因对加害者要执行实刑,这种场合会形成刑罚权与受害者赔偿请求权选择性竞合,这也是民事责任与刑事责任混在所致。但在近代法方面,民事责任与刑事责任区别是当然而明确的。今天,作为民事责任的侵权行为是对私人的侵权行为,其赔偿请求权是受害者对加害者能够要求金钱赔偿和恢复原状。对此,作为刑事责任的侵权行为是犯罪,通过国家权力以生命刑、自由刑、财产刑进行处罚。两者在通过公权力实现这一点上是共同的,就同一事实既有民事责任和刑事责任双方的构成,也有民事责任或刑事责任一方构成。即近代法的区分立场是民事责任的侵权行为与刑事责任的刑罚非常明确的。但是,《新律纲领》和《改定律例》的民事责任部分与刑事责任部分是混合的,这个意义上与近代法是不同的。因赎罪也是刑罚的一种,只是过失杀伤人向受害者或受害者家属给付赎金这点上,与其他赎罪的刑事责任不同,这种状态则是日本损害赔偿史发展过程中的一个形态。

考察损害赔偿史的发展过程,最为有力的见解是 Girard 的进化论,即发展到今天的损害赔偿制度,经历了私的复仇时代、任意赎金时代、法的赎金时代、国家镇压的四个时代。Steven 也将进化顺序划分为四个阶段,第一期为复仇时代,第二期为复仇限制时代,第三期为赔偿时代,第四期为刑罚时代。两个进化论虽是从刑事侧面的观察,但是具有共同认识的学说,在这一点上,日本损害赔偿史的展开没有例外的理由,从这样的立场看,《新律纲领》和《改定律例》规定的赎罪制度,相当于 Girard 的法的赎金时代,或者相当于 Steven 的第三期为赔偿时代。只

---

① 例图是指《新律纲领》中所列举的图表,如笞 10 场合,赎罪 3 分,收赎 1 分;笞 20 场合,赎罪 1 两 2 分,收赎 2 分,笞 30 场合,赎罪 2 两 1 分,收赎 3 分;笞 40 场合,赎罪 3 两,收赎 1 两;笞 50 场合,赎罪 3 两 3 分,收赎 1 两 1 分。杖 60 的场合,赎罪 4 两 2 分,收赎 1 两 2 分;杖 70 的场合,赎罪 5 两 1 分,收赎 1 两 3 分;杖 80 的场合,赎罪 6 两,收赎 2 两;杖 90 的场合,赎罪 6 两 3 分,收赎 1 两 1 分;杖 100 的场合,赎罪 7 两 2 分,收赎 2 两 2 分等。此外,徒、流、绞斩也规定了赎罪和收赎的具体数额。参见小林忠正:《日本民法史论》,法学书院 1997 年版,第 73 ~ 74 页。

是过失杀伤人的场合,因言明由加害者向受害者家属交付,承认赎金具有赔偿性质,如果说"其目的具有复仇断念金性质,也主要是精神上得到满足"的话,也是损害赔偿史上的一段古老形态的残存,用进化论衡量的话,可以认为是Girard的任意赎金时代或者Steven的第二期复仇限制时代的残存。

任意赎金时代的特点是,必须按照当事人双方的实力和受害者要求复仇的激情程度计算赎金。而过失杀伤人的赎金被规定为与实刑一致的一定额,其思想不是像今天所考虑的损害赔偿那样,要求与受害者事实上遭受损害对等的对价为目的,而是具有依据受害者复仇的感情程度来计算的性质。"过失杀伤收赎图"和"过失杀伤收赎例图"规定的收赎金比其他罪规定的收赎金要高,就是基于这样的理由。"过失杀伤人"的赎金,即使是当初作为复仇的性质而得到承认,但毕竟是损害赔偿史一段古老时代的残存,可以说,赎罪从复仇出发,不久就形成具有赔偿意义的混成状态。

应当说,日本的《新律纲领》和《改定律例》在日本制定出民法典之前,包含民法部分,在考虑当时民法规则的基础上,规定了非常重要的应予注目的诸多事项,"过失杀伤人"就非常典型,作为损害赔偿原初形态的残存,明确具有损害赔偿的意义。根据日本学者小林忠正的研究,从明治初期到民法典出台的30年间,作为原初损害赔偿形态的过失赔偿总共分七种形态:车马杀伤人、庸医杀伤人、殴打家长、改正的弓枪杀伤人条例、窝弓杀伤人条例、疯癫杀人条例、殴打三等亲以下尊长条例。

根据《新律纲领》的规定,车马杀伤人是指没有紧急理由而在市街地车马乱跑使人伤害的,该当斗殴律斗殴条款,减刑一等,使人死亡的处流刑三等。假如马因吃惊奔跑或因公务紧急事态而杀伤人的,该当过失杀伤人,依据过失杀伤收赎图,将收赎费向受害者家属给付。庸医杀伤人是指医生在针灸和投药治疗错误而致死的适用过失杀伤,依据过失杀伤收赎图,将收赎费向受害者家属给付。另外,对加害者医生不允许继续行医,假如故意虚构病名,将轻症作为重症收取高额药费的数赋适用窃盗律,死亡的场合或者以毒药杀人处于斩罪。殴打家长是指奴婢对主人施以暴行的场合处流刑一等,伤害的场合处流刑三等,折伤[①]的场合处以绞刑,死亡的处以斩罪,过失伤害的场合处徒刑三年,过失杀的场合处流刑三等,这种场合不允许收赎。雇人对主人施加暴行的场合,处徒刑两年,伤害的场合处徒刑三年,折伤的场合处流刑三等,达到笃疾[②] 的场合处以绞罪。

---

① 如牙掉了、手指断了、一只眼睛弄瞎了、耳朵鼻子缺损了、筋骨折了等场合。参见小林忠正:《日本民法史论》,法学书院1997年版,第112页。

② 指毁坏双眼、手足折断、切掉舌头、打碎睾丸以及殴击旧伤旧患使其再发的场合。参见小林忠正:《日本民法史论》,法学书院1997年版,第112页。

死亡的场合处以斩罪。过失杀伤的场合,依据过失杀伤收赎图,可以收赎。主人因奴婢和雇人违背其指示而斥责时导致兴奋意外死亡的场合处笞五十,这时的过失杀场合不问罪。

根据《改定律例》的规定,改正的弓枪杀伤人条例是指在认为旷野无人的地方拉弓或者发射猎枪时,杀伤人的适用过失杀伤人条例。窝弓杀伤人条例是指在深山和旷野等猛兽(猪和鹿等)出没的场所,挖陷阱设圈套,并设置场所瞭望点和拉绳定界的,处惩役40天,以此伤害人的场合该当斗殴律,减刑四等。但减刑比本条款更为轻微的场合适用本条。死亡的场合惩役三年,以埋葬金25日圆赎罪,向死者家属支付。假如在深山和旷野以外的场所挖陷阱设圈套杀伤人的场合,要依据车马杀伤人律处罚。疯癫杀人条例是指精神障碍者杀人的场合,修改了可追取埋葬金25两的《新律纲领》的"疯癫杀人条",依照过失杀伤收赎例图可收取40日圆给付死者家属,伤害的场合同样根据过失杀伤收赎例图收赎,给付受害者充当医疗费。这一条款的规定是希望追究疯癫人责任的规定,是原因主义最为彻底的姿态,是以受害者损失填补为目的的①。殴打三等亲以下尊长条例是指子孙过失伤害曾祖父母、伯叔之父、夫之侄、异父兄弟姐妹、夫之祖父母、侄之媳妇、继父等三等亲以下尊属的场合,依照过失杀伤收赎例图,允许收赎。

总之,对人的生命、身体侵害的"过失杀伤人",法律上的对处方法有两种,一是课以刑罚的刑事责任,另一是对因侵权行为导致的损害进行填补的民事责任。"过失杀伤人"在以赎金向受害者家属给付这一点上,与其他赎罪、收赎的刑事责任不同,其状态是损害赔偿史的发展过程的一个形态。

二、日本侵权法的第一次转折——近代侵权法的确立

明治维新后,日本为适应资本主义经济关系发展的需要开始编纂民法典。1870年在太政官制度局设民法典编纂会,江藤新平为会长,决定以法国民法典为蓝本,编纂日本民法典,命箕作麟详翻译法国民法典。1872年江藤新平任司法卿,继续推进移植法国民法典的工作,1873年推出"民法临时法则"共88条,但因4月江藤新平辞职,移植民法典工作夭折。1879年大木乔任就任司法卿,决定利用外国民法专家起草日本民法典。1873年巴黎大学教授波阿索纳德(Gustave Emile Boissonade)应日本政府之聘,以法国民法典为蓝本,起草了财产法,经10多年努力,1890年公布了第一个日本民法典,史称旧民法典②。法典因

① 小林忠正:《日本民法史论》,法学书院1997年版,第120页。

② 旧民法典共五编1762条,财产编572条,财产取得编435条,债权担保编298条,证据编164条,人事编293条。参见王书江译:《日本民法典》,中国法制出版社2000年版,第2页。

过于法国化，不符合日本国情，未获通过。

明治初年，日本法学界形成对峙的英国法学派和法国法学派。出台的民法典既遭遇传统势力的非难，也遭遇英国法学派的反对，双方展开激烈争论。争论结果是民法延期施行，同时吸收德国法要素① 重新编纂民法典。德国宪法学者罗斯雷尔向日本递交了“日本民法编纂的意见书”，提出“现今日本正向泰西开明领域迈进，日本民法应基于泰西民法原理来编纂，泰西民法总的有两大类，一是法兰西、罗马民法，二是德国民法，对于日本来说，比起法国民法更适合德国民法”。按照罗氏说法，法国民法的特征是个人平等、亲族关系疏远、财产不安定、家督保存欠缺，带有纯然的民主主义性格，伴随着革命，带来政局不稳。德国民法因具有保守性格，与君主政体、贵族政体适当，具有强固政治基础的机能。因此，1893 年日本设立法典调查会，开始对旧民法典进行修订。明确了民法典体例由总则、物权、债权、亲族、继承五编构成，这是对德国民法体例的模仿，日本民法典体例就从法国的“法学阶梯”式变更为德国的“潘德克吞”式。

新民法典的编纂进展顺利，1895 年，新民法典前三编即总则、物权、债权提交国会审议并顺利通过。1898 年新民法典后两编即亲属、继承提交国会审议，顺利通过，新民法典于 1898 年 7 月 16 日起施行。新民法典与旧民法典相比，主要特点是：(1)内容编排上采用德国式，即潘德克吞体系，采用总则与各编、总论与各论的规定样式，形成了较高的逻辑体系性，分为总则、物权、债权、亲属、继承五编，因法律规定的概括化，法条显著减少，由旧民法的 1762 条减少到新民法的 1146 条，特别是财产法部分，由旧民法的 1319 条减少到 724 条，由此，也加强了解释的弹性②；(2)在条文处理上只列原则、变则或就容易产生歧义的事项列出规则，而不作过于详细的规定；(3)承认习惯法的效力，新民法具有广泛接受伦理规范、习惯规范的结构，如侵权行为造成的损害赔偿，财产以外的无形损害即精神损害等，都是在法典争论时，对旧民法非伦理性攻击所采取的应对③。

日本民法典中关于侵权行为的规定共有 16 条，即第三编第五章第 709 条至第 724 条，就侵权行为要件(709)、非财产损害赔偿(710)、对亲属的赔偿(711)、未成年人的责任能力(712)、心神丧失人的责任能力(713)，以及监督人的责任(714)、雇佣人的责任(715)、定作人的责任(716)、土地工作物的占有人所有人的责任(717)、动物占有人的责任(718)作出了规定。第 709 条规定，因故意或过失

① 1888 年德国发表民法典第一草案。

② 参见川口由彦：《日本近代法制史》，新世社 1998 年版，第 289 页。

③ 日本民法典第 710 条规定，不论侵害他人身体、自由或名誉，还是侵害他人财产，依照第 709 条规定应负赔偿责任者，对财产以外的损害，亦应赔偿。参见王书江译：《日本民法典》，中国法制出版社 2000 年版，第 126 页。

侵害他人权利时,负因此而产生损害的赔偿责任。该条款将过失主义作为侵权行为法的基本原则,目的是为了保障个人拥有充分自由,只要在社会生活中对自己行为予以充分必要的注意,就可自由行动。这一原则不仅是近代私法的基本原则,也成为日本财产法的基本原则,不仅适用侵权行为,也适用债务不履行。这里的过失概念也是站在过失责任主义立场,只要有过失就承担损害赔偿责任,承担着填补损害的作用,如果没有过失,就不会承担不利益,可以保障行动的自由。按照波阿索纳德的阐述,原因主义妨害个人活动自由,适合实际生活的在于多数的立法例的确认。第719条就共同侵权行为、第720条就正当防卫与紧急避险的免责规定,第721条就胎儿特例、第722就损害赔偿方法、第723条就名誉毁损、第724条就损害赔偿请求权的消灭时效做了规定。

从19世纪后半期开始,日本谋求法的近代化,继受了西方法。需要指出,侵权法作为正式制度,虽与西方没有太大差异,但未能使普遍主义精神在社会内部浸透,传统的法观念持续占据支配,法体系现实机能与西方明显不同。日本急于仿制欧洲法,有修改不平等条约、收回国权的政治目的。因此,几乎未遭遇固有法抵抗而快速继受了欧洲法,国家法在制度上转到欧洲大陆法系,但是,法律文化未必完全如此,政府虽然倡导“脱亚入欧”,更提倡“和魂洋才”,权利意识向社会浸透的力度不大,尤其是近代法精神在社会内部浸透不足,无论是运用法的官僚,还是普通百姓,传统法观念持续占据主导,法的现实机能与西方有显著不同。更为重要的是,明治政府采取了强化天皇制、家族制等传统结构核心的制度,以及不希望权利义务观念浸透社会的政策,使移植西方法的意义黯然失色。总的来说,日本法制近代化在出发点上本身就欠缺市民革命的中坚力量及其与市民自由紧密相连的生存权保障这一历史课题,它是在直接继承产业资本主义阶段的欧洲近代法的基础上,建立起来的近代法制。因此,日本近代法在缺乏市民自由特别是小市民自由这点上,其历史前提与欧洲近代法是不一样的①。基于上述背景,日本民法施行以来,在相当一段时间里,侵权行为法制如花瓶一样中看不中用,侵权行为法学几乎没有出现应有的进展。即使民法起草人梅津次朗所著的《民法要义卷之三债权编》(1897)中,留给侵权行为的页数极少。

即使在现实法生活中,运用侵权法现象极为少见。例如,1879年日本发生了足尾铜山矿害事件。足尾铜山的开矿活动造成的烟害波及大范围内的山林与农作物,因山林枯死,还引发了大洪水,同时,矿毒废水殃及4县10郡88村。尽管1889年日本制定了《矿业条例》,对有危险或妨害公益的场合,可发布矿业停业的命令,但未见政府作为,因健康受害,松木村1903年成为废村。1892年矿主

① 参见陈根发:《当代日本法学思潮与流派》,法律出版社2005年版,第17页。

古河与村民之间达成契约，约定设置矿粉吸取器和支付和解金，但是，矿害未有好转，1896年附近的河流渡良濑川发生大泛滥。对此，众议院议员田中正造在1891年的帝国议会就以矿毒加害之议问责政府，1901年提出三封质问书均未有结果，于是，直接拦截天皇马车直诉。在舆论的压力下，政府发出了实施预防工程的命令，但矿毒受害仍然持续，1905年日本虽制定了《矿业法》，但矿害一直到上世纪60年代仍是日本社会的一大问题。

第一次世界大战后，日本传统社会关系开始动摇，以大正德谟克拉西为背景，人们积极主张权利，政府则采取了“借地借家调停”①、“小作调停”②、劳动调停、人事调停等引入调停制度，将过去的社会内部非正式调停确立正式法律制度。这些调停程序填补了法规定与社会变化的差距，通过自主性对话而灵活解决纷争。这一时期劳动灾害、矿害、铁道事故等大规模灾害进入了侵权行为法的视野，但在具体的解释论层次上没有出现以这些灾害为前提展开讨论的解释论。直到1930年末川博博士出版了《权利侵害论》，可以说是一部划时代的专著，末川主张将民法第709条的权利侵害要件置换为违法性。随后，1937年我妻荣博士的《事务管理、不当得利、侵权行为》问世，作为显示侵权行为法体系的专著，主张将企业的被用人的过失作为企业的人事设备整体的瑕疵把握，并提出扩大土地工作物责任，从而适用无过失责任的主张，显示出了让企业赔偿由企业活动产生的损害而作出扩大侵权法规定解释的努力③。更为重要的是，我妻荣提出了相关关系说，即就违法性判断问题，要从受侵害利益种类、性质与加害行为样态的相关关系进行判断，并成为学界通说。遗憾的是，这一阶段就过失与违法性应如何区别的问题未有涉及。

在日本侵权行为法的发展史上，判例同样发挥了法律意义上的重要作用。日本判例对应时代的发展，向侵权行为责任的扩大方向前进。第一次世界大战开始的同时，日本产业急速发展，随着产业由重工业向重化工业的转变，公害也在扩大，工场排放废水导致河流污染，工场排放煤烟导致大气污染。1916年12月22日大审院判决了“大阪碱案件”，大阪碱公司因煤烟排放对周围农民的水稻造成损害，农民起诉，一审以工场生产不符合法定要求，具有违法性为由判厂家承担责任。厂家上诉，主张行为的合法性，大审院认为企业若实施了相当的防止设备就可免责，驳回重审。1919年二审判决大阪碱公司因没有相当的防止设备

---

① 借地借家调停，即对租用土地、租用房屋所发生的纷争进行的调停。1922年日本制定了《借地借家法》，以调整城市中的租房租地纷争。

② “小作”在日语中为长工的意思，多指地主雇佣耕地的农民。大正时期，作为平息雇农争议激化的对策，1924年日本制定了《小作调停法》。

③ 参见于敏：《日本侵权行为法》，法律出版社1998年版，第23页。

而命令赔偿损害,即最终认定厂家有故意过失存在而认定厂家责任,该案就涉及过失的构成及界定问题。另外,1925年11月28日大审院判决的“大学汤案件”①,成为日本侵权行为法从权利侵害要件向违法性转变的划时代判例。

日本制定民法之初,社会尚未形成高度危险化环境,学界的注意力集中在过失责任的问题上,后来,因欧美社会的发展,侵权法学研究中出现无过失责任原则的探讨,受其影响,日本学者末弘严太朗等主张导入无过失责任。在立法方面,这一时期侵权行为法领域的立法并不多,除1899年制定的关于失火责任的法律之外,1911年制定的《工厂法》设立扶助制度、1931年的劳动者灾害扶助法等,实质上首开无过失主义原则的先河,1905年制定的《矿业法》在1939年修订,规定了无过失主义原则。

三、日本侵权法的第二次转折——侵权法体系的完善

现代法是近代资本主义法的变化形态,与近代法制有共同的经济基础,两者差异是由经济发展阶段所决定的。日本近代法在一战以后的世界经济恐慌中发生了决定性变化,而其进一步变化是在二战以后,全面展开的是现代法制②。二战后,日本在美国法的影响下,宪法和家族法等支撑传统社会结构的法领域,围绕民主化进行了根本改革,确立了以国民主权、基本人权、和平主义为基本原理的《日本国宪法》为代表的现代法体系,开始重视作为以个人人权为首的权利保护、权利实现的机制,推进了法律制度的重组,但是,现实上人们法意识、法行动开始发生显著变化的是,伴随60年代以后的城市化、产业化的急剧进展,传统的社会关系开始真正的决定性的解体。70年代初,水俣病等四大公害诉讼为典型,所谓现代型诉讼和政策形成诉讼等受到社会瞩目。但总体上,市民社会的权利意识没有飞跃性提高,通过企业主义统合、利益性政治结构等又将人们私权利从属集团利益,实现了未成熟市民社会与规制国家的整合。

二战后至日本经济高速增长时期,日本法体系呈现出“基本法”、“大官僚”、“小司法”三大特征,受价值观一元化影响,对经济高速增长起到促进作用。所谓“基本法”,是指明治以来,日本输入西欧基本法典,在民法、商法等领域形成坚固的法典群,一直到日本拥有西欧型司法制度,日本成功地将西欧法制度的基本构

---

① 案件概要:受害人购买了“大学汤”字号并租用该建筑用于经营浴室业,6年后解除建筑物租赁合同,将建筑物归还出租人。出租人在没有对受害者进行补偿,就将建筑物出租给了第三人,该第三人仍以“大学汤”字号经营浴室业务。为此,受害人将原出租人起诉到法院。大阪诉讼法院以“大学汤”不是权利为由,认为原出租人的行为不构成侵权。大审院作出撤销原判重新审理的判决,指出作为老字号“大学汤”可以成为交易对象,出租人的行为影响了“大学汤”的交易权利,构成侵权。参见刘荣军:《日本侵权行为法沿革》,载渠涛:《中日民商法研究》(第一卷),法律出版社2003年版,第365~366页。

② 参见陈根发:《当代日本法学思潮与流派》,法律出版社2005年版,第18页。

成要素移植到自己的法制度中。但是，日本基本法缺乏详细规则，法体系本应体现出的一贯的明确的公开的规则体系并不充分，导致法的预见性较低，法的不确定性增大，法秩序重视社会关系内部调整，缺乏对社会成员相互平等自立的地位保障，日本法体系未充分实现西方近代的规则型秩序。这些缺憾在“出口第一”、“经济增长第一”的价值观单一时代，反成促进经济增长的一个条件。

所谓“大官僚”，是指战后到经济高速增长时期，日本凭借强大官僚制，弥补了法体系的缺欠。官僚在整建法律环境方面，利用信息垄断，代替了相对缺乏立法信息的政治家，对立法过程行使了积极影响，依靠官僚群体首创精神形成事前规则，治理日本社会。官僚制定规则、官僚与业界合作被广为接受，形成官民一体，为经济奇迹作出贡献。国家统治权虽分为司法、行政、立法三权，但是，行政与立法的协调关系强烈，立法不够活跃。对于实定法与现实社会的差距，主要依靠行政救济和弹性较大的行政裁决。行政力量过于强大，也导致司法相应缩小。

所谓“小司法”，也称二成司法，是指战后本应进行的司法改革未有显著进展，明治宪法的司法权至今遗留下来①，新宪法虽提出法官中立性，因法官不愿受到社会统治势力的批评与攻击，导致功能萎缩，法官独立性也受到一定抑制，司法部门的实际作用停留在最小限度，委托法院解决纷争的现象不多。对于解决纷争，出现与其诉讼，莫不如在官僚影响下，在业界内部解决的倾向。总体来说，纷争发生频度、纷争处理方式、由法院裁决的件数等方面，与欧美相比，法的处理程度相当低，结果，国家预算向司法分配数额极小，法官和律师人数十分稀缺。

应当说，在上述法体制背景下，随着日本侵权行为判例的增多，判例与学说繁荣一道使侵权行为法领域得到发展。立法方面，1955 年日本制定了《机动车损害赔偿保障法》，将机动车事故致人损害作为特殊行为以特别法方式加以规制。该法强化了机动车损害赔偿责任，采用强制保险制度，承认受害人对保险公司的直接请求权，规定了政府在机动车损害赔偿保障事务中的职责。1961 年日本制定《原子能损害赔偿法》，规定了原子能事业者的无过失责任。战后，随着资源开发和工业复兴的进展，各个城市均发生小规模公害。1955 年以后，因公害广域化而制定了工场排水规制法和水质保全法(1958)。60 年代日本爆发公害反对运动，并提起公害诉讼，以此为契机，1967 年日本制定了《公害对策基本法》，1968 年又制定了大气、水质、噪声规制法。其实从 60 年代中期起，学界就呼吁强化企业的公害责任，直到 1972 年大气污染防止法、水质污染防止法才得以修正，对污染排放者课以无过失责任。1973 年日本制定了《公害健康补偿法》，这是根

① 参见奥村康弘:《从宪法看日本司法》,载《世界》2000 年第 3 期,第 74 页。

据民事责任的赔偿制度,在世界属于首次,受到美国法学者的关注①。根据该法,对认定公害病患者给付补偿。另外,20世纪60年代不断发生制造物缺陷引起的严重的损害事故,消费者利益受到重视,1968年制定了《消费者保护基本法》。对制造物责任,虽提倡无过失责任立法,但因日本社会为全力发展经济而注重保护生产者利益,一直拖到90年代。

上世纪50年代以后,侵权行为法学取得进展,加藤一郎博士1957年出版《侵权行为》,将战前侵权行为法学发展到最高点,并将侵权类型化手段引入侵权行为法学。新类型的侵权行为的出现,带来侵权行为法学的巨大发展,尤其是对人身损害的重视,迫使过去以财产损害为主而构筑的侵权行为法学发生转变,包括因果关系的证明、损害额的计算、过失与违法性、使用者责任、土地工作物责任、共同侵权行为等面临新的事态均发生了改变②。1965年注释民法丛书第19卷出版,是民法第709条到第724条的注释专著,该书对交通事故、事业灾害、制造物责任、医疗行为责任、生活妨害等做了类型化尝试。按照事故类型,对过失的认定结构、违法性问题、因果关系的证明等展开解释论,当然,这只是对60年代出现的公害、药害等给人身损害的侵权行为理论以影响的事故类型的初步阐述。70年代随着法院对痛痛病等公害诉讼的判决,出现了许多新观点,如在公害诉讼中,污染物到达路径与疾病发生机理不明的情况居多,证明污染物与疾病之间的因果关系极其困难,围绕因果关系的证明,盖然性说得到提倡,受害者方面主张使用疫学手段认定因果关系得到法院的认可。围绕石油联合企业中复数企业造成的污染责任,对共同侵权行为规定的适用进行了讨论。另外,集体提起侵权行为诉讼时,不提各个受害者个别赔偿请求额的主张,即一律请求等关于人身损害的新见解得到提倡,并带来人身损害赔偿基本理念的转变③。

现实诉讼中提出的各种问题,带来侵权行为法结构的巨大变化。1972年到1976年《现代损害赔偿法讲座》全八卷刊行,该书由总论(1卷)、名誉、私生活秘密(2卷)、交通事故(3卷)、医疗事故、制造物责任(4卷)、公害、生活妨害(5卷)、使用者责任、工作物责任、国家赔偿法(6卷)、损害赔偿的范围与金额(7卷)、损害与保险(8卷)构成。在这一时期,各种类型侵权行为的解释论明确起来,判例与学说的对应在一定程度上有了进步。1971年平井宜雄教授出版《损害赔偿法的理论》,平井宜雄通过对判例的分析,主张区别过失与违法性的不是作为主观要件的心理状态,而是客观性损害回避义务,作为侵权行为要件为客观化的过

① 参见山村恒年:《しながら学ぶ　环境法人门》(全订三版),昭和堂2006年版,第9页。
② 参见于敏:《日本侵权行为法》,法律出版社1998年版,第26页。
③ 参见于敏:《日本侵权行为法》,法律出版社1998年版,第27页。

失,没有必要进一步要求违法性,提倡过失一元论。1978 年前田达明教授出版《侵权行为归责论》,主要以德国展开的围绕违法性论的学说史为中心,主张日本的解释论应采取违法性概念吸收过失概念的违法性一元论。当然,这一时期还有石田穰的《损害赔偿法的再构成》。大概就在这一时期,侵权行为法的理论研究进展走向衰微,主要是学界将目光与焦点转向现代契约法论①。

四、日本侵权法的第三次转折——开创侵权法的新时代

随着时代变迁,原来对经济社会起作用的法出现功能性障碍,日本一般称之为"制度疲劳"②。大官僚随着信息化社会的来临,这些规则与手法与现实社会需求脱节,成为经济社会发展的障碍。小司法随着全球化、信息化、市场化的深入发展,充分暴露了司法体制的弊端,破绽百出。另外,随着经济赶超时代结束,社会体系发生变化,国家、社会、个人间的相互关系随之改变。就国家而言,以新自由主义的放宽限制为理念,以实现小政府为目标,带来"公私分担作用"关系的变化,即国家作用缩小,民间作用增大。就社会而言,支撑日本式产业社会的企业与家庭机能相对缩小,由此导出两大归结,一是个人定位比过去提高,直面市场前沿,二是法发挥机能的社会领域扩大,法空间随之扩大。对应上述变化,20 世纪 90 年代至今,日本法制度改革空前发展。

这一时期,日本法的外部环境也发生显著变化。所谓外部环境,是指处于法体系之外,与其相互联系与相互作用的要件总和。对法体系构成冲击的外部要件有全球化、市场化、信息化。冷战结束后,发展市场经济成为主旋律,要求法体系的主要要素向与国际相调和的方向发展,市场化要求个人遵从自己决策、自我负责的法则。过去,一般来说,国家后撤,社会就会前行。相反,社会后撤,国家就会前行。但是,现在是朝着国家和社会同时后撤的这种方向变化,因此,必须创制新时代市场化的法律基础。全球化主要指市场经济的全球化,除具优化资源配置和高效率特点外,还有市场失败的缺点,经济全球化也把市场经济的消极面进一步扩大,并使不公平放大。信息化给消费者带来很多便利的同时,也要求创建新的法律规则,规范网络交易,确定网络连接人的责任,排除有害信息等。

这一时期,共同体主义、男女平等主义、批判法学研究、多文化主义等,对自由的近代西方的法理念、法体系、法律学展开原理性批判,各种后现代潮流接连涌现,提出各自的尖锐问题。相继产生了问及国民国家法体系控制、调整能力的

① 参见山本敬三、浦川道太郎等:《侵权行为法的新时代》,载《法律时报》2006 年第 7 期,第 4 页。

② 所谓制度疲劳,是指现实社会发生较大变化,与原有法律制度安排的前提性社会状态产生偏离,法律制度失去对现实的控制力。参见森田朗的"行政改革",《90 年代日本社会变动与各项改革》,日本法社会学学会编,有斐阁 2001 年版,第 72 页。

新问题。现今来看,近代西方法、法文化本身也存在固有矛盾与紧张,或多或少能看到意识形态与现实社会的偏离。以近代化等于西欧化为前提的近代化论、社会变动论的局限性得到普遍承认。因此,基于以近代西欧为模式的单线的进步史观,对日本法的理解、评价逐渐难以被人接受。

在这样的背景下,被当成侵权行为来处理的法律问题急剧增加,在旧有的法律制度和社会秩序两方面引起了混乱和紧张①,使日本侵权行为法处于混迷和危机状态,具体表现为"脱侵权行为化"和"反侵权行为化"两大动向。所谓脱侵权行为化,是不依据传统的侵权行为法,依据其他部门法体系谋求有效的损害救济的动向。这种动向的背景源于传统侵权行为制度对应现代型大量发生的定型的事故损害救济制度非效率的认识。反侵权行为化的动向,极端地说,是从侵权行为这种法理论的扩大,与生活世界的伦理发生摩擦中产生的,随着侵权行为概念范围的扩大,"侵权行为"一进入学校内、邻居关系、家庭生活等亲密的日常生活中,遭到人们反对,实际上已出现了否定侵权行为法的介入并想固守原来生活伦理的"反侵权行为化"的动向②。

日本现行侵权法制度的问题点主要有五方面:(1)现行制度欠缺受害救济的实效性,即一方面在因实行受害救济而没有进行特别制度化的领域,不能进行有实效的救济,如血液制剂带有艾滋病毒等,另一方面即使在进行了制度化的领域,不能说是进行了有实效的救济,如交通事故受害情形;(2)侵权行为受害救济一旦得到较为广泛的承认,与其相反,就会出现称之为"社会性的负对应"的现象。例如,在医疗过误领域的萎缩诊疗问题;(3)法官一旦意识到"社会性的负对应"问题,审判上就会出现后退现象,也就是担心社会性的负对应,就个别案件审判就会有不承认损害赔偿的判断;(4)现行制度下,为填补侵权行为损害,有民法、多数的侵权行为特别法、多数的社会保障制度并立,由此产生各种各样的问题,如各种制度之间的求偿调整是非常必要的;(5)从确保受害者生活和对应实体赔偿的观点,尽管定期金赔偿方式是适切的,但在实务中,一并支付是压倒性的多。定期金赔偿方式,在确保支付的问题上也存在很多问题点。

这些问题主要由来以下两点:一是侵权行为制度采用了以个人故意过失为前提的受害者损害填补的思想,这是古典制度形态的结果,对不依据特定个人的故意过失的人身损害或者立证困难的人身受害,其救济当然是不充分的,即使清除这些问题的场合,为使特定加害者接受救济,因支付能力问题,得到与事物适

① 参见棚瀬孝雄,易平译:《现代日本的法和秩序》,中国政法大学出版社2002年版,第28页。

② 参见棚瀬孝雄:《侵权行为责任的道德基础》,载棚瀬孝雄编:《现代侵权行为法——法的理念与生活世界》,有斐阁1994年版,第3~5页。

合的赔偿形态也是困难的。另一方面,为追究特定加害者的责任,也会产生个人自由领域确保与受害者救济的紧张关系。二是现行制度因是复数的不同内容的制度并立,不可避免地产生制度间的调整问题。

针对侵权法危机的现状,学界提出诸多理论对策。棚瀬孝雄强调古典侵权行为法实效性丧失的同时,主张创出后现代的侵权行为法形态;吉村良一主张对侵权行为市民法形态的现代意义进行再评价;加藤雅信指出了以侵权行为法为核心的现行人身损害填补制度的不充分性,主张构筑新的综合救济体系。这些动向具有以新民法学形态取代古典的近代法形态的性质,也是探讨民法学现代课题与今后侵权行为制度方向性的尝试。近年,日本侵权行为法领域多彩纷呈,尤其是学说领域不断涌现新见解:吉田克己依据广中俊雄秩序理论[①],提出将违反各个秩序作为基本内容的侵权行为法构想;山本敬三基于宪法与民法关系的考察,提出将侵权法作为基本权保护之一的制度定位;藤冈康宏认为,现今是侵权法摸索后的再建时期,提倡构筑日本型侵权行为法模式。这些学说均可视为日本开创侵权行为法新时代的有益探讨,共同特点是以承认新的保护法益为背景,探讨侵权法以什么样的态样保护什么样的利益问题,也就是将被害者权利、被侵害利益作为考察的基本问题,并从明确法秩序整体中的侵权行为法意义的角度进行考察,也包括对侵权行为制度根本性目的与机能的追问。

加藤雅信从有效的且是有实效的人身损害者救济的观点,提出创设通过公共基金的综合性社会保障救济制度取代基于个人责任原理的侵权行为制度的构想,依靠公共主体的社会保障救济构想,从国家、社会、个人相互关联状态的视角看,是侵权行为法领域的国家指向型的议论。加藤构想的内容是,为实现综合救济体系,设立救济基金,事故或疾病相关者只以事故或疾病为理由,从基金接受治疗费和遗失利益的给付。补偿水平为过去收入的60%左右,以平均收入为上限,与事故原因的种类没有关系,为等质性给付。这种给付从生活保障的观点为定期金给付。相反,在人身受害方面的侵权行为导致的损害赔偿诉权,应在综合救济体系发挥替代性机能的限度内废止。基金的原资除依靠"危险行为课征金"和"自卫性保险费"[②] 筹集外,承认对一定的侵权行为加害者(故意的场合等)的

---

① 广中俊雄认为,作为与市民社会存立条件相关的根本性秩序,有"财货秩序"和"人格秩序",作为这些秩序存立的外围秩序,有"竞争秩序"和"生活利益秩序"。参见山本敬三、浦川道太郎等:《侵权行为法的新时代》,载《法律时报》2006年第7期,第4~5页。另外,吉田克己认为,竞争秩序和生活利益秩序这两个外围秩序,在现代市民社会初次作为一个法秩序即通过法规范社会关系的领域而登场了,其背景基本是从近代市民社会向现代市民社会的社会结构的变化。参见吉田克己:《现代市民社会与民法学》,日本评论社1999年版,第267页。

② 危险行为课征金指汽车事故课征金、劳动灾害课征金、公害课征金等,自卫性保险费指医疗保险自己负担部分、年金保险自己负担部分等。

求偿,来充实基金。

综合救济确实是从受害者救济的观点的有效的构想,在现代社会各种各样的事故类型中,无论如何都应当重视受害者救济,尤其是交通事故。但是,另一方面,救济受害者的同时,也有追究加害者责任、应重视侵权行为的制裁机能、重视事故抑制机能的危险行为类型,尤其像公害事件。综合救济体系的特征之一,就是谋求这些多样危险行为、事故类型方面,以单一体系予以解决的尝试。有必要研究包含承认侵权行为诉权存续的复线型构想和承认事前或事后选择的制度构想在内的多样的制度状态①。另外,综合救济体系最大问题是对被害者赔偿以定额给付,现在的侵权行为法是实损赔偿主义,例如,失去生命时,对人生前应该所得给予遗失利益赔偿。而综合救济体系本来就是均等的补偿,这与基于自由竞争承认收入差距的现行宪法下的法秩序并不整合②。

近年,山本敬三从权利论角度对侵权行为法进行了系统整理,并将侵权行为制度作为个人基本权保护制度的定位基础。将侵权行为法这样典型的民法上的制度作为基本权,与宪法保障的基本人权相连接,提出国家肩负着基本权保护义务,即国家为保护个人基本权不遭受他人侵害,必须采取积极措施的义务。当X的基本权受到Y侵害时,国家对X基本权遭受Y侵害有保护义务,如果国家通过立法准备了充分的保护措施时就不存在问题,但是,通过立法准备的保护措施不能给予X最低限的保护场合,法院作为国家机关承担给予保护的责任,这是国家对基本权保护义务的归结。这里有两个问题,第一,国家对X至少要给予宪法上所要求的最低保护,第二,给予保护的同时不能对Y的基本权过度地介入。遵守这种过少保护的禁止与过多介入的禁止的同时,衡量双方的基本权来予以解决。

山本将侵权行为法的定位是为发挥国家基本保护义务而准备的保护制度之一③。但是,国家一旦给予基本权保护,由此,对加害者基本权课以制约。限于不违反过多介入限度,要求给予受害者的基本权予以保护。现在侵权行为法规定要件中,故意、过失的要件完全是对加害者权利的制约,作为不希望过度的要件而定位的,对加害者没有故意、过失课以责任的话,就成为过度制约加害者权利。因此,为不发生这种过多介入而采用的是过失责任原理。这样考虑,民法第709条规定的要件,是充分正当化的,即作为被害者权利保护的要件是权利侵害,作为制约加害者权利的要件乃至这种制约正当化的要件是故意、过失。按照

① 参见吉田克己:《现代市民社会与民法学》,日本评论社1999年版,第51~54页。
② 参见山本敬三、浦川道太郎等:《侵权行为法的新时代》,载《法律时报》2006年第7期,第26页。
③ 参见山本敬三、浦川道太郎等:《侵权行为法的新时代》,载《法律时报》2006年第7期,第7页。

这两个要件判断侵权行为成否的是现行的侵权行为法，由此，需要注意的是，权利衡量不只是就个别的具体的案件来进行，还包括权利与权利的衡量在更加抽象层面上进行的衡量，通过抽象层面上的衡量，可以形成一定规则。问题是衡量该怎样进行？作为关于禁止过多介入的判断基准，一般得到承认的是比例原则，这原本是行政法领域承认的，作为更加广泛领域的法令违宪审查的一般基准是妥当的。实际上宪法学所举的目的、手段审查等也是对应比例原则。比例原则由三部分组成，即适合性原则、必要性原则、均衡性原则①。适合性原则和必要性原则是对应手段审查，对此，对应目的审查的应是均衡性原则。

藤冈康宏针对展望侵权行为法的新时代，主张形成基本模式，基于该模式推进对侵权行为法的议论。藤冈指出侵权法结构由一般条款、一般条款的展开、侵权行为理论构成。民法第709条是对加害者课以损害赔偿义务的一般条款，采用过失责任主义，但无过失责任特别立法并不是很多。因此，在一般条款的展开中，第709条承担的课题有：第一，有必要确认709条的保护法益是广范围的；第二，是伴随保护法益扩大，实行类型化的必要性；第三，因无过失责任特别立法较少，对过失责任课以过度负担，其界限也就产生。这就要求与过失责任不同的另一个责任原理，即过失责任与无过失责任的二元性构成；第四，伴随保护法益的多样化，作为课以赔偿义务的基准，只凭过失（客观性的行为义务违反）是否充分的问题就浮现出来，这是对客观行为义务违反不能包摄行为态样应如何评价的问题。

藤冈康宏强调，关于违法性和过失方面要研究的课题是：第一，探询一般理论与类型化之间的紧张关系；第二，日本的过失有责性的理解系普的调整乃至融合问题；第三，对于相关关系说定式化的侵害样态，虽有不能包摄违反公序良俗、权利滥用等过失（客观行为义务违反）的情形，但对这样的侵害样态的成立要件上，付与什么样作用的问题；第四，不作为侵权行为的问题。面临危险活动机会的增加，作为的义务变得更加重要，709条的基本构成要件从最初就含作为侵权行为的同时，也含不作为侵权行为的类型作为规范对象。在风险社会考虑到作为义务的重要性，对构筑基本模式来说是一个重要的选择。2004年民法改正，

---

① 适合性原则要求手段必须与目的达成相适合，对目的达成不起作用的是手段不能采用，一旦采用就会形成过多介入。在侵权行为法领域，保护受害者权利相当于目的，对保护权利不起作用的救济手段不予采用；必要性原则要求手段是目的达成的必要的不可缺少的。例如，A手段相比，如果通过稳妥的B手段也能达到同样目的的话，就不采用A手段，若采用会导致过多介入。用侵权行为来说，为达成保护受害者权利的目的，如果有B这种稳妥的手段，就不采用A手段；均衡性原则要求目的和手段不失去均衡，重要的是采用严厉制约的手段，必须具有目的足以使其正当化的重要性，对于不重要的目的而采用严厉手段，也会导致过多介入，用侵权行为来说，对加害者权利制约程度越来越大，对受害者权利保护的重要性必须很大。参见山本敬三、浦川道太郎等：《侵权行为法的新时代》，载《法律时报》2006年第7期，第11页。

将709条的权利侵害发生的损害作为要件，修正为对“权利”或“法律上被保护的利益”的侵害。由此，藤冈认为，违法性这一概念已经不是必要的。事实上，对于侵权行为，有重视被侵害法益特性进行违法判断的场合，也有因未规定法益特性，重视侵权行为样态不得不进行违法判断的场合，藤冈将前者称为权利侵害型，将后者称为行为规范违反型，对应709条所说的权利侵害的是“权利”侵害型，对应“法律上被保护利益”侵害的是行为规范违反型。关于损害赔偿与差止，藤冈指出，作为人格权的名誉权承认差止请求权等，主张在差止要件方面，应当考虑对应保护法益的特性的差止要件，有必要用权利论统帅损害赔偿和差止这种救济制度两大支柱①。

立法方面，迄今，日本消费者法制的特征是行政管制占主导。对此，在由事前行政管制转向事后司法监督的原则下，开始放宽行政管制和整建民事规则。1994年的《制造物责任法》可视为消费者法制建设先驱②，过去，因制造物使消费者遭受损害时，日本法的处理虽有契约责任、债务不履行和侵权行为，但均不充分，因此，该法提出了以缺欠为要件的无过失责任原则，通过对有缺欠商品的事业者课以缺欠责任，谋求从市场排除有缺欠商品。1999年6月23日公布的《关于推进确保住宅品质等法律》，也具同样性质，为有缺欠住宅问题，引入住宅性能评价制度，建立了纷争处理体制。2000年4月28日日本公布《消费者契约法》，该法对事业者课以商品内容的说明义务，同时，对事业者损害赔偿责任的不当免除条款变成无效。另外，日本还注重法实现方面的私人作用，2000年5月19日修改了《禁止垄断法》部分内容，增添了私人损害赔偿请求权，将市场监督机能由行政机构开始转向个人承担。信息化发展带来的个人隐私如何保护也是一个重要问题，2000年10月发表了《关于个人信息保护基本法大纲》，2003年日本公布了《个人信息保护法》。

统观全文，日本侵权法的由来与发展并不是一帆风顺，如果说从原初形态到引入近代侵权法是历史上的第一次转折，那么，二战后到20世纪80年代侵权法的完善与发展就为第二次转折，迄今正发生向与21世纪相适应的侵权法转变的第三次转折，将要或者正在开创侵权法的新时代。回顾日本侵权法的发展历程，它不是一蹴而就、一劳永逸，而是随着社会的发展而不断向前发展，法理基础是从权利本位论向社会本位论的转折、再由社会本位论向新自由主义下的权利本位论的转向。

---

① 参见藤冈康宏：《日本型不法行モデルの提唱》，载《法律时报》2006年第7期，第34页。

② 参见大岛和夫：《日本的结构改革与法》，日本评论社2002年版，第167~169页。

商业秘密侵权行为探析

孟丽君　于巍巍[①]

摘　要:商业秘密侵权行为是指他人未经商业秘密权利人的许可,非法获取、使用、披露或者允许他人使用其商业秘密的行为。本文分析了商业秘密侵权行为的类型、认定标准及除外情况,阐述了商业秘密侵权行为的法律责任,旨在有效遏制商业秘密侵权行为。

关键词:商业秘密;商业秘密侵权行为;认定标准

目　次:

一、商业秘密概述

(一)商业秘密的概念

(二)商业秘密权的概念

二、商业秘密侵权行为的类型

(一)不正当的获取商业秘密的行为

(二)不正当的披露商业秘密的行为

(三)获取商业秘密的途径正当但违反保密条款义务披露、使用、许可他人使用的行为

(四)第三人明知或者应知前款所列违法行为,获取、使用或者披露他人的商业秘密,视为侵犯商业秘密

三、商业秘密侵权行为的认定标准

四、商业秘密侵权行为的例外情形

(一) 他人合法权益对商业秘密权利的限制

(二) 公共利益对商业秘密权利的限制

五、商业秘密侵权行为的法律责任

(一)商业秘密侵权行为的民事责任

(二)商业秘密侵权行为的行政责任

(三)商业秘密侵权行为的刑事责任

---

① 孟丽君,长春大学人文学院副院长,政治系副教授,研究方向为政治学、民商法学;于巍巍,法学硕士,长春大学人文学院助教,研究方向为民商法学。

一、商业秘密概述

(一)商业秘密的概念

商业秘密已是国际上通用的法律术语,但国际上对商业秘密还没有一个统一的定义,学者们各抒己见,各国法律及国际条约对其界定也是有所不同。美国1939年编制的《侵权行为法第一次重述》中规定:“任何应用于某种营业上的配方、样式、方法或信息编辑,且这些秘密使其获得比不知道或不使用该秘密的竞争者有利的机会”。日本1990年修订了《不正当竞争防止法》,增加了对商业秘密的保护规定,其中第一条第三款规定,商业秘密是指作为商业秘密进行管理,尚未公知的生产方法、销售方法及其他对经营活动有用的技术上的或经营上的情报。[①] 1991年关贸总协定《与贸易有关的知识产权协议》,对商业秘密作了专章规定,将商业秘密规定为自然人、法人、政府或政府性机构的“未披露信息”。[②]

我国《反不正当竞争法》第十条规定:“商业秘密是指不为公众所知悉、能为权利人带来经济利益、具有实用性并经权利人采取保密措施的技术信息和经营信息。”国家工商行政管理总局在1988年修订的《关于禁止侵犯商业秘密行为的若干规定》中列举了商业秘密的表现形式:设计;程序;配方;工艺流程;制作方法;管理决策;客户名单;经济情报;产销策略;招投标中的标底及标书内容等方面。如蓝图、图样、实验结果、设计文件、技术改进后的通知、标准件最佳规格、检验原则、采购计划、供应商清单、销售计划、销售方法、会计财务报表、分配方案等。

综合以上,我们可以推断,构成法律保护的商业秘密必须满足以下要件:秘密性,保密性,实用性。秘密性,是指能作为商业秘密来认定的信息,应该是不为公众所知悉的信息。保密性,是指能作为商业秘密保护的信息必须由所有人采取保密措施,如果所有人以外的人无需太多的努力就可以从公知信息中归纳出来或获知,就不能被认定为商业秘密。实用性,是指商业秘密的客观有用性,即通过运用商业秘密可以为所有人创造出经济上的价值,在本领域的竞争中处于优势地位。商业秘密的三个属性关系密切,相辅相成,缺一不可。

(二)商业秘密权的概念

商业秘密权是知识产权的一部分,是权利人依法所享有的通过其所有的商业秘密获取利润和竞争优势,并且排除他人非法侵害的权利。《保护工业产权巴黎公约》(1979年)和《与贸易有关的知识产权协议》(1991年)均对商业秘密权予

---

① 赵秉志:《侵犯知识产权犯罪研究》,中国方正出版社1999年版,第255页。
② 锦文:《关贸总协定实用知识、合同》,物资出版社1993年版,第170页。

以保护。我国除《反不正当竞争法》外,其他一些法律,如《民事诉讼法》、《劳动法》、《刑法》、《合同法》、《会计法》等,也包含着对商业秘密权的保护。

商业秘密对经营者来说是一种重要的资源,是宝贵的无形资产,它不仅给企业带来丰厚的利润,而且能使企业在同行业的竞争中处于优势地位。正因如此,近年来商业秘密侵权案件层出不穷,随着网络技术的迅猛发展,商业秘密侵权行为更加隐蔽,技术层面更加专业。商业秘密侵权行为危害极大,给国家、社会、商业秘密权利人都带来了重大损失。因此,我们有必要探讨分析商业秘密侵权行为的类型、界定标准及法律责任,以实现有效遏制商业秘密侵权行为的目的

二、商业秘密侵权行为的类型

商业秘密侵权行为一般是指他人未经商业秘密权利人的许可,非法获取、使用和披露或者允许他人使用其商业秘密的行为。对于什么是侵犯商业秘密的行为,大多数国家的法律并没有给予明确的界定,而是多采用列举的方法加以描述,我国法律也是如此。我国《反不正当竞争法》第十条规定,“经营者不得采取下列手段侵犯商业秘密:(1)以盗窃、利诱、胁迫或者其他不正当手段获取权利人的商业秘密;(2)披露、使用或者允许他人使用以前项手段获取的权利人的商业秘密;(3)违反约定或者违反权利人有关保守商业秘密的要求,披露、使用或者允许他人使用其所掌握的商业秘密。第三人明知或者应知前款所列违法行为,获取、使用或者披露他人的商业秘密,视为侵犯商业秘密。”据此,商业秘密侵权行为的类型如下:

(一)不正当的获取商业秘密的行为

以盗窃、利诱、胁迫或者其他不正当手段获取权利人的商业秘密。盗窃是指行为人采取秘密窃取的方法获取权利人商业秘密的行为。既可以是偷窃权利人商业秘密的有形载体的原件,如文件资料、磁盘磁带、样品样机,也可以是这些东西的复制件;既可以窃取记载商业秘密的有形物品,也可以只窃取该信息,如偷阅之后凭记忆再现该商业秘密。

(二)不正当的披露商业秘密的行为

披露、使用或者允许他人使用以前项手段获取的权利人商业秘密的,这往往是上述行为的继续。披露是指行为人将其用以前项手段获取的权利人商业秘密向他人公开。公开的目的在于破坏商业秘密的新颖性,使其进入公知领域,以达到损害原权利人的经济利益,使其失去竞争力。披露也有多种方式,如口头或书面方式,利用广播、电视、报刊、广告等新闻媒介;还可以是将包含商业秘密的样品、产品、模型等予以公开展示。使用是指行为人将自己非法获取的商业秘密在

各种有用的场合运用,可能用于生产,可能用于经营或销售。允许他人使用,是指行为人允许将其以不正当手段非法获取的商业秘密供给他人使用,可以是有偿的,也可以是无偿的。

(三)获取商业秘密的途径正当但违反保密条款义务披露、使用、许可他人使用的行为

这是指行为人获取商业秘密的手段是正当的,但由于对权利人负有明示或默示的义务,因而不得披露、使用或允许他人使用。这种行为的行为人与商业秘密的权利人之间往往存在一定的业务关系。行为人因业务需要了解权利人的商业秘密,按保密协议约定或应权利人的要求应承担默示的保密义务。如为权利人提供某种服务的外部人员、高级顾问、律师、注册会计师等。又如业务伙伴、贷款银行、供货商、代理商、转包商、销售商,还有就是付使用费取得使用权的受让人等等。披露、使用、允许他人使用的情形和上述所讲差不多,都是在未得到权利人许可,违反约定或违反权利人有关保守商业秘密的要求的前提下发生的。

(四)第三人明知或者应知前款所列违法行为,获取、使用或者披露他人的商业秘密,视为侵犯商业秘密

这是指相对于商业秘密权利人,以不正当手段获得商业秘密的人或虽通过正当途径获取商业秘密但违反协定或约定披露、使用其所掌握商业秘密的行为人而言的第三人行为,即第三人明知或应知第三人掌握的商业秘密是通过违法行为获取的,不仅没有制止或向有关机关举报,反而实施获取、使用或披露他人商业秘密的行为。他的行为与非法获取或虽以合法渠道获取商业秘密但违反协定或约定披露、使用他人商业秘密的行为是一样的,也是对权利人商业秘密的侵犯,是一种间接的行为,同样有刑事违法性,同样有社会危害性,也同样应受到刑事制裁。

三、商业秘密侵权行为的认定标准

商业秘密侵权案件一般涉及法律、科技和经济等诸领域,比较复杂,给司法审判工作带来了一定的难度。确定商业秘密侵权行为的标准,是审理此类案件的关键所在。美国《统一商业秘密法》对商业秘密侵权行为规定了具体的种类,我国《反不正当竞争法》也对商业秘密侵权行为种类以列举法进行了归类。国家工商行政管理总局发布的《关于禁止侵犯商业秘密行为的若干规定》,对商业秘密侵权行为认定标准作了界定和规范。

《关于禁止侵犯商业秘密行为的若干规定》中规定:“权利人能证明被申请人所使用的信息与自己的商业秘密具有一致性或者相同性,同时能证明被申请人有获商业秘密的条件,而被申请人不能提供或拒不提供所使用的信息是合法获得或使用的证据，工商行政管理机关可以根据有关证据，认定被申请人有侵权行为”。该条明确地规定，在商业秘密侵权纠纷中，商业秘密侵权行为的认定，有以下四条标准：

1.原告的商业秘密符合条件，即该信息具备秘密性、保密性、价值性。

2.被告的信息与原告的信息具有一致性或者相同性。如侵权行为侵害的客体是比较直观的信息（促销方案、客户名单等），可直接判断侵权人与商业秘密权利人所使用的信息是否具有一致性或者相同性；如果侵害的对象是比较复制的信息（计算机程序、食品的配方等），需依赖有权机构做出正式的鉴定来确定二者是否具有一致性或相同性。

3.商业秘密的权利人能证明侵权人有获取其商业秘密的条件。也就是说，权利人能证明侵权人采取了盗窃、胁迫、利诱等不正当手段获取其商业秘密，或者不正当泄露（如工作人员跳槽等）其商业秘密或者违反保密约定侵犯其商业秘密。

4.商业秘密侵权人不能提供或者拒不提供其所使用的商业秘密是合法获取或使用的证据。这就是说被控告的侵权人必须提供证据证明：其所使用的信息是合法获得或者合法使用的；其所使用或披露的有关信息与权利人的商业秘密既不相同也不相似。否则，司法机关可以根据权利人提供的有关证据，认定被控侵权人有侵权行为。

四、商业秘密侵权行为的例外情形

（一）他人合法权益对商业秘密权利的限制

商业秘密权和专利权不同，它是靠权利人采取保密措施维持其拥有的一种权利，这种权利仅能对抗他人的不正当行为，而对他人的合法行为、正当手段没有任何效力。[①]

1.反向工程

反向工程是指通过对市场销售的产品或者合同取得的产品进行研究、分析，从中得到准确的、具体的构造、成分以及制造方法或工艺的行为。商业秘密权利人不能禁止他人通过反向工程获得其商业秘密，成为新权利人，享有商业秘密权。

2.独立开发获得

商业秘密与专利不同，不具有排他性，只要他人是通过独立开发获得技术、

① 李雷勇：《论商业秘密的侵权与民事法律救济》，http://www.lileiyong.com/show_news.asp? id=111

信息,就可以自由使用、披露。商业秘密包括技术信息和经营信息,如果两个或两个以上的主体同时拥有相同或相似的信息,都对其采取保密措施,并借此在竞争中获得了竞争优势,那么均对其享有商业秘密权。

3.合法途径获得

商业秘密权利人可通过技术许可合同许可受让人在合同约定范围内使用其商业秘密,在这种情况下商业秘密权利人不能禁止受让人使用获取的商业秘密。

(二)公共利益对商业秘密权利的限制

商业秘密权利人行使商业秘密不得损害社会公共利益,否则,知悉者对该信息予以披露,不视为侵权行为。随着经济的高速发展,企业的保密信息存在着违法违规事项。如企业的不正当会计信息,高管员的违规收入、利用商业秘密生产假冒伪劣产品等,这些均不构成法律保护的商业秘密,知情者有权披露。

五、商业秘密侵权行为的法律责任

现代工业的发展,使大多数国家都从立法上加强了对商业秘密权的保护,以有效地对商业秘密侵权行为进行规制。目前,在我国商业秘密侵权行为的法律责任主要有民事责任、行政责任和刑事责任。

(一)商业秘密侵权行为的民事责任

侵犯商业秘密行为的民事责任的承担方式,主要有停止侵害、排除妨害、赔偿损失、支付违约金、恢复名誉、荣誉等。关于民事责任的法律散见于《民法通则》、《民事诉讼法》、《合同法》、《反不正当竞争法》以及若干行政法规之中。

1.民事侵权责任

我国《民法通则》第一百一十八条规定了知识产权侵权的民事责任,根据该条规定:"公民、法人的著作权、专利权、商标专用权、发现权、发明权和其他科技成果权受到剽窃、篡改等侵害的,有权要求停止侵害,消除影响,赔偿损失",商业秘密属于"其他科技成果"的范畴,应受到法律的保护。

2.民事违约责任

当事人可以将属于商业秘密的内容写进合同条款,并约定违反保密合同义务应当承担的责任。一旦发生违约侵犯商业秘密的行为,当事人可依据合同条款的规定,要求对方承担违约责任。我国现行《劳动法》第一百零二条规定了劳动者违反保密约定给用人单位造成经济损失的,应当依法承担赔偿责任。我国现行《合同法》第四十三条规定,当事人在订立合同过程中知悉的商业秘密,无论合同是否成立,不得泄露或不正当地使用。泄露或者不正当地使用该商业秘密给对方造成损失的,应当承担损害赔偿责任。

3.损害赔偿范围和损失计算

我国《反不正当竞争法》第二十条也规定:经营者违反本法规定,给被侵害的经营者造成损害的,应当承担损害赔偿责任,被侵害的经营者的损失难以计算的,赔偿额为侵权人在侵权期间因侵权行为所获得的利润;并应当承担被侵害的经营者因调查该经营者侵害其合法权益的不正当竞争行为所支付的合理费用。

商业秘密侵权行为有可能既成立民事违约责任又成立民事侵权责任,从而发生了违约责任和侵权责任的竞合。在这种情况下,权利人可以选择一种有利于自己的诉因提起诉讼,不得双重请求。

(二)商业秘密侵权行为的行政责任

根据《反不正当竞争法》、《关于禁止侵犯商业秘密行为的若干规定》,侵犯他人商业秘密,尚未造成重大损失的,除承担民事赔偿责任外,还应承担行政责任。县级以上工商行政管理机关有权责令侵权人停止违法行为,并可以根据情节处以一万元以上二十万元以下的罚款。同时,工商行政管理机关有权处理侵权物品:责令并监督侵权人返还载有商业秘密的有关资料;监督侵权人销毁使用权利人商业秘密生产的、流入市场将会造成商业秘密公开的产品。

(三)商业秘密侵权行为的刑事责任

1997年修改后的《刑法》在知识产权犯罪的章节中增加了“侵犯商业秘密罪”的规定,该法第二百一十九条规定,侵犯他人商业秘密,给权利人造成重大损失的,构成侵犯商业秘密罪。侵权人除承担民事责任外,还应承担刑事责任。给权利人造成重大损失的,处三年以下有期徒刑或者拘役,并处或单处罚金;造成特别严重后果的,处三年以上七年以下有期徒刑,并处罚金。我国刑法对侵犯商业秘密罪的规定可能是最为全面的也是最严厉的。如对第三类侵犯商业秘密行为,国外就很少有刑事责任的承担。①

上述对商业秘密侵权行为若干因素分析仅仅是一个理论上的梳理。目前我国对商业秘密权的保护无论是立法还是司法都不尽完善,商业道德危机重重,企业家应当根据本企业的实际情况,综合考虑运用各种手段,有效地保护本企业的商业秘密。

---

① 孟雁北:《竞争法》,中国人民大学出版社2003年版,第101页。

论共同侵权行为的认定

吕可[①]

摘　要:共同侵权行为是侵权责任法中较为复杂的一项制度,本文通过分析现有学说理论和法律规定,试图寻找出共同侵权行为认定上的一个基本标准。即为共同侵权的"共同性",以"共同性"的主观方面和客观方面二者为基本思路,结合新出台的《侵权责任法》,对共同侵权行为认定的具体规定提出一些完善的建议,以期对我国的侵权行为法理论和实务发展有所助益。

关键词:共同侵权;共同性;共同故意

目　次:

随着社会协作的日益紧密以及人类生活的发展进步,共同侵权问题已越来越多地出现在现代生活中。共同侵权行为是现代侵权法中的一项重要制度。我国原有立法对共同侵权的规定很薄弱,在司法实践中也产生了很多问题。这其中最主要也是最基本的一个没有解决的问题就是共同侵权行为的认定标准。随着《中华人民共和国侵权责任法》的正式出台,原有法律的一些空白得到了补足,但新的立法仍然存在一定的不足之处,值得学界继续研究和探讨。

---

① 吕可,吉林大学法学博士研究生,研究方向为民商法学。

一、共同侵权行为认定的争议

(一)外国法上的不同规定

首先来看大陆法系的情况,共同侵权行为制度来自于《德国民法典》第830条的规定。在德国,共同侵权的界定最初采主观说,强调数个行为人之间必须存在意思联络,并且限制连带责任的运用。但是随着工业化进程加快,环境、产品责任事故的增多,主观说不能适应社会的需求,根据主观说,上述事故的责任人不承担连带责任,不利于保障受害人的合法权益。于是又产生了客观说和折中说。现行《德国民法典》规定行为人之间没有共同的故意,则不能构成共同侵权行为。如果某一行为人实施的是故意侵权行为,而另一人实施的是过失侵权行为,只不过在事实上同时发生,则由于民法典没有明文规定,因此各人依据相当因果关系的原则而承担责任。

日本民法学界的通说是客观共同说。这一学说认为,共同侵权行为的构成不以行为人主观上具有意思联络为必要,只要数人的共同侵权行为与损害结果具有相当因果关系即可。对日本民法典第719条要求客观上由共同的侵权行为造成损害,并不要求有共谋以及其他主观上的共同的原因而发生,因此在故意行为和过失行为的场合都可构成共同侵权行为。共同侵权行为的成立,在加害人各自的行为与受害人遭受的损害之间必须有因果关系。最高裁判所的判决认为,“本条第一款前段的共同侵权行为的成立,不必要在侵权行为人之间有意思的共通或有共同的认识,只要单在客观上共同实施了权利侵害即满足该要件。”日本民法界采取客观共同说的理由在于:“由于狭义的侵权行为是数人的行为均构成该违法行为的原因的场合,所以,以该违法行为为原因客观地处于相当因果关系上的损害,当然应当由其行为者赔偿。因此,即使是与他人的行为竞合发生损害的场合,只要由该竞合发生的结果处于相当因果关系之上,就应当对其结果的全部负责应该说是当然的事情。”①

法国主要从因果关系的角度去考虑共同侵权这个问题,与同是大陆法系的德国、日本法的解决思路并不相同。在法国,数人的过误(faute)竞合而引起一个损害时,可否使各人负全部义务、如何使他负责任、各人间之关系如何,这类问题一般作为因果关系的问题来讨论。只讨论各过误对于全部损害有无因果关系,而加害人间有无主观的共同关系不再考虑的范围之内:该过误行为对于全体损害有因果关系就应负全部义务。即法国法并没有对共同侵权构成要件的规定,在判断是否构成共同侵权时主要考虑的是各个行为与整体损害之间的因果关

---

① 参见于敏著:《日本侵权行为法》,法律出版社1998年版,第266页。

系。而在确定构成共同侵权之后，则适用法国民法典对连带之债的规定。[①]

我国台湾地区民法学界对于共同侵权行为是否以意思联络作为构成要件的问题，观点不一，有主观的共同关系说与客观的共同关系说。持主观的共同关系说的学者认为，数个行为人之间不仅须有行为之分担，且须有意思之联络(即共同意思)，至少必须有共同的认识，否则若干偶然竞合在一起的多人的行为不能认为是共同侵权行为。[②] 持客观的共同关系说的学者们认为，数个行为人之间无须具有意思联络，只要数人的行为在客观上发生同一的损害结果，即可构成共同侵权行为。因为“民法上之共同侵权行为与刑法上之共同正犯，非尽相同。刑法上之共同正犯，除有共同之犯罪行为外，必须有共同意思之联络。盖以刑事责任以犯意为中心观念，在民事责任，则以补偿损害为目的，如其损害之发生系由于行为人之共同行为，纵使其无意思之联络，应即使负连带责任。反之，如其损害之发生非由行为人之共同行为，则纵使其有意思之联络，除其应负教唆或帮助之责任外，难使其负共同加害行为之责任”。[③]

(二)我国理论界的争议

在我国理论界，存在三种主要的观点。

1.主观共同过错说

这一观点认为，共同侵权行为的本质特征在于共同过错，正是因为行为人主观上具有共同过错，才使数个行为人的行为联结为一个整体，如果没有共同过错，数人的行为不能联结成一个整体，也不能使致人损害的数行为人负连带责任。共同过错包括共同故意和共同过失，就是“数个行为人对其行为或结果具有共同的认识或对某种结果的发生应该共同尽到合理的注意而没有注意”。[④] 共同过错决定了损害的共同性与行为的共同性，也正是共同过错才使数个侵权行为人承担连带责任具有道德上的基础。

2.客观共同行为说

这一观点认为，共同侵权行为的构成不以意思联络为必备要件，只要数人在客观上有共同的侵权行为，就应当承担共同侵权行为的民事责任。持此种观点的学者认为，如果采纳意思联络说，认为只有行为人具有共同故意才负担共同的民事赔偿责任，而共同过失就不构成共同的民事责任，有违民法上的过失责任原

---

① 张新宝、唐青林：《共同侵权责任十论——以责任承担为中心重塑共同侵权理论》，载黄松有主编《民事审判指导与参考》2004年第2辑(总第18集)，法律出版社2004年版，第61页。

② 参见胡长清：《中国民法债编总论》，台湾商务印书馆1968年版，第54页。

③ 王伯琦：《民法债编总论》，台北编译馆1997年版，第80页。

④ 王利明：《侵权行为法归责原则研究》，中国政法大学出版社2003年版，第297页。

因,人为地缩小了共同侵权行为的范围,这与共同侵权行为的基本概念相矛盾。[①] 这一学说认为共同行为之间首先应当具有关联性,其次应当具有因果关系的相同性,最后应当具有损害结果的不可分性。

3.折中说

持折中说的学者既不完全采纳主观说,也不完全采纳客观说,而是认为应当区分不同的情况分别处理。张新宝教授认为,单纯的主观说或客观说都不足采,正确的理论应当是把握加害人与受害人之间的利益平衡,而不可偏执于一端。在共同侵权行为的构成要件上既要考虑各行为人的主观方面,也要考虑各行为人的行为之间的客观联系。这就是共同侵权行为构成要件上的折中说。对于共同侵权行为的构成,从主观方面而言,各加害人应均有过错,或为故意或为过失,但是不要求共同的故意或者意思上的联络;过错的内容应当是相同或者相似的。从客观方面而言,各加害人的行为应当具有关联性,构成一个统一的不可分割的整体,而且都是损害发生不可或缺的共同原因。[②]

二、认定共同侵权行为的基本原则

(一)认定共同侵权行为的基本立足点

对共同侵权行为的认定的基本立足点就是整个侵权行为法的价值取向,王利明教授认为侵权责任法的基本定位主要是救济法。按照现在学界关于侵权责任法功能的一般看法,侵权责任法的功能是多元的。最重要的功能一个是救济功能,保护受害人,弥补加害人对其造成的实际损害。另一个功能是惩罚行为人,遏制损害的发生,对行为人实施法律制裁。还有一种功能是预防的功能。王利明教授的看法是侵权法主要应该定位在救济法,对受害人所造成的损害提供救济。同时,侵权法发展的重要趋势就是以受害人为中心,强化对受害人的救济。它的整个的制度构建、设计都是从受害人出发,体现了对受害人的关爱。共同侵权制度的法律规定作为整个侵权行为法的重要部分,也必然要贯彻和反映出这一基本理念。

(二)认定共同侵权行为的关键点

通过上面的比较分析,可以注意到认定共同侵权行为的关键点就在于"共同性"。这种共同性是确定共同侵权行为的唯一核心。基于共同侵权行为的复杂性和多样性,这种共同性包含主观和客观两方面。

---

① 王利明:《侵权行为法研究》(上卷),中国政法大学出版社 2004 年版,第 691 页。

② 张新宝:《中国侵权行为法》,中国社会科学出版社 1998 年版,第 167~168 页。

1.主观上的共同性

主观上的共同性是指共同过错,共同过错是共同侵权的基石。共同侵权行为责任应彻底贯彻过错责任原则的内容,即不仅以过错作为判别共同侵权行为成立的要件,而且以过错为归责的最终要件。① 其原因在于坚持共同过错这一要件有助于确定共同侵权的范围和责任分配方式,可以正确区分共同侵权行为与无意思联络的数人侵权。数个人对他人共同实施侵害行为之所以被称为共同侵权行为,而使该数人承担连带赔偿责任,关键就在于他们之间具有共同过错,主观上的共同过错使数个行为人之间的行为结成为一个整体,因而各行为人应负连带责任。从为自己行为负责的侵权法基本原则出发,无意思联络的共同侵权人只应对自己的行为负责,这意味着,在无意思联络的共同侵权结果发生后,不能要求其中一人承担全部责任或连带责任,否则难免过于苛刻,也与侵权法的基本原则相悖,不适当地扩大了连带责任承担的范围。

存在共同故意的情况下,优先适用主观说中的共同故意说,而不考虑客观行为是否关联及损害结果是否可分。虽然在认定共同侵权行为时,行为人主观上的共同与客观行为的共同、结果的共同通常一致,但并不尽然。在不一致时,首先应以主观上是否存在共同故意来认定,只要各行为人有共同的意思联络,即使没有直接参加加害行为,也应承担对受害人的连带赔偿责任。因为加害人之间不可分割的意思联络与损害结果有必然的、不可分割的联系,这决定了每个人对其损害后果负有不可推卸的责任,其符合法律上主观可归责性的理论,也体现了法律对侵权行为人的价值性否定和对受害者的保护。

2.客观上的共同性

不存在共同故意的情况下,共同侵权中的客观性得以体现。在多数共同侵权的情况下,存在着一个共同性的基本因素,那就是由共同侵权行为所造成的损害是一个不可分割的整体,也就是说共同损害是不容置疑的客观存在。数个加害人所实施侵权行为在结果中所起的作用不尽相同,而且行为人自身的责任能力也有所差别。如果按照传统民法中“责任自负”的原则,受害人往往难以得到充分赔偿,因为他必须证明每一个被告的行为均符合侵权行为的要件,均要对损害结果负责。而往往,受害人又处于弱势地位,难以取得上述完整的证据。为了使这两种悬殊的力量得以平衡,法律注重客观上的共同性,要求所有侵权行为人,无论是实行者还是教唆、帮助者,均需对受害人承担连带责任,从而使受害人

① 王利明:《侵权行为法归责原则研究》,中国政法大学出版社 2003 年版,第 301 页。

得到充分的救济,也体现了民法的公平原则。①

3.二者之间的关系

共同侵权行为的主观性始终是首要的第一顺位的考虑因素,只有在不具备共同的故意情况下,才能够适用共同侵权行为的客观性,这是在处理二者关系时需要坚持的一个基本原则。对于狭义的共同侵权行为即共同加害行为应当坚持主观性,即要求各行为人之间具有共同的过错,对于没有共同故意、共同过失,仅仅是因为偶然的原因而导致他人遭受同一损害后果的情况,适用共同侵权的客观性。对共同侵权行为采取具体问题具体分析的"两分法"可以避免单纯适用一种学说的不足,更有助于将"共同性"的本质与实际相结合,在权衡各方利益的基础上解决司法实践中的问题。②

三、《侵权责任法》相关规定的不足及完善

《侵权责任法》关于共同侵权行为的认定的规定主要集中在第八条、第九条和第十条。在这三个条文中,分别规定了共同侵权行为的三个基本类型,也就是共同加害行为(也称狭义的共同侵权行为)、拟制的共同加害行为(即教唆和帮助行为)和共同危险行为。《侵权责任法》明确了共同侵权行为的基本概念及责任确定,关于立法的种种优点本文不一一赘述,结合前述认定侵权行为的基本原则,重点讨论一下新法关于共同加害行为认定方面的一些不足。

(一)《侵权责任法》相关规定的不足

《侵权责任法》关于侵权行为的认定基本上是采用了前述的主观上的共同性和客观上的共同性相结合的立法思路。区分具体不同的共同侵权行为类型,对其认定采用了不同的方式。我国立法一直存在的问题就是规定的过于简单而笼统,容易造成理解上和适用上的混乱。《侵权责任法》的相关规定也是存在着同样的问题,就是由于规定的不具体,造成司法实践上的难以操作。主要表现在对共同加害行为的认定标准不明确。

对共同加害行为的认定只有第八条一个简短的规定:"二人以上共同实施侵权行为,造成他人损害的,应当承担连带责任。"这种规定的方式基本类似于原来的《民法通则》。过于简要,令人难以明确理解。共同加害行为是共同侵权的基本形式,对其准确认定是之后确定侵权责任分担的重要依据,其重要性不言自

① 颜晨:《浅析共同侵权行为的认定——兼论共同侵权行为的本质》,载"中国民商法律网",http://www.civillaw.com.cn/article/default.asp? id = 34711。

② 颜晨:《浅析共同侵权行为的认定——兼论共同侵权行为的本质》,载"中国民商法律网",http://www.civillaw.com.cn/article/default.asp? id = 34711。

明。共同加害行为中的“共同”如何认定,一直学界关注的焦点,也是本文讨论的重点。第八条没有明确表示对“共同”的认定是采用了何种学说,容易造成理解和适用上的混乱。

(二)《侵权责任法》相关规定的完善

由上面的考察可知,立法应当对共同侵权行为“共同性”这一要素作明确的规定,加入主观上的共同性的内容,也就是说侵权责任法应当明确采共同故意说,共同故意说既符合个人责任原则,又具有坚实的伦理基础。个人责任原则,也称自己责任原则,是指个人仅就自己行为所造成的损害负责,就他人行为所造成的损害,不负责任。个人责任原则符合我国当下社会背景中经济自由主义的需求。而共同故意说仅要求对自己的故意负责,是符合该原则的。同时,共同的故意或者说意思联络,也表明了行为人在道德上的可谴责性,从而为连带责任的承担提供了坚实的伦理基础。①

那么,根据主观上的认定标准,加入共同故意说的基本内容,应将第八条修改为“二人或二人以上共同故意致他人损害,构成共同侵权,应当承担连带责任。”。

① 周友军:《我国共同侵权制度的再探讨》,载“中国民商法律网”,http://www.civillaw.com.cn/article/default.asp? id=47995。

从橙剂案看毒物致害公众侵权案件的解决机制[①]

杜明艳[②]

摘　要：橙剂案是美国历史上最大规模和最复杂的毒物致害公众侵权案件，这类案件对传统的侵权法解决机制提出了严重的挑战。本文以 Peter H. schuck 教授的《橙剂案庭审直击》一书为基础，以动态的方式剖析了橙剂案的起因、发动、审理、和解的整个程序，主要从因果关系、行政合同、集团诉讼与和解协议三个方面分析了橙剂案的特有问题和独特的解决方式，对如何应对橙剂案所揭示的毒物致害公众侵权案件中最复杂的问题给予了探讨。

关键词：橙剂案；毒物致害公众侵权案件；因果关系；行政合同；集团诉讼

目　次：

---

① 本文在写作过程中曾受到导师方流芳教授的悉心指导，收益良多，谨此致谢。

② 杜明艳，法学博士，现工作于大公国际资信评估有限公司。

(三)综合性替代方法

橙剂案是美国历史上采用集团诉讼方式解决的第一个毒物致害公众侵权案件,该案涉案人数之多、地域之广、时间跨度之长、赔偿额之巨、解决方案之独特都是史无前例的,对美国侵权法中类似案件的解决机制产生深刻而长远的影响。

该案件在 1979 年 1 月 18 日由律师 Yannacone 发起,很快波及全国,以及澳大利亚和新西兰。①它由一个集团诉讼(由 600 多个涉及全美 15 000 个具名个人的单个诉讼合并而成)和近 400 个独立诉讼(从集团诉讼中退出)组成,包括 2.4 百万越战老兵、他们的妻子、已出生和未出生的孩子、澳大利亚和新西兰士兵、一些平民原告和 7 个被告公司以及美国政府。原告代理人由遍布全国的大约 1 500个律师事务所(截至 1984 年 5 月)结成的律师团体构成,他们所花费的有账可查的诉讼费用至上述日期为 1 千万美元,并还在不断增加,被告仅为准备诉讼就花去了大约 1 亿美元,雇佣了数百名律师。法院的管理负担也是空前的,一审案件的第二个法官 Weinstein 不得不组建了一个行政班子为其服务,雇佣了不少于 6 个特别助理和 1 个联邦法院治安法官,而他们又各有其雇佣的帮手。该案以美国历史上最大的侵权和解案告结,1984 年 5 月达成的和解协议经二审维持后产生了一个 1.8 亿美元的赔偿金,随着不断增加的利息,总数达到 2.4 亿美元。

橙剂案是一个侵权案件,但适用侵权案件的传统解决模式却并不完全可行。该案典型地演绎了毒物致害公众侵权案件的特征:被告潜在的毁灭性责任、原告组织的高度复杂程度和史无前例的程序问题、证据问题、实体法律问题。而该案除具有此共性外,又有其特性:(1)因果关系更为复杂;(2)原告难以确定;(3)被告难以确定;(4)主权豁免问题。这使原告的诉讼预期——校正正义与公共政策考量——社会整体利益的最大化产生严重冲突。橙剂案提出的问题是:当众多当事人受到某种有毒物质侵害,而致害机理在科学上并不确定,并且可能永远无法得到确定解释时,如何保护受害人,威慑侵权活动,实现社会正义? Peter H. Schuck 教授通过访问案件当事人、律师、法官等诉讼参与人,获得了大量一手资料,历时两年写出了《橙剂案庭审直击》一书,详细地描述了橙剂案的整个发起和诉讼过程,重点分析评论了橙剂案的解决方法,并对可替代的解决方案予以探讨,从中我们既看到毒物致害公众侵权案件对法学理论提出的挑战,又体会到这

① 本文有关橙剂案的信息,如未加特别注明,全部来自《橙剂案庭审直击》Agent Orange On Trial 一书,兹不再一一标注。Peter H. Schuck, Agent Orange On Trial, enlarged edition, The Belknap Press of Harvard University Press, 1987.

类涉及广泛的复杂案件给社会各利害团体造成的深刻影响，是一本少有的从案件事实出发面对真实问题探讨解决机制的法学著作，本文拟以该书为主，并辅之以该案法官 Weistein 先生的著作《在集团侵权诉讼中实现个体正义》中提供的有关信息[①]，对橙剂案所揭示的问题予以梳理、分析、评论，并对毒物致害公众侵权案件所涉及的普遍问题做些探讨。在行文中，为将本文对案件的描述和他人的观点与本文作者的个人观点相区分，在作者表明观点时，都用"评论"二字引领。

一、因果关系问题——本案争议的核心问题

(一)初审 Pratt 法官阶段对因果关系问题的认识

美国军方自二战以来一直在研制适用于战争的落叶剂，一系列人工合成的化合物 2,4,5－T 以及其他化合物被研制出来。橙剂(含 2,4,5－T)因其更适用于树叶和宽叶植物，是美国在越战期间(1965 年至 1970 年)施放于越南丛林地带的一种最主要的落叶剂。在大约五年的时间里，约 11.2 百万加仑橙剂施放在越南南部约 10%的土地上。在此之前，有关除草剂尤其是橙剂的毒性问题就已引起公私两方面的注意。1952 年，Monsanto 化学公司通知军方 2,4,5－T 中含有有毒杂质。1963 年，军方在对 2,4,5－T 的毒性研究中发现这种物质能引起氯痤疮(chloracne)(一种严重的但通常可以治愈的皮肤病)并导致呼吸系统不适的症状增加，经验欠缺者高度集中投放时风险更大。当年总统的科学建议委员会向参谋长联席会议报告了这一事实。在 1960 年末，危险源已经清楚，并不是化学物质本身，而是 2,4,5－T 生产过程中一种数量极微小的杂质始终保留在成品中，这种杂质携带一种化学物质，叫 2,3,7,8tetrachlorodibenzo－p－dioxin，属于二恶英家族，这种特殊的二恶英，被称为 TCDD，"可能是迄今人类合成的毒性最强的化学分子"。尽管对 TCDD 毒性的研究已有时日，但橙剂对人身体的实际危害仍无定论。主要原因是：(1)落叶剂潜在的毒性是它所含有的二恶英达到一定数量后产生的功能，但是在特定领域所使用的数量是无法具体确定的。(2)美国士兵所接触过的橙剂中二恶英含量的信息更不可靠。无人知道在战争中多少橙剂被施放到特定的地域。(3)虽然二恶英达到特定含量后能导致多种严重疾病，这些疾病也可由其他途径导致。因此，某人的疾病是否由橙剂造成是不确定的、推测性的。

诉讼一提起，在原告律师团内部就发生了有关诉讼策略的激烈争执。Yannacone 主张应加强对老兵致损原因的研究，通过流行病学调查获得研究结论突破案件中最薄弱的一环——因果问题。他在妻子的帮助下，筹划把每个老兵

① Jack B. Weinstein, Individual Justice in Mass Tort Litigation, Northwestern University Press, 1995.

的相关病史录入计算机,包括他们在战前的医疗史、越战中接触橙剂的情况、战后的症状。随后总结出病历类型、症状学、原因论、法律责任方面的意见等呈示法庭。但律师团的其他成员反对,一来原告律师团筹资有限,不堪大费,这样做可能耗资千万,但 Yannacone 坚信用三年时间以不到百万的代价能将其拿下;更重要的原因是诉讼目标定位不同,Yannacone 希望案件产生政治影响,老兵能扬眉吐气,公众受到教育,而其他律师只认为该案是专业领域和财政方面的冒险行动,在和解时收益丰厚的投资,一旦弄清确定数量的老兵的身体损害与在越南服役有关,将阻止审前和解协议的达成。

Pratt 法官在一开始并未将因果关系问题作为审理重点。面对如此复杂的案件,他想以最低的成本获得最快的解决,而行政合同问题也许恰是一个这样的核心问题。于是他设计的案件管理计划,是按顺序组织一系列的审理,来解决集团的共同问题,首先是被告提出的行政合同抗辩,如果成立,案件终结;如果失败,接着审理过失、产品缺陷和基本因果(即是否和在什么情况下橙剂可能造成某种特定的损害)。只要原告在任一环节证明失利,案件终结。但 Pratt 法官在对行政合同的审理中发现,在被告对二恶英的毒性知识方面,情况变得异常复杂。原告以确凿证据主张被告未警告当局是过失,而被告的反驳是橙剂与损害究竟存在何种因果关系是没有定论的,如二恶英在不同浓度下导致什么损害结果?他们既然不能确切地了解该物质的毒性,如何通知政府?可见,尽管 Pratt 法官为行政合同的认定设定了三个条件,但要满足这些条件仍不得不回到因果关系问题。Pratt 法官只得打破系列解决安排,回过头来面对这些问题。

(二)初审 Weinstein 法官阶段对因果关系的认识和解决办法

Weinstein 法官接手案件后,毫不犹豫地将本案的重点放在了因果关系问题上,行政合同问题只有在前者有答案后才得处理。

Weinstein 法官对原告律师团能否证明因果关系问题疑虑重重。按照他为解决因果关系问题设定的路径:(1)选取典型案例;(2)用统计学方法证明基本因果;(3)先证明基本因果,再证明个案因果。Weinstein 法官认为这个任务原告律师是无法完成的。他在批准和解协议的《公平意见》(Fairness opinion)中写道:"有关数据表明二恶英对人体可能高度有害,"但是,他强调"制定法规以规范风险与按照事实赔偿损失二者有着根本性的区别。"对于后者,"要求更高的可能性(高于 50%),只有法律认为除非能够证明被告更有可能导致结果发生而不是相反,否则让他对另一个人的不幸负责是不公平的。"他对因果关系的分析从最近的流行病学研究出发,其中一个是对参与投放作业的老兵的研究,研究尽管尚属阶段性成果,但总体而言结论是否定性的,也就是不能达到优势证据的程度,因此按照侵权法规则无赔偿之理。至于典型案例证明,原告律师提出五个有代表性的案例和几个专家证人,筹划从生物化学、毒理、流行病学、内科和统计学数据几个方面来证明基本因果。而被告律师则准备从家族病史、个人病史、环境因素、个人经历等方面反驳。Weinstein 法官认为,虽然在没有听证的情况下不能说原告无法完成证明,但在庭审时原告提供的证据效力如何很难确定。即使案件经过了陪审团的听审并被判胜诉,“这个结论是否能禁得住初审和上诉法院对审后申请的判决(post - trial motion of judgement)仍是问题”。因此他极力促成和解,并把和解金额压得出乎意料的低。

Weinstein 尽管否定了全案的因果关系,但为了执行和解协议,必须要确定原被告资格,他又不得不诉诸因果关系来划定原被告范围。

在确定被告方面,他试图将自己在另一案件(Hall decision)中创造的企业责任(enterprise liability)与乙烯雌酚(DES)类案件中产生的替代性责任(alternative liability)置于该案所具有的极强的特殊性中,与该案几个独特问题即行政合同、原告提出的警告义务问题、因果关系相结合提出一个量身订制的解决方案:如果原告能够证明他们可能接触过的橙剂的制造商知道或应当知道橙剂的危害性而没有告知政府,无论这种橙剂是本厂产品还是属于其他厂家,则举证责任转由被告承担;被告需证明:(1)它生产的橙剂不可能致损;(2)政府实际了解的或应该了解的与厂家一样多;(3)即使政府已知甚多,但仍然生产或继续购买与被告所产具有同样毒性的橙剂,而不采取措施降低对原告的损害。如果被告方未能就此举证,彼此承担连带责任,除非该被告能证明其只应承担部分责任。

在确定原告方面,Weinstein 考虑该案的致命之处在于:所有原告总体上能证明橙剂对他们的损害,然而任何一个原告都没有能力单独证明他所受伤害是由橙剂造成的。例如,统计数据显示没有接触过橙剂的人群中只有 x% 的人患软组织瘤,但曾经接触过橙剂的老兵中 x + YANNACONE% 患有此病。如果 YANNACONE 等于或小于 x,同时无法查知原告中绝大多数人得病的主要原因,这表明,实际上没有人能以优势证据证明他的癌症是橙剂引起的,而客观上只能把接触过橙剂作为他得癌症的一个背景因素。在毒物致害公众侵权案件中,原告的症状可能是由多种原因造成的,而只有其中之一与被告有关,原告可以优势证据证明,被告增加了原告患此病的一定程度的可能性,但除非被告导致该病的概率高于 50%,否则原告将一无所得。基于已有的证据,Weinstein 认为个案因果的概率一定不到 50%。而不到 50% 意味着在传统侵权法上是得不到赔偿的。优势证据规则是全得或全失的规则。能满足这个标准的原告会得到 100% 的赔偿,低于它将一无所获。由于科学证据在证明毒物致害公众侵权案件原因时常常不能一言定鼎,优势证据规则和全得或全失的赔偿结果对于这种受害人是致命的。这意味着判决的赔偿额经常高于或低于被告造成的损害,特别是涉及多种原因的毒物致害公众侵权案件。如果赔偿额过高,会对相关产业的经营威慑过度,相反则威慑不足;社会相应可能会受到过多或过少的风险活动带来的不利影响。

为此,Weinstein 区分了两种侵权法上的优势证据规则:一是加强型,要求不仅统计数据显示某原因有 50%以上的可能性造成损害结果,即某种病在接触人群中的发病率两倍于非接触人群;而且要有直接证据提供关于因果关系的详细证明,如医生证明对原告的临床检查表明他的病是由于接触可疑化学物质造成的,或者他曾接触过非正常的高浓度该物质。二是减弱型,仅包括统计学证据。Weinstein 认为,在毒物致害公众侵权案件中应运用后者,但在论证理由时,只引用了一个最近发表在法律评论上的文章做论据,该文认为直接证据(particularistic evidence)依靠直觉和在类似情况下相似事件的发生频率来作出判断,与统计学证据一样具有盖然性。以此为基础,Weinstein 考虑用举证责任倒置的办法确定原告:一旦原告显示依据统计数据表明的原因和结果之间具有显著联系,即被告已对原告群体造成了不断增加的损害风险;举证责任转给被告,由其证明他们没有造成损害,如果不能证明,原告则获得赔偿,不过他们的赔偿额会按比例有所降低,以反映他们个人所受被告侵害的统计学上的盖然性。

Weinstein 意识到他通过举证责任倒置可能造成的责任失调,即把证明个案原因的责任推给被告,而事实上这是无论原告还是被告都无法完成的,因此他运用责任限制的方法如市场份额、二恶英在不同厂家产品中的含量等因素来减轻被告责任,以促成和解。可见举证责任分配在责任承担问题上至关重要,通过不同的分配方法,法官实现不同的社会政策。

Weinstein 对本案因果关系的判断必然影响到他对和解金额的估计。首先,基于他对本案因果关系的判断,Weinstein 力图将所有原告都吸纳进集团诉讼,一方面得到对原告群体总损害程度的整体估量,另一方面通过和解协议使原告不至一无所得,被告则按每个原告损害程度的一定比例承担责任。其次,关于每人赔偿额的确定办法也基于因果关系。他举例说,如果 1 千万人接触过由 10 个厂家生产的一种可相互替代的产品,某种癌症在同等数量的一般人群中的发病率是 1 000,而该人群中是 1 100,统计数据显著增加。假设在能证明个案因果的情况下,赔偿额是一个癌症患者平均 1 百万美元。虽然这种产品造成的每个原告患癌症的概率只有 9%(100/1000)——比优势证据规则的任何一个类型都低得多以至于不能得到赔偿。如果提起代表所有 1 100 个受害者的集团诉讼,按照一揽子解决方案会得到总数为 1 亿美元的赔偿(多出的 100 人 ×1 百万美元),赔偿金在 1 100 人中平均分配,每人得到 9 万,责任在 10 个厂家之间按市场份额或产品毒性大小分配。它包含了比例责任和盖然因果的思想。这种方法也有问题,如增加的病人有些可能是由于非归因于被告的其他原因造成的,而且确定赔偿额的行政管理费用可能非常之高。但在这样一个异常复杂的领域,Weinstein说"大致符合正义(rough justice)"也许是不得已而为之的明智之举。Weinstein认为我们所处的时代已不同于典型的黑白分明(smoking gun evidence)的时代,我们必须尽己所能地运用专家证据(如统计学证据)、我们的常识和经验对可能性做出最恰当的判断。更重要的是,一揽子解决在类似案件中也许是唯一有效的办法,否则受害者得不到赔偿,侵权人得不到制裁。

基于这种类型的案件只能一揽子解决的考虑,他在审理退出集团诉讼的原告所提起的案件时,并未运用比例责任和盖然因果,还拒绝了惩罚性赔偿金,理由是因果证据不足和被告没有不良动机(这不令人信服,如证据显示被告故意掩盖事实)。另外,在和解协议中,他以因果联系太弱为由拒绝赔偿老兵的妻子和有出生缺陷的孩子。

评论:按照美国法律,因果关系属于事实问题,应由陪审团决定,但Weinstein法官在没有经过庭审的情况下,暗示陪审团认定因果关系成立也无济于事,坚持要将自己对因果关系的认识贯彻到底,是否符合正当程序令人生疑。

Weinstein坚持只有流行病学上的明白无误的肯定性结论才具有权威性,这是一般侵权案件在建立因果关系时的通常做法,其他证明方法,如动物试验、工厂职业病等的结论对该案都只具有参考价值,而无决定性意义。事隔二十多年后,关于橙剂的流行病学研究仍未取得显著进展。[①]在毒物致害公众案件中,尤其是如橙剂案这样,受害范围广、潜伏时间长、历史记录缺乏和科学研究尚待深入,运用一般的证据规则只能得出因果关系不明确的结论,这不是通常意义上的证明失败,而是在于该案性质的必然结果。

(三)上诉法院关于因果关系的认定

1987年4月21日,上诉法院发布了他们的判决意见,他们总体上支持Weinstein的决定,判决中Winter法官所写部分最为关键。Winter法官把案件中的两个核心问题即行政合同与因果关系孰先孰后再次颠倒过来,因果关系问题退居次要地位。Winter法官断言基本因果问题不仅无益而且有害,它使法官把注意力从每个原告所受的实际损害上转移开了。在因果关系问题上不存在适用于整个集团共同的法律问题,而只能进行个案分析。

评论:Winter法官坚持用传统的方法审理因果关系问题,这当然是一个法官的本分所在,因为法官的职能是司法而非立法。但无视现实用老的方法解决新

---

① Jeanne Mager Stellman and Steven D. Stellman, "characterization of exposure to agent orange in vietnam veterans as a basis for epidemiological studies", 13 J.L. & Pol' Yannacone 505.

问题,这显然无助于问题的解决,在立法无法及时对具体问题提出解决方案时,法官是否有权力和在多大程度上先于立法为受害人提供救济,是司法保守主义和司法能动主义之间长期争论的问题。笔者有保留地认为,在新问题层出不穷的时代,审慎地运用司法能动主义也许是更为恰当的选择。

二、主权豁免和行政合同问题

(一)初审 Pratt 法官阶段关于行政合同问题的解决方法

主权豁免早在 13 世纪英国法律中就已确立。该原则在近现代广受责难,批评者认为民主社会法治原则不仅约束国民更应约束政府,主权豁免应大为削弱。然而,一直以来,美国至少在联邦层面上,该原则变动微弱。国会在 1946 年终于颁布了《联邦侵权赔偿法》,很大程度上放弃了联邦政府承担侵权责任的豁免权,但附加了许多例外规定,与橙剂案有关的是法庭在解释该法时可将主权豁免适用于军队内部侵权。1950 年的 Feres v. United states 案中,最高法院判决联邦政府对于士兵在服役期间遭受的侵权损害不承担责任,该原则被称为 Feres 原则。法院认为有三个原因支持该原则:(1)政府和它的现役军人之间的关系具有明显的联邦特征,如果适用各州的侵权法,这种关系将受到损害;(2)国会已经颁布了老兵抚恤法案,无论政府对老兵所受伤亡有无过错都将补偿为国受损的士兵;(3)军内侵权主张对于军队高度的纪律性将产生不利影响。该原则完全排除了老兵在橙剂案中向政府主张权利的可能,但原告中还有老兵的妻子和孩子,Feres 原则是否约束他们并无定论。不过原告律师团没有起诉政府,他们的考虑是一则起诉政府会极大地拖延诉讼,二则老兵们觉得感情上过不去。

但被告公司们不肯放弃任何机会把政府拉上被告席。首先他们寻求使政府成为第三人诉讼中的被告,他们的理论是由于多种原因,包括政府过失地使用橙剂且未警告其危险性,政府应替被告承担法庭可能加于他们的责任。这种主张是成问题的。因为 Feres 原则之延伸——stencel 原则能够排除从受 Feres 原则限制的案件中派生出的要求政府承担替代责任的第三方诉讼。这个方法虽流产,被告还有第二个策略,他们即使不能直接把政府拉进诉讼,他们试图把政府推向前台而自己躲在后面,这就是行政合同或共同豁免抗辩。具体而言,就是政府通过将近七十个购销合同如此明显地控制和指挥了落叶剂的生产和使用,以至对由此造成的损害生产者不应承担责任。被告主张政府长期实验生产落叶剂并发明了橙剂,早在 1962 年就知道二恶英的毒性,政府用各种合法和非法的胁迫手段驱使他们生产橙剂并禁止他们向民用市场投放该产品,单方面规定合同的条款和产品配伍说明,并监督生产,优先保证原材料供应,单方面控制了橙剂在越南的使用地区和程度,所以这是行政合同。一旦这个抗辩成立,将完全挫败原告的主张,被告会和政府一样免责,届时被告自然稳操胜券。

原告方为反驳被告的主张,应以证据揭露是被告提出的产品生产要求,他们没有告知政府二恶英的毒性和它存在于毒剂中等,证明被告不是完全受政府主宰的,对毒性毫不知情的,其自身是有过错的。

Pratt 法官提出被告为证明行政合同需满足的三个条件:(1)是政府确定橙剂的生产要求;(2)被告供给政府的橙剂中满足了所有政府提出的要求;(3)政府与被告一样了解甚至比被告还了解橙剂的危害性。每一个被告必须同时证明这三个因素才能获得豁免。Pratt 法官的三因素说总体上符合行政合同的证明要求,但在本案这样极端复杂的案件中并非无可置疑,这包括"了解"意味着什么?哪个级别的官员有此知识可归责于政府?获得什么程度的知识符合法律标准?如果并不知道它在何种确定的程度下具有何种毒性,仅知道二恶英有某种程度的毒性够吗?如果官员仅仅有理由知道或者有理由获得这种知识而非实际具有,能满足了解要件吗?由于知识本身与法律无关,没有首先解决基本因果关系问题和企业责任问题(一个厂家的知识是否能归责于另一个厂家),Pratt 法官怎么可能相信知识问题能得到回答,更不用说作为结束诉讼的基础。

在此期间,原告律师发现了确凿的证据(smoking gun evidence)——两个备忘录:其一是会议记录。被告之一 Dow 公司曾招集橙剂的主要生产厂家开会,商讨含有 2,4,5 - T 产品的危害性,该公司对二恶英的毒性已有比较具体的认识。其二是一个电话记录。一个 Dow 公司官员向 Hercules 公司表示"Dow 公司很害怕情况会暴露出去,他们发现他们的竞争者的产品中有极高含量的致害物质,如果政府知道了,整个产业会因此遭殃。他们特别害怕国会调查和因此制定极度限制除草剂产业的立法"。原告律师认为,这两个证据表明:(1)橙剂与 DES 不同,它不是一种可替代(generic)产品,不同厂家的橙剂中二恶英含量是不同的,这就可以在被告中打入个楔子,通过与有毒物质含量低的企业和解,分化瓦解被告,并获得继续诉讼的费用;(2)击败被告的行政合同抗辩,向陪审团证明被告合谋对政府隐瞒了真相;(3)被告掩盖真相的行为为获得惩罚性赔偿提供依据。

同时,在越战老兵组织的院外活动日益频繁和激烈的压力下,立法和行政当局的立场由原来的置之不理发生松动。管理老兵事务的行政机构 VA(Veteran Agency)1979 年 11 月通过研究,承认二恶英会长期存在人体内从而造成人身损害。国会通过法案,要求 VA 免费治疗所有接触过橙剂的老兵发生的与此有关的疾病,但并不能得到伤残补助金,该法案授权 VA 对相关问题做出最终决定,免于司法审查。老兵在此领域的斗争仍在继续。

(二)初审 Weinstein 法官阶段对主权豁免和行政合同的认识与解决方案

Weinstein 接替 Pratt 法官后,公开表示政府应奉陪到底:该案不仅是一个司法问题,更是一个政治问题,没有政府的积极参与,责任承担恐怕难以公平地达致。他说“很清楚,平民原告可直接起诉政府,因他们的损害是独立的;尽管军人家属与军人在同一事故中受伤因 Feres 原则的限制而不能起诉政府,但政府在先例中曾放弃对军人家属所受损害的豁免。”

为证明他提出的军人家属可单独起诉政府的结论,他分两步推演:第一步,他引用了 Orken v. United States 案[①] 和 Stencel 案中持异议法官的意见为依据来支持自己关于独立起诉的观点。但前者是政府在该案中自愿放弃豁免,后者仅是一个未成为判决结果的异议法官意见,因此其权威性是成问题的。第二步,Weinstein 需辨别橙剂案是属于 Feres 原则约束的派生诉讼,还是属于 Orken 案政府承认的独立诉讼。他观察到最近的案件,涉及因辐射或有毒物质侵害,军人妻子因丈夫精子受损导致流产和孩子出生缺陷案件,他认为这种案件落在两种情况之间:这种案件类似受 Feres 原则排除的情况,如果丈夫或父亲不接触有毒物质家属不会受损,从这种意义上说,家属的损害是派生的;然而,家属并不是为军人的损害起诉,而是为他们自己的直接损害。就算他不得不承认每个上诉法院都以 Feres 原则为由驳回了这些起诉,但他认为没有一个法院“认真分析过 Feres 原则适用的三个理由”。前两个理由也许无甚大碍,但 Weinstein 很难发付第三个理由——如果轻易地同意这类诉讼对军队纪律和战斗力可能产生不利影响,最高法院曾强调第三个理由是最重要的。更重要的是,要认定家属主张是否成立,就必须在法庭上审查军队使用橙剂是否明智以及可替代的军事策略的风险利弊如何等,这是超越司法权限的。但 Weinstein 法官没有被这些困难击退,他给司法部律师 Witt 假设了三个案例,都属于平民独立受损之原因与军人受伤原因缠绕在一起:一名军人驾驶军车执行职务时汽车爆胎,既伤着自己又伤着立在路旁的家人;一名军人携带的军事装置爆炸也使自己与旁边的家人均受伤;妻子与因职务原因中毒的丈夫性接触而患皮肤病。他说这些案件像 Orken 案一样可以起诉政府,因为政府在先例中对此类型案件放弃了主权豁免。他问那么这些案件与因辐射或有毒物质受到基因损伤的军人之妻子因精子受损导致流产和孩子出生缺陷案件有何不同之处? Witt 面对突然发问无法回答。Weinstein 因此得出结论:“Feres 原则不限制平民因与军人同样的方式接触毒物而致损所要求的赔偿。”政府随后向上诉法院申请撤回 Weinstein 的决定,强烈抵制 Weinstein 为促成和解获得更多的赔偿金擅自改变三权分立原则,下决心不顾法律把政府拖进审判,使政府措手不及,Weinstein 的行为是一种“新型司法擅断”。上诉法院认为

① 1965 年第六巡回法院的一个案件,一架空军飞机冲进一个士兵的住所,他和妻子以及两个孩子四人全部丧生,Weinstein 认为该案中政府正确地承认了 Feres 原则不限制因士兵家属死亡而提起的诉讼。

Weinstein 并未滥用职权,因为他做了合理的分析,政府参加进来可便利诉讼,从而驳回申请。

评论:从法理上分析,Weinstein 这种三级跳的分析方式运用于橙剂案问题很多。表面上看他的类推很有道理:因为 A 像 B,B 又像 C,所以 A 像 C,但 A 像 B 的原因却和 B 像 C 的原因是不同的。Orken 案像他举出的例子中的前两个(撞车和爆炸),家属受损是事故直接引起的;橙剂案像他举出的例子中的后一个(妻子得病),家属受损是事故间接引起的。但从动机而言,则是可以理解的。造成老兵及其家属损害的冤头债主首要的应是政府。但立法和行政机关对此态度冷漠,动作甚微。老兵及其家属起诉被告公司,如果法官也把责任全部归咎于被告,正应了那句老话"柿子拣软的捏",是有违正义的。但司法权有限,不可能包打天下。Weinstein 的作法是通过貌似合理的推论尽量使政府承担一些责任,然而司法机关不是匡扶正义的"独行侠",如果它的司法结论是建立在没有说服力的推理之上,长此以往,对整个国家的法律体系将产生何种影响?

在关于和解协议的公平意见中,Weinstein 法官认为行政合同是有强烈的事实依据的。关于行政合同的成立条件,他宣布被告无需证明政府知道得和他们一样多,仅需证明政府能获知对做出决策必要的信息就足够了。他的结论是,政府在订货和使用橙剂时,获得橙剂危害性的相关信息易如反掌。显然他支持了被告的行政合同主张。

评论:按照行政合同和共同豁免理论,这是否意味着被告有理由拒绝赔偿原告损失呢?若果真如此,原告岂不是竹篮打水一场空?问题恐怕并非如此简单。即使行政合同成立,但被告明知橙剂具有危害性还卖给政府,而政府并没强迫他们(两个法官所定的行政合同构成要件中都无此要求),可见被告是有过失的。本案如果没有行政合同问题,应以产品责任法为依据。但行政合同阻断了产品责任法的适用,而被告具有过失又使行政合同抗辩不能一锤定音,所以即使行政合同成立,被告也甘愿用钱买来和平(to buy the peace)。因此,和解协议的法律依据一个是盖然性因果关系,另一个应是过失侵权。

和解协议达成后,政府成了众矢之的,面临来自老兵、老兵妻子和孩子、部分平民、被告各公司的一系列起诉。被告要求政府对他们遭受的损失分担责任或替代他们承担责任。司法部的答辩对此予以猛烈反击:(1)被告并不是如其所说受政府逼迫生产橙剂,而是为得到订货机会极力争取、激烈竞争,是利润的诱惑驱使他们这样做,而不是爱国心。被告既不是仅被动服从政府提出的产品具体要求,更不是严格符合之。(2)关于了解程度相同问题,政府列举历史文献证明被告公司向政府隐瞒了有关二恶英毒性的情况。政府的陈述使原来一边倒的形式发生逆转,即使按照 Weinstein 的标准确认了行政合同,也无法得出被告不应承担责任的结论，因为证据显示被告不是无辜的，他们为了追求利润置士兵的生命于不顾。所以Weinstein驳回了被告的诉讼请求。老兵和其家属的起诉也被驳回，前者因为主权豁免原则，后者则由于Weinstein认为因果联系不足。这样，Weinstein即使把政府拉进了诉讼，也未动政府毫发，可见Weinstein在政府责任问题上的审慎与节制。

（三）上诉法院对行政合同问题的新认识

上诉法院在判决中把该案的核心问题从因果关系又重新移至行政合同。判决书中这部分内容的撰写者Winter法官将行政合同进一步认定为军事合同。军事合同抗辩只要能满足他设定的两个条件之一就可成功：(1)如果合同当事人通知了政府存在已知的危险，即可援用此抗辩。“已知危险”的存在必须基于实实在在的科学证据，而不是猜测和偏颇之见，就算该观点是专家意见也需审查；已知危险对我方人员的危害，其严重性应超过可获得的军事利益。(2)如果政府对已知危险的了解程度与合同相对方一样多，无论政府如何获得这些知识，也可援用该抗辩。这种解释改变了初审法官设立的证明标准，扩大了行政合同的适用范围，使判断的任意性增大。如什么是实实在在的科学证据？它的含义应由法官还是陪审团决定？这个标准是极难满足的，除非这类化学物质对人类和环境的影响已经被系统地证明。只要被告掌握的信息尚不足以达到Winter法官所要求的程度，他们就无通知政府的义务。而且如果潜在的军事利益十分巨大，被告根本无需披露任何危险存在的证据。

上诉法院对原告发现的“确凿”证据不予认可，原因是橙剂和老兵所受损害之间的因果关系是非实质性的，以至于被告没有“已知危险”需与政府交流，并且不允许庭审新的证据。在他们看来，被告诸公司已满足了这两个因素。现存的可查明的因果关系只限于氯痤疮(chloracne)和一些肝病，而且政府所知与被告庶几相同或更多，军事合同成立。因此，Winter法官得出结论“即使因果关系现在已经昭然，但关键在于，橙剂卖给政府时其危险是否为其所知，原告很难证明被告违反了通知义务。”至此，上诉法院主张在这个问题上，没有真正的需要由陪审团解决的问题，遂采简易程序。

评论：本案在一定程度上体现了司法权独立对于保护人民权利的优越之处。老兵组织在提起橙剂诉讼前曾试图影响立法和行政当局，但均失败，而司法机关受理了他们的案件。该案中主权豁免是对司法权的限制，行政合同又进一步限制了法庭追究责任的能力，但法官通过对主权豁免例外情况的分析终于把政府拉上了法庭；通过过失和盖然因果追究了被告公司的责任。而法官为避免司法僵局，最后又放了政府一马，减轻了被告公司的责任。权力分立与制衡的机制既使老兵的冤情有处诉，又制约权力机关不至于作出过分鲁莽的决定，应值得肯定。

再反观我国,由于缺少充分的权力分立与制衡,导致群众告状无门的事件时有发生。如上海生物制品研究所生产的一种治疗血友病的血制品“第八因子”因未经灭活处理,导致大约3000多名血友病患者感染了艾滋病、乙肝、丙肝等。但上海市法院拒绝受理外地受害人要求上生所承担侵权责任的起诉。原来有上海市户口的患者已得到以上海红十字会名义提供的免费治疗和每人每月1千元生活费。上海市法院的行为表面看是出于地方保护主义,更深层次上是司法权不够独立的表现。愤怒的外地受害人走投无路,只好围攻上生所、在上海闹市游行、给国务院总理写信等,却没有任何合法途径解决问题。[①]

三、集团诉讼与和解协议

(一)批准集团诉讼

1979年1月8日Yannacone律师在一个越战老兵的自发组织“橙剂受害者国际协会”(AOVI)支持下,代理老兵reutershan向在曼哈顿的美国联邦巡回法院纽约南部区法院起诉。Yannacone律师的诉讼目的是想得到法庭授予的一笔信托基金以赔偿老兵及其家属受到的损害。他的诉讼策略是第一步提起单一诉讼,接着在全美范围内动员律师代表老兵向本司法管辖区提起类似的诉讼,最后他寻求将所有案件合并成一个全国性案件在纽约州联邦法院审理。为达此目的,他需要得到足够的资金支持。Yannacone律师与几位他招进来提供资金的长岛律师一起在全国做发动工作,每到一地,欲参加诉讼的退伍老兵与“Yannacone和联合者”(Yannacone and Associates)(该案的垫资团体)签订协议表示愿意加入集团诉讼,Yannacone会见当地律师与他们签订联合代理协议(associate counsel agreement)。随后,他们向联邦跨区诉讼司法审查组申请案件合并,1979年5月,审查组批准了申请,案件被合并进联邦跨区诉讼程序,定名为橙剂产品责任诉讼,由Pratt法官负责,Yannacone被指定为原告方首席律师。

但该合并按联邦民事诉讼程序的规定仅是对审前披露程序的合并进行,是否能批准集团诉讼,还需法官进一步决定。原告律师团明白法庭如果不批准集团诉讼,老兵及其家属将不得不分别应诉,各自为战,那将没有几个能支撑到底。所以他们应尽一切努力争取获得批准,但他们又隐隐担忧批准后适当的通知集团每个成员(这是联邦最高法院按照宪法正当程序条款所做的要求)的巨额资金从何而来。适用哪个司法管辖区的法律也与集团诉讼紧密相连,如果该案不能适用联邦普通法,而必须适用各州自己的侵权法,可能就不适于作为集团诉讼

① 仇勇:《艾滋病的另一个魔鬼终于出现了》,载《商务周刊》2003年第24期。

了,州法之间的龃龉会挫败集团诉讼的一个要件:在老兵的起诉中有基础性的共同事实问题和法律问题。为了能按计划行事,原告律师得两面出击:联邦普通法和集团诉讼。

Pratt法官在关于该案的法律适用方面听取了原、被告双方的意见,被告主张适用各州的法律,原告主张适用联邦普通法,Pratt法官支持了原告的主张。理由是:(1)老兵主张其所受损害是在服役期间发生,因此该案涉及实质性的联邦利益;(2)如果适用州法将造成极大的不确定性和不公平。

被告为了借助其雄厚的财力拖垮原告,尽一切可能延长诉讼并使诉讼变得更为复杂,因此提起上诉。1980年11月24日,上诉法院以多数意见推翻了Pratt法官的决定。多数意见认为产品责任案件是州侵权法适用的传统领地,在这个领域中还没有可资识别的联邦政策保证产生出联邦普通法。这意味着众多州法将分别调整该案中的重大问题,而该案由联邦法院管辖的基石仅是由于当事人州籍不同。

法律适用问题受挫后,集团诉讼能否获批就更为扑朔迷离。按照1966年美国联邦民事诉讼规则第23条(a)批准集团诉讼的3个先决条件:集团人数众多;存在许多共同的法律问题或事实问题,集团诉讼代表案件具有典型性。前两个条件都能满足,第三个条件通过将原告分为几个具有共性的亚集团或可满足。但他们还必须使橙剂案基本符合23条(b)列举的四种类型之一。其中两个是禁令型和确权型集团诉讼,这与橙剂案寻求损害赔偿的目标不符;另两个,一个是防止被告因互不相容的法律标准而无所适从,这与本案无关;一个是防止提前耗尽有限的赔偿金,这与财大气粗的化学公司不符。因此只能尽量贴近(b)(3)的类型"集团成员共同的法律和事实问题远较单个成员的问题更为重要,为了力争案件的公平和高效解决,集团诉讼优于其他任何方法"。橙剂案确有很多共同问题,但许多方面则因人而异,如每个老兵与橙剂的接触程度、按照每人不同的病史橙剂对他们的作用效果、生活环境和其他独特的情况等。如果说原告律师已经为此而惴惴不安,起草该条款的建议委员会对(b)(3)的评论更让他们难以释怀:"导致众多受害者的群体事故通常不适合采用集团诉讼,因为一些重大问题如赔偿额、责任承担、对责任承担的抗辩等可能是因人而异的。在这种情况下采用集团诉讼,会使整个诉讼过程沦为多个独立案件搅在一个程序中的大杂烩。"即此类案中共性小于个性,合并审理会强求统一,牺牲个性。

DOW公司律师提醒法庭,至少已有十个州法院在集团侵权案中明确拒绝(B)(3)类型的集团诉讼,涉及DES、石棉、空难、交通事故、空气污染,虽有三个案件进入了集团诉讼程序,但两个是单一事故造成的侵权案件,另一个虽因某些法律问题准许集团诉讼但后来又被撤销。历史上还从未有过因果问题争议如此激烈的集团侵权案件被批准采取集团诉讼方式的。

在等到上诉法院对法律适用问题的决定后，Pratt法官发布了他对案件的审理计划，其中之一就是宣布该案属于(B)(3)类型集团诉讼。Pratt法官承认在原告数量和案件复杂程度如此惊人的诉讼中采用集团诉讼方式管理案件是异常繁杂的，但这也许是不得已而为之的唯一选择，他说："如果独立地审理每一个橙剂案，将花费过长的时间，可能原告与法官都不会如此高寿以至能够看到诉讼的终结。"他并未回应建议委员会对(b)(3)的解释，也没有抬出任何先例支持自己，且未分析上诉法院否定适用联邦普通法对集团诉讼的影响，更未提及内部矛盾严重和资金匮乏的原告律师团支撑整个诉讼的可能性。末了，他也未发布正式的批准令，更不消说告知如何向数百万老兵及家属送达各种司法文书。

(二)Weinstein法官阶段达成集团诉讼的和解协议

Weinstein法官接替案件后正式批准了集团诉讼。这尽管与(b)(3)的解释相左，但他坚持认为橙剂案在很多方面对众多的原告是共同的，特别是因果关系、行政合同、产品误用抗辩等。被告反驳道，该案的基本因果与个案因果紧紧地缠绕在一起，以至于单纯证明基本因果是没有意义的；况且由于要适用众多不同的州法，无法采用集团诉讼。Weinstein对此不以为然：适用哪个州的法律并不重要，因为任何州法院都会向产品责任、行政合同、惩罚性赔偿金领域的联邦法或"全国统一法"(national consensus law)看齐，因此在集团的主要问题上可以适用"全国统一法"。

关于集团诉讼中的送达问题，他也做了不同于最高法院规定的创新。最高法院规定，对于已确定身份的原告要当面送达或邮寄送达。而他仅要求对这部分人邮寄送达，其他人通过广播、报纸、电视和免费电话送达，还有一种方式是由法院交给州长通知书，请州长尽一切努力通知本州的老兵。

Weinstein主张在集团诉讼中，法官与众多的原告之间产生了一种不同以往的新型关系：集团诉讼中的法官在一定意义上是集团的受托人，有义务保证集团得到合格的代表，否则应主动保护他们的利益。

Weinstein一再强调，鉴于本案面临的重重困难，和解结案也许是最佳选择。如果国会和VA能够参加进来共商和解方案最为妥当，但司法权有限，最佳解决恐难以达成，只能勉力为之。后来在组织和解时，法官的特别助理曾通知政府参加，但政府无动于衷(据政府官员事后称他们没有收到通知)，Weinstein为此深感痛心。

在Weinstein法官的极力促成下，原被告双方达成了和解协议。随后按程序要求，Weinstein在五个城市举行了听证会，听取原告对和解协议的意见以便决定是否批准协议，为此法官应查明协议在当时的各种情况下是否公平、合理、恰当。

尽管会场上反对声迭起,Weinstein还是以到会原告仅是少数,"沉默的大多数"意见不明朗而批准了他主导下产生的和解协议。

Weinstein法官在公平意见中解释了他促成和解协议的原因。首先,他阐述了原告方面存在的五个现实问题:(1)原告律师极不可能按照传统侵权法的要求,证明橙剂造成了每个原告的损害(除氯痤疮外);(2)法官在该案中运用了仅适用于该案的特殊规则,因此会受制于上诉造成的不确定性和拖延;(3)原告律师团财力有限难以战斗到底;(4)如果诉讼结果不利于原告,必然会危及他们在国会和行政当局的影响力,而这两个机构应该对退役军人和他们的家庭负责。其次,和解对被告方的益处是:(1)和解缩减了他们的法律成本和协作成本,使他们从承担数十亿美元责任的风险中挣脱出来;(2)引起被告对越战老兵及其家庭的同情与尊重;(3)对社会有利,使公众有理由相信原告的主张是有事实依据的,节省了社会资源以便用于更重要的方面,也节约了司法资源。

但原告方多数人对和解是不满意的,因为:(1)案件的主要问题没有解决,如被告是否有侵权行为、二恶英的危害性、被告应承担什么责任。(2)赔偿额远远小于陪审团可能给予他们的,也小于被告从中获得的利润,起不到威慑作用。(3)具体分配方案未定,不知如何估价每个人的赔偿额。(4)对法官和特别助理轻视、毁谤案件的因果关系极为不满,认为这是法官的政治策略,一方面使原告对和解协议心服口服,同时又满足了被告把没有因果关系作为和解内容的要求。(5)在和解协议达成前原告一直被蒙在鼓里,根本不知道有和解协议这回事。总之,他们没有得到在法庭上伸张正义的那一天,这令人感到抑郁难平。

Weinstein法官在和解金额的分配方案中放弃了传统侵权法填补损害的赔偿标准,而改采类似劳工赔偿分配的办法。和解金额分为四部分,大约1.7亿美元赔偿老兵,5.5千万用于集团帮助计划,5百万给澳大利亚和新西兰老兵建立一个信托基金,1千万是律师费。集团帮助计划用于资助各种旨在为老兵提供法律、医疗或其他类型服务的组织。赔偿方案则设定了一些标准,分年度赔偿曾受橙剂损害的老兵,急用先赔,并接受新的申请直到1994年。①

评论:不按侵权法规则赔偿,是其对该案因果关系判断的必然结果。就像他在该案中所做的其他许多决定一样,他的和解协议和分配方案体现了在法制原则伪装下的政策导向的自由裁量。坦率地说,是运用司法权力以行使行政职能。然而与其说是僭越,不如说是不得已而为之,面对如此大规模的群体性事件,如果任何机关都无动于衷,老百姓也许只能通过非正常手段解决,而Weinstein的和解方法至少以较为含混的方法在一定程度上填补了权力真空,诚如Yannacone

① Jack B. Weinstein, Individual Justice in Mass Tort Litigation, Northwestern University Press, 1995, p.158.

律师所言:“一旦通向法庭的门打开了,走上大街的门就关闭了。”司法是人民权利的最后一道保障,面对如此大规模群体性事件,如果司法权再不有所作为,后果不堪设想。法官应适时而动,不可一味危坐于司法保守主义的窠臼,无视社会现实向他们提出的使命。

(三)上诉法院的观点

上诉法院虽然同意该案采取集团诉讼的方式,但却是在完全不同的基础上进行。Winter 法官表示他注意到了法律界对于毒物致害公众侵权案件适用集团诉讼普遍所持的怀疑态度。Weinstein 法官大胆而富有想象力的“全国统一法”适用于责任问题明显具有推测性。集团诉讼的不利之处在橙剂案这样复杂的案件中越发明显,因为强有力的主张与大量弱势主张混杂在一起,使和解势不可挡,并引起集团内部严重的平等性质疑。尽管如此,由于军事合同抗辩处于该案的绝对中心地位,而这个问题是本案具有共性的基础问题,所以集团诉讼能够成立。

评论:在橙剂案中,当可得到的证据集合在一起表明该案的因果关系不能完全确定时,若是在一个人或一些人为原告的诉讼中,恐怕法院早已驳回(不过,一个人或一些人提起这种诉讼的可能性很小),但当涉及数百万人时,情况发生了逆转。面对老兵家庭的不幸,立法与行政机关已令人失望,如果司法机关再不施以援手,社会公平会因此落空。法律不是无感情的智慧,从正义的名义出发,应对老兵有所答复。纵然就一般案件而言,程序正义决定实质正义毋庸置疑,但在这种极特殊案件中,也许需要跳越某些程序障碍直达实质正义。为达此目的,在极个别的情况下,法官必须打破常规,采取一种综合的、百宝箱式的法律推理方法,建立适用于个案的法律规则,这种方法被称为“目的性推理”,[①] 它适用于现代社会法律推理涉及因素复杂化,福利社会的理想又给推理设定了某些既定目标的情形。我们不得不承认社会之复杂有时已经达到了无法条分缕析、寻根究源的程度,法官只能在价值判断的指引下作出尽可能为各方所接受的判决,而不应拒绝或变相拒绝裁判。当然,这种方法诚如伯尔曼所言,是充满危险的,因为它赋予了法官过大的自由裁量权,与政治靠的太近,有违程序正义的基本要求,使法律有丧失独立性的危险。[②] 所以橙剂案的解决方法又是危险的,如 Weinstein 一手制定了和解协议的主要条款,拒绝由陪审团审理案件,独自审查和

---

① [美]诺内特、塞尔兹尼克著,张志铭译,《转变中的法律与社会》,中国政法大学出版社 1994 年版,第 86 页。转引自张保生著:《法律推理的理论与方法》,中国政法大学出版社 2000 年版,第 57 页。

② [美]哈罗德.J.伯尔曼著,贺卫方、高鸿钧、张志铭,夏勇译:《法律与革命——西方法律传统的形成》,中国大百科全书出版社 1993 年版,第 46~47 页。转引自张保生著:《法律推理的理论与方法》,中国政法大学出版社 2000 年版,第 60 页。

解协议是否符合法律要求，创造性地运用减弱型优势证据规则以及某些牵强附会的推理都是损害司法之程序公正的潜在危险。因此，目的性推理是不可多用又不可完全不用的一种法律推理方法，其危险与优势并存。

反观我国，司法审判一直强调“以事实为依据，以法律为准绳”，即使是调解结案，也要在弄清事实、分清责任的基础上进行。这于绝大多数案件固然没错，但对于已经无法完全弄清事实、分清责任，却具有重大社会影响的案件如何处置？若久拖不决，是否会成为社会不安定因素？据笔者所知，各地的上访老案中便有一部分属于这类案件。如果这类案件的解决方法能符合“损有余而补不足”的“天之道”，并尽量符合正当程序的要求，会得到社会广泛的认同。前不久笔者就看到一则消息，安徽省阜阳市中级人民法院在审理一起伤害行为人难以认定的刑事附带民事自诉案件中，采用“模糊调解法”，让这起打了近8年，经过4判4裁的案件双方当事人握手言和。所谓“模糊调解法”，就是对于无法完全查清事实的案件，法官只能根据已查明的事实以及双方基本能够接受的条件，提出一种折中解决方案“撮合”双方和解结案。① 这种方法若能严格控制其适用范围，是很有积极意义的。然而一旦泛滥，就会成为司法审判的重大倒退。

四、替代解决方案

本案件的核心是一个具有普遍意义的问题：如果大量的人接触了一种有潜在毒性的物质，而这种物质对每个个体的作用很难察觉，法律如何应对？

（一）传统的侵权法解决方法

Peter H. Schuck 教授认为，传统的侵权法方法以三个互为联系的原则为基础：不告不理、以过错为基础全部赔偿（包括痛苦与创伤，pain and suffering）、传统的律师－当事人关系的神圣性和永续性。然而，在大众侵权案件中适用集团诉讼与原传统侵权案件的不同之处是很多的：（1）由法庭指定出庭律师，这些律师多半不是当事人的直接代理人，失去了二者间传统上亲密、信任的关系，严重削弱了当事人对代理人的控制，使当事人意图无法上达法庭而变成代理人左右案件的“律师的案件”（2）赋予法官极大的权力来主导案件，这与法官在传统案件中处于消极裁判者的地位大相径庭，使法官角色发生显著变化，自由裁量权明显扩大，产生权力滥用的危险。（3）由于将地理上极为分散的当事人集中在一个案件中审理，剥夺了当事人选择管辖法院的传统权利，这在联邦制国家对当事人程序权利和实体权利的损害是显著的。如通知不充分，离开了熟悉的法律环境，难掌握陪审团成员的观念等。（4）大众侵权的集团诉讼集中了在立场和价值方面有

---

① 刘文武，戎震：《阜阳中院采用“模糊调解法”了却当事人8年宿怨》，载中国法院网。

巨大差异的当事人,由于因果关系不明确和诉讼成本两方面的考虑,赔偿方法是归类进行、批发性质的,个性化的充分赔偿无法实现,因而集团受偿额远小于单个案件下当事人受偿额之和。(5)律师费由法官决定和发放,改变了律师的诉讼和和解策略。(6)诉讼费用占据了总费用的大半。(7)耗时弥长。因此,传统侵权法方法已无力解决大众侵权案件,尤其是像橙剂案这样因果关系不明确的案件。

(二)公法解决方法

Peter H. Schuck 教授在书中介绍了 Rosenberg 教授和 Huber 教授各自提出的公法解决方案。

Rosenberg 教授认为传统的侵权法理论适用于毒物致害公众侵权案件存在两大明显缺陷:(1)优势证据规则。在毒物致害公众侵权案件中,往往有多种原因能够导致受害人的损害,要证明有毒物质在每个案件中是最主要的原因以达到优势证据的证明要求在科学上不可能。至多,原告能证明自己是某个群体的一员,而该群体在统计数据上显示有受某种物质侵害的过度危险。(2)个人起诉所花成本远大于预期赔偿。

据此,Rosenberg 的公法解决方案提出两种方法:(1)以统计学数据为基础的比例赔偿;(2)以原告群体为基础的损害评估机制。他还建议由被告建立一个基金,长期用于赔偿,采用诸如确定损害种类,按分类和确定的数额赔偿的方法。

公法方法并不在于有效的保障个人权利,而是达到某种集体目的:威慑社会上的侵权行为;鼓励社会资源有效分配;肯定社会团结;扩大国家的立法、行政和财富分配政策;通过降低诉讼成本调和案件中的个人利益和社会利益;当个人利益与集团利益冲突时牺牲前者确保后者,如强制性的集团诉讼,禁止单个人主张更有把握的案件和更高的赔偿额,以阻止个人无偿利用他人的工作、用尽有限的赔偿费、在某些事项上产生不成熟的约束性先例。

在公法方法中,因果关系也是集合的、社会的现象,它反映了产品责任法中责任扩张的趋势(liability—expanding changes),适应大规模生产、批发、消费经济。

它运用以法官为中心的诉讼机制。

这种解决方案的优点是:成本降低;避免不一致的判决;使诉讼双方的资源平等;能得到一个相对综合的、广泛的赔偿;确保有秩序的、平等的分配;以及将公众的注意集中在立法和其他可能的救济途径上,因此产生了一些利益。缺点是:可能导致律师在利益驱动下的滥诉;对那些个案因果比较明确因而极有可能主张成功的受害人不利;统计数据在这类案件中给被告留下的反驳可能性极小,因为在大量分散人群中做流行病学调查难度很大,所以仅采用统计学数据就按比例赔偿置被告于无力反抗之地。

评论:Rosenberg的方法应仅适合于像橙剂案这样因果关系不明确的案件,而不应适用于石棉或DES、硅胶乳房等因果关系明确的案件,否则将会产生严重的不公平问题,从而大大损害它的价值。

与Rosenberg方案不同,Huber教授的方案主旨是综合考虑各种损害人类健康的风险因素,对新产品的危害性做出恰如其分的估计。现代科技成果所消除的风险远大于他们新创造的风险。由于这些新风险多是公共风险(public risk),更易于监督和管理,这是社会发展的必然趋势,然而我们的法律系统更倾向于宽宥旧的私人风险,而苛责新的公共风险,导致风险管理的倒退。因此,他提出"净风险"(net risk)的评价标准。不能单纯靠粗略的、疾病为导向的流行病学统计下结论,而忽视净风险减少给社会带来的益处(工作、收入、消费增加等)。因此,公法方法应使法官承担起调查风险种类的义务,用更为广阔、综合的视角权衡风险,而不是忽视或模糊它的存在,减少错案造成的社会风险。这在橙剂案中也有应用,如Weinstein法官就曾探讨了如果在越南战场上不使用橙剂对美国士兵可能增加的伤亡危险。

评论:这种方法在总体上评估风险的增减对整个受害人集团的作用,而无法确定对每个个人的价值几何?如橙剂的使用可能确实在一定程度上减少了越战士兵的伤亡,但对每个士兵而言则是不确定的。

Peter H. Schuck教授认为需要在侵权法传统方法和公法解决方案之外寻找其他替代措施,原因是:(1)希望减少与世无益的巨额诉讼费用、长期拖延、不确定性和不正常的依赖于例外的司法措施。(2)公法方法可能与健全的风险规制措施不兼容。(3)传统的侵权法方法以个人本位、校正正义为特征,由于行之已久,获得了伦理依据。但这种方法成本高、相似情况不同对待,可以说是弊端重重,备受争议。为了弥补其缺陷采取的新方法正方兴未艾,如从责任的过错标准到责任的功能标准的运动(functional criteria of liability),通过广泛的保险使个人损失减少、福祉增加等。希望人们能够逐渐改变已有的伦理观念,给完全集合的、分配正义的方法(A的损害由B赔偿,即使A的损害并不一定是由B造成的)以肯定,从而大步跨入一个新的更符合时代要求的侵权法体系。

(三)综合性替代方法

Peter H.schuck教授认为,在毒物致害公众侵权诉讼中要达到的三个政策目标是:补偿受害人的损失、威慑产生过量社会风险的行为、以合理的管理成本达到以上两个目标。

1.补偿

从经济效益的角度而言,侵权法不应被认为是补偿机制,而仅仅是威慑危险活动的方法。补偿目标通过第一者保险和第三者保险更易达到(更便宜、更迅速)；在分配正义的基础上，通过保险的补偿比侵权法方法更公平。相比而言，侵权诉讼更青睐某些受害人，如被告确定、有过失、有偿付能力、没有强有力的技术性抗辩(technical defenses)，原告能雇得起好律师，有时间耐心等待，请求赔偿额小于被告的诉讼费用等。

美国保险机制已相当广泛，最近的研究表明，大多数受害人在缺少侵权赔偿时并不会遭受实质的收入损失。尽管非侵权补偿机制无法抚慰痛苦与创伤(pain and suffering)，但侵权赔偿也经常是不充分的，特别是在严重侵权案件中如果将诉讼费一并考虑的话。

尽管如此，把赔偿作为侵权法主要目标的专业人士却有增无减。毕竟，第一者保险还远未普及；未参加保险的受害人陷于贫困是一种社会成本，雇主和保险公司经常抵制具有长潜伏期的疾病投保。只要保险制度尚不健全，社会保险补偿标准低于侵权赔偿额，侵权法方法就具有吸引力。但在大众侵权案件中由于诉讼成本过高，使诉讼不得不退居填补救济空白的角色。

2.威慑

若说侵权法有什么明确的功能性目标，那应是威慑不当风险。威慑通常通过两种方式完成：市场威慑方法(社会评价行为人的活动所产生的事故成本，但由行为人决定是否继续此种行为)和集体威慑方法(由社会评价并决定是否和怎样通过各种方式的规制手段减少或阻止风险发生。)

对于很多风险活动而言，市场威慑作用几乎没有任何效果；而在另外一些领域，其效果则显而易见，如发电、运输、废物处理、制药等行业。即便如此，有些因素也可能大大抵消市场威慑作用，如潜伏期长、因果关系不明显、被告可能破产等等，纵然用公法方法解决这些问题是种重要思路，但首要的结果也许是过度威慑或威慑不足，要么挫伤有益于社会的危险活动；要么这种活动仍然猖獗。所以，在毒物致害公众侵权案件中最恰当的赔偿水平和最恰当的威慑水平之间存在着巨大的差距。在侵权法中，两个目标能够同时实现实属偶然。相反，集体威慑则有其优势，它不依赖于当事人的起诉，社会将两个目标分离，前者由非侵权的保险制度实现；后者由行政法规完成。集体威慑方法打破了补偿与威慑之间的人为联系对侵权法解决方案的高度限制，通过对损害的事先防范而提供直接的威慑。行政干预启动成本低，不似侵权法对因果联系的要求严格；它从整个社会的角度估价事故成本；它的决策机制是专家型的、政策导向的、有政治敏感度的、常设机构管理的，而不是大众的、事故处理导向的、与世隔绝的、临时机构掌握的(陪审团)；它能向人们发出更为清晰、迅速、一致的信号。当然，它也有其缺陷，如行政经费有限、基本数据不足、程序拖沓、排斥经济分析、缺乏公众支持和参与、执法不力、威慑不足或过度、无法可依等。因此，在肯定集体威慑方法的重要价值时,完全抛弃侵权法方法是不可行的。笔者认为在毒物致害公众侵权案件的对策中应两者兼用,并使前者服从于后者,即行政法规而不是侵权法应承担主要的威慑功能。

总之,法律体系对有毒物质致损案件的反映大致取决于其控制之外的因素,如科学进步。但科技进步引起经济的进一步发展会使问题更趋急迫和充满争议。未来关于解决毒物致损案件的法律必然是传统侵权法、公法、非侵权法方法相结合的复杂救济机制。在橙剂案中,Weinstein 将传统侵权法与公法相结合,重构了解决毒物致损侵权案件的侵权法,这种折中主义的解决方案也夹杂了每种方法最令人担忧的一些缺点。如为整体解决而牺牲个人利益;严重依赖并非万能钥匙的流行病学研究;法官对整个诉讼起着控制、主导的作用,从而改变当事人主义的诉讼格局;进一步弱化了当事人与律师的关系;程序被缩减;赔偿额分配粗糙化、类型化;鼓励滥诉;把集合的、盖然的、政策导向的方法塞入以个人主义、道德基础、校正正义为价值体系的法律中等等。因此,在解决机制复杂化的趋势下,对于未来的毒物致损解决机制最严重的挑战莫过于制度之间的错误搭配。

评论:用保险制度提供对受害人的补偿机制,用行政法规提供对侵权人的威慑机制,确实成本低廉、迅速及时,不失为替代侵权法的首要选择。保险制度中应强化第三者责任险和社会保险,而第一者保险的普遍实现则遥不可期。行政法规如果制定得当、执行有力,通过巨额罚款、停业整顿、吊销执照等措施能起到很好的威慑作用。但无论如何它们都不能在现阶段完全替代侵权法解决方法。而退守传统的侵权法方法无异于故步自封、自绝于世。法官虽不是政治家,但不应对政治毫无敏感,在特定的时期使法律的解释与运用符合进步的政策导向是法官的使命,这在历史上并非鲜见。因此,法官应积极探索适合橙剂案类型的解决方法,为此 Weinstein 法官做出了有益的尝试。相信随着类似问题的增多,经验日益丰富,解决机制会趋于成熟,既还个人以正义,又产生利大于弊的社会效益。

诚然,集团诉讼由于规模巨大,限制甚至剥夺了当事人的一些固有权利,似乎不符合正当程序的要求。但如果不采取集团诉讼方式,当事人的权利可能永无合法实现的途径。黑格尔说:“人们与他人结成共同体从根本上说,必定不是被看做对真正的个人自由的限制,而是被看做这种自由的扩展。”[①] 即人们结成团体方能实现个人无法实现的自由。橙剂案或类似案件采取集团诉讼方式具有

① 黑格尔:《费希特与谢林哲学体系的差别》,载《黑格尔著作集》第 2 卷,第 82 页。转引自郭大为:《费希特伦理学思想研究》,中国社会科学出版社 2003 年版,第 240 ~ 241 页。

必然性。集团诉讼使每个人有所得,否则可能一无所得。因此,法律界应探索适合集团诉讼的正当程序,正如 Weinstein 法官所做的那样,而不应简单否定集团诉讼,尤其是集团侵权诉讼的价值。在我国,随着人们权利保护意识的增强、适用于这类案件的司法制度日益健全,这类集团诉讼也会从无到有,成为一个需要认真对待的法律问题。

□ 学 术 论 坛

合同法理视野下的婚姻

孙文桢[①]

摘要:视婚姻为合同的思想由来已久并且很有价值,但这一价值迄今未得到充分的重视和发挥。用合同的法理考察透视婚姻,我们会看到,婚姻的实质在于它是男女双方为满足各自利益互为配偶的结合,而和感情并无必然的联系;婚姻的基础则既可能是感情的利益,也可能是其他的利益。婚姻的成立不以"合法"为条件,它和婚姻的生效截然不同。《婚姻法》应对婚姻的成立予以明文规定,同时也应进一步完善对婚姻效力状态的规定。婚姻登记的功能在于形式审查、效力确认和公示公信,而其中的法理则类似于物权契约。对离婚协议的效力,《婚姻法》应规定得再详细一些;而对现行的诉讼离婚理由,我们则可以从新的视角去认识其不妥当性,并据此作出相应的立法设计。

关键词:婚姻的实质;婚姻的基础;婚姻的成立;婚姻效力的状态;婚姻登记的功能;诉讼离婚理由

目次:

---

① 孙文桢,法学博士,武汉工程大学法商学院副教授,研究方向为民商法学和法理学。

一、问题的由来

视婚姻为合同,用合同的观点看待婚姻,这种思想并非自今日始。在资产阶级当年反封建的革命中,随着“自由、平等、博爱”思想的广为传播,近代“自由婚”的观念即渐被接受,而自由婚强调男女双方之合意,其基础正是契约论。①

本文之所以要从合同的法理这个角度对婚姻进行考察透视,原因有两个方面。

一方面,《合同法》的合同定义及其法律适用。《合同法》第二条共两款,其第一款规定:“本法所称合同是平等主体的自然人、法人、其他组织之间设立、变更、终止民事权利义务关系的协议”;其第二款规定:“婚姻、收养、监护等有关身份关系的协议,适用其他法律的规定”。比较这两款的词汇用语及语法规则,我们可以看出这样三点:(1)合同可以分为两类,即财产合同和身份合同;(2)财产合同适用《合同法》,而身份合同则适用其他法律的规定;(3)婚姻乃是一种有关身份关系的协议,故应适用“其他法律的规定”,而结合我国民事法律的体系结构则可以知道,对于婚姻关系而言,此处的“其他法律”当指《婚姻法》和《民法通则》。这就给人们提出了这样的问题:对于婚姻关系,《婚姻法》和《民法通则》的规定是否已经足够充分?对于婚姻关系中的所有问题,《婚姻法》和《民法通则》是否都规定了相应的处理办法?如果没有,那么,考虑到《合同法》第二条实际上已经表明了婚姻和财产合同都是合同,因而它们具有共同的合同属性和相同的私法本质,为什么就不能用合同的法理去考察婚姻,从而自合同法的角度去透视婚姻法?如果这种考察和透视能够让我们发现诸多问题,这不能不说是一件好事;而如果这种考察和透视能使我们进一步探讨出这些问题的答案,则其价值就更值得肯定。

另一方面,《婚姻法》具有比较浓厚的合同色彩。现行《婚姻法》颁布于1980年9月10日,后经2001年4月28日立法机关的修改。修改前的《婚姻法》虽然没有明文承认婚姻属于合同,但其中的某些规定,如结婚必须男女双方完全自愿的规定、协议离婚的规定,却具有明显的合同色彩。修改后的《婚姻法》,虽然依旧没有明文承认婚姻属于合同,但却增加了几项重要的制度,如婚姻的无效制度、婚姻的可撤销制度、夫妻约定财产制度等等,而这几项制度的增加则使得《婚姻法》原本就已经具有的合同色彩现在更加浓厚了。所有这一切都表明,《婚姻

---

① 早在16世纪,荷兰就率先允许当事人在宗教婚和法律婚中选择;1787年,法国开始效法荷兰;1791年,法国在其宪法中正式宣布以法律婚取代宗教婚。此后,作为资产阶级反封建的成果之一,基于契约论的“自由婚”思想即得以确立。

法》已经使用了与处理合同问题相同的方法处理婚姻问题,婚姻领域有着合同的影子。于是,我们就可以很容易地得到这样一种启示:用合同的法理对婚姻进行一番考察和透视,不会是没有意义的。

我国民法学界的主流观点是反对视婚姻为合同的,原因据说是,这样一来,就使得社会主义新型的人际关系变成了商品交易关系。笔者认为,这种观点值得再做思考。

首先,合同虽然和商品交易有着非常密切的关系,但是,合同并不意味着商品交易;并且,有的合同中根本就不存在商品交易,例如共同行为、赠与契约等等。合同首先意味着平等,意味着自主,意味着自愿。所以,用合同的观点看待婚姻,实际上是表明了婚姻的基础就在于男女双方地位的平等、意志的自主和行为的自愿,而这些和当代婚姻法的精神正相吻合。

从法律制度的发展历史看,视婚姻为合同,乃是人类社会的一大进步。把婚姻当做合同,最早见于法国大革命时期的《人权宣言》和《法国民法典》,其结果就在于使得婚姻从此摆脱了宗教的支配和束缚,从而实现了男女双方在婚姻关系上的平等、自主、自愿,这显然是个伟大的进步。著名的英国法律史学家亨利·梅因爵士,就把人类社会"从身份到契约"的变化,看成是社会发展进步的一个重要标志。

其次,视婚姻为合同,并不会使得婚姻关系就因此变成商品交易关系。诚然,人的思想对于社会关系的性质不会没有任何影响,但是,根据唯物史观的基本原理,决定社会关系性质的最根本的因素,在于经济方面,而不在于人的思想领域。由此,那种认为如果视婚姻为合同,就会使得婚姻关系变成商品交易关系的观点,违背了唯物史观的基本原理,所以站不住脚。

可以这样说,婚姻关系如果还没有变化为商品交易关系,那么,仅仅视婚姻为合同的思想的出现,不会促成这种变化;相反,婚姻关系如果已经变化为商品交易关系,那么,即使视婚姻为合同的思想瞬间消失得无影无踪,这种变化也依然存在。

最后,我们应该正确地看待婚姻领域中的"交易"。中国社会经过几十年的改革和开放,经过市场经济长时间的熏陶,国人的婚姻观念也在发生着革命性的变化,尽管这些变化在很多时候都是悄无声息的。毋庸讳言,现实生活中已经出现了许多含有"交易"因素的婚姻,并且这种婚姻还大有越来越多之势。

笔者认为,这种婚姻的出现,并不是视婚姻为合同的结果,而是市场经济的影响所致。同时,实事求是地说,这种婚姻的出现也有着不可忽视的积极作用,因为它彰显了金钱财富的价值,肯定了奋斗拼搏的意义,承认了人类追求幸福欲望的正当,从而督促并鼓励了人的能力的不断提高;并且,按照经济分析法学的集大成者理查德·A·波斯纳教授的观点,婚姻乃自愿的契约性联合,门当户对的婚姻可以"在家庭内减少摩擦,从而降低交易成本"①。至于伴随这种婚姻而生的某些落后观念和做法,法律固然不应提倡,但只要其不违法,法律也不应当加以反对,而应当对其直面和正视,并通过规定某些条文而逐渐地对人民加以引导,以期改良社会风气,造就文明社会。

在此有必要表明笔者的合同观。在罗马法上,不仅私法上有合同,公法和国际法上也有合同,《学说汇纂》就把协议分为国际协议、公法协议和私法协议三种;仅就私法合同而言,则又有财产合同和身份合同的区分,前者如物权合同和买卖合同,后者如收养协议。在合同的含义这个问题上,我国民法学界的主流观点是对《合同法》第二条第一款的合同定义作限缩性解释,从而不但将身份合同从合同的外延中排除,而且也将合同仅仅理解为债权合同。考虑到本文分析研究的方法在于用合同的法理考察透视婚姻,以及本文写作的目的在于通过这种考察透视,为《婚姻法》将来的修改完善提出诸多富有可操作性的立法建议,笔者特将"合同"界定为:合同指财产合同,包括共同行为和契约,而契约则包括债权契约和物权契约、准物权契约。

二、婚姻的实质和基础

婚姻的实质何在?其基础是什么?这是两个本来非常明了但实际上却多多少少被搞得混乱的问题。我们总是被告知,婚姻是男女双方基于爱情为了终生共同生活而互为配偶的结合。我们在这方面已经变得如此机械,以至于只要一提到婚姻,就往往会不自觉地并且几乎是本能地联想到爱情。许多的中国人,和维多利亚时代习惯于装模作样地证明自己的婚姻里存在爱情的英国人一样,也总是习惯于自欺欺人地认为自己正沐浴在爱情的光芒里。

但是,如果清楚了婚姻的实质和基础,我们就会发现,事情绝不是这样地表面和简单。

我们先来考察合同。所谓合同,就是民事主体旨在设立、变更、消灭财产性民事权利义务关系的协议。既然是权利义务关系,其缔结系出于自主自愿,那么,作为一种结合,合同的目的就只能是其当事人为了满足自己的利益需要。我们都知道,这种利益是经济利益。由此可见,合同的实质在于它是主体为了满足各自经济利益的需要而为的结合,而合同的基础就是经济利益。

---

① 波斯纳教授认为,将婚姻视为"自愿的契约性联合",不但可以说明婚姻自由原则,而且也能解释传统的门当户对观念,因为好的企业总有好的经理,好的学校总有好的老师,而在婚姻,那就是门当户对了,这有其经济学的理由。关于波斯纳教授此观点,详见[美]理查德·A·波斯纳,蒋兆康译:《法律的经济分析》(上),中国大百科全书出版社 1997 年版,第 180~183 页。

带着这种理解,并放眼现实的婚姻生活,我们就会发现,婚姻作为一种结合,作为男女双方互为配偶的结合,与合同一样,其目的也是其当事人为了满足各自的利益需要。当然,合同和婚姻这两种结合,在利益的具体内涵和交换类别上有着较大的差异。一方面,在合同,其利益是经济利益;而在婚姻,其利益则不一定必然是经济利益,还有可能是性的利益,或者种的繁衍的利益,或者感情的利益,或者其他的利益,如某种身份或地位。另一方面,在合同,当事人为了满足自己的利益需要,必须进行利益的交换,并且他们交换的利益乃是同一种利益,即都是经济利益;而在婚姻,男女双方为了满足自己的利益需要,实际上也在进行着交换,但与合同不同的是,婚姻当事人交换的并不总是同一种利益,还可能是不同种的利益。同种利益相互交换的婚姻在现实生活中很多,如性利益的交换,正所谓少女少郎;如感情利益的交换,正所谓情投意合;如身份地位利益的交换,正所谓门当户对等等。至于不同种利益进行交换的婚姻,在市场经济的背景下,不但不少见,而且正在逐渐地被社会所理解和容纳,如性利益和经济利益的交换,正所谓金钱买来了美女或美男;如性利益和感情利益的交换,正所谓只因为被他爱所以才和他结婚才为他献身或称作"为爱而性"等等。由此可见,婚姻的实质就在于,它是男女双方为了满足各自的利益需要而互为配偶的结合。

下面,我们来分析婚姻的基础。

首先,我们来看性和种的繁衍。性对于婚姻的重要性不言而喻。男女之所以要成立婚姻,满足性的需要,实现性的利益,在很多的时候乃是一个非常重要的并且非常强烈的动机。在很多的时候,婚姻之所以能够得以成立或者继续维持,纯粹是因为性。所以,性的利益可能成为婚姻的基础,这就很容易理解。虽然,在今日的中国和世界,无性的婚姻和无婚姻的性这两种现象都不少见,但是,因为婚姻给了我们的性生活以安全、自由和稳定,所以,可以肯定地讲,性是婚姻的一个基础。

同性一样,种的繁衍即生育后代对于婚姻的重要性也不容置疑。就人的本性而言,生儿育女乃是人生的欢乐,儿女在给了父母以负担和责任的同时,也给了父母以生命的舒畅和愉悦。如果我们还没有对中国的计划生育政策作极端并且片面的理解,或者虽然对其作了极端并且片面的理解,但还没有因为此种理解而变得懦弱和虚伪,那么,我们就一定敢于公开地承认这样一点:生育后代从而使自己的生命以他种形式得到延续,这对于婚姻是多么的重要!所以,种的繁衍的利益也可能成为婚姻的基础。诚然,仅仅为了传宗接代而结婚不值得褒扬,但是,有婚姻却没有后代也同样难谓正常。

其次,我们来看感情。什么是感情,这个问题很复杂,不能一言以蔽之,但什么是婚姻中的感情,这个问题则相对地比较简单。最初是爱情,以后可能会由于共同的生活而升华为亲情,亲情也属于感情。换言之,婚姻中的感情包括爱情和亲情。

与单独的性和单独的种的繁衍一样,在很多的时候,单独的感情也可以成为婚姻的基础。在这种情况下,支撑婚姻大厦的根基仅仅在于感情,或者爱情,或者亲情;只要感情在,婚姻就会诞生或者继续维持,而一旦没有了感情,婚姻大厦则立刻倾覆。可是,同样也在很多的时候,有婚姻但却没有感情。这其中,有的是从来没有过感情,有的则是曾经有过感情,但后来消失了。支撑这种婚姻大厦的根基并不在于感情,而在于感情之外的因素。

除了可能成为婚姻的基础之外,笔者认为,爱情之于婚姻,其功能就只在于充当评价婚姻质量的一个道德标准,而不复有其他的意义。恩格斯有言:"如果说只有以爱情为基础的婚姻才是合乎道德的,那么,也只有继续保持爱情的婚姻才合乎道德"。诚如是哉,然而也仅此而已!

既然感情不是婚姻的必备内容,只是评价婚姻质量时的一个道德标准,那么,认为凡是婚姻必定存在爱情,就是高不可攀的理想;要求婚姻里必须存在爱情,则是不切实际的空想。恩格斯认为,"结婚的充分自由,只有在消灭了资本主义和它所造成的财产关系,从而把今日对选择配偶还有巨大影响的一切派生的经济考虑都消除以后,才能够普遍实现"。重温先哲的论断,同时放眼今日中国的实际,就会明白,认为在今日的中国社会,爱情和婚姻有着必然的联系,实际上是在用共产主义的道德标准期待市场经济条件下的人,这丝毫不亚于将制造出原子弹的希望,寄托于恺撒时代的罗马人身上。

有感情,是幸福的婚姻;没有感情,可能是不幸的婚姻。但是,不幸的婚姻依然是婚姻,正如丑陋的女子依然是女子,而决不会因为她丑陋而变成了男子一样。并且,缺乏感情因而可能不幸的婚姻只要获得登记或还没有依法消灭,就是合法有效的婚姻。我们判断某个婚姻关系是否合法有效时,只应看这个婚姻是否具备了法定的条件,而不应同时也去猜测当事人之间是否有感情。

那么,纯粹基于爱情的婚姻是什么样的呢?经过几十年改革开放的今日中国,有了众多的大款明星。有些款星们相互之间的婚姻,有些据宣称是纯粹以爱情为基础的。如果我们不总是以最坏的恶意推测他人,则我们也完全可以相信这种宣称的真实性,因为当事人的需要诸如性、房子、汽车、出国、户口、工作、升学甚至种的繁衍和某种政治地位等等,已经通过金钱的力量而得到了满足,不再需要通过婚姻来满足了,而在这种情况下,当事人竟然还会想到要结婚,那么就只能被认为是受了爱情的驱使,此外不复有别的动机。但是,让所有善良的国人同胞倍感失望的是,这种纯粹基于爱情的婚姻,竟然是如此的不稳定和容易解体,以至于现在款星离婚的消息,对于我们来说已经很是平常,而不再能够如早些年那样引起我们的惊讶、好奇和关注了。

最后，我们来看除了性、种的繁衍和感情这些利益之外的其他利益。此处的“其他利益”，以经济利益为主要，但又不限于经济利益，而是还包括身份地位等别的利益。

中国社会生活的历史和现实告诉我们，男女在决定成立婚姻的时候，往往并不仅仅考虑性和感情，也不仅仅考虑种的繁衍，而是还会考虑“其他利益”，例如对方的经济状况、身份地位、职业类别、家庭出身、户口地域等等现实的利益因素。同时，我们也不会看不到，在一个越来越民主而开放的社会里，性、爱、婚这三者正在由原来的浑然一体而日益变得分离，表明了人们正在认识到它们并不是没有差别的一回事，而是互相之间存在着质的差异的三回事。在这种情况下，性的利益和爱情的利益甚至种的繁衍的利益，完全可能不通过婚姻来满足。所以，如果我们足够地诚实，如果我们愿意讲出真话而不自欺欺人，如果我们有着足够的心理承受力，我们就不能不直面并正视这样的事实：男女在决定成立婚姻的时候，也往往是“醉翁之意不在酒”，其意根本不在于性和爱情，也根本不在于种的繁衍，而在于其他利益。

由此看来，这“其他利益”既可能与别的利益共同构成婚姻的基础，也可能单独成为婚姻的基础。换言之，这“其他利益”可能成为婚姻的基础。

曾经引起举国轰动的杨振宁教授和翁帆女士二人的婚姻，作为一种社会现象，就很能说明我们此处讨论的问题。世界著名教授以 82 岁耄耋高龄，与 28 岁妙龄女子结为夫妻，成立婚姻，堪称人间美事，足见社会的日益开放和进步，亦值得素来心怀善意的国人给予真诚的祝福；并且该婚姻既已获得登记，则为合法有效，故旁人不应对该婚姻的效力说三道四。但是，我们在对杨翁二人致以善意和祝福的同时，是否也思考过这样的问题：这泱泱华夏大地之上，82 岁的男子实在太多太多，但其中又有多少 82 岁的男子能够有如杨教授这样的幸运呢？杨翁婚姻中间的原因或许很复杂，笔者不敢妄加揣测和评论，只是想从婚姻的基础这个角度出发提出一个问题：对于这桩婚姻的诞生，杨振宁教授的美国公民身份、金子、地位、名声等等这些和性、和种的繁衍、和真正的爱情都毫不相干的因素，是不是就没有起到任何作用呢？

通过以上这些分析，我们应该能够看到，婚姻的基础可能是性的利益、种的繁衍的利益、感情的利益、经济的利益或者其他利益，如某种身份地位。这一系列利益中的任何一种，都可能单独地或者与其他利益共同地促成一个婚姻或者使得一个婚姻得以继续维持。

婚姻的基础在各自婚姻当事人心目中的重要性也并非一律，而是因人而异，有的人看重性，有的人却看重感情，而有的人则更看重经济、身份地位等其他利益。虽然,在伦理学领域,在道德家眼中,这里可能存在着高低优劣之分别。虽然,笔者本人也同意人的生活和动物的生活相比较,其根本不同就在于人不仅仅需要性,不仅仅需要物质条件的舒适,而且还需要精神生活的愉悦和舒畅。但是,在作为"最低道德"的法律的眼中,则不应当有这种分别。立法者应该认识到,不管是性的利益,还是种的繁衍的利益,不管是经济、身份地位的利益,还是感情的利益,他们都是实实在在的利益,都可能单独地或者与其他利益共同地构成婚姻的基础,从而支撑起婚姻的大厦。

综上所述,一言以蔽之,婚姻的实质在于它是男女双方为了满足各自的利益而互为配偶的结合,而婚姻的基础则既可能是感情的利益,也可能是性的利益、种族繁衍的利益、经济的利益或者其他利益。

那么,研究婚姻的实质和基础其意义何在呢?笔者认为,其意义是多方面的,而其中一个重要的方面就是,这种研究能够使得我们正确地认识感情在婚姻中的地位,从而恰当地评价《婚姻法》的某些规定。

如前所述,男女成立婚姻,其动机很多,而不仅仅是出于感情。感情的需要的确可能成为婚姻的一种动机;但毋庸置疑或讳言,性、种的繁衍尤其是经济、身份地位等等其他的需要,也可能成为并且在今日中国已经成为现实生活中成千上万婚姻的动机。从婚姻的历史看,人们最初结婚并不是为了感情的需要,而是为了感情之外的需要,例如为了安身立命、为了传宗接代、为了光耀门楣等等,而即使到了今天,人们结婚的动机也并没有变得单一。同时,我们也不应该忽视,爱情若没有性和经济做支柱,虽然不是不可能,但却难以持久。现实生活已经证明了这一点,并且还将继续不断地证明这一点。歌词里唱到:"相爱简单,相处太难"。既然心存爱情,何以竟会相处太难?答案是:问题出在"柴米酱醋油盐"。

在此,有必要指出,我国目前的婚姻立法,没有能够科学地认识感情在婚姻中的地位,而是把感情因素放在了一个不适当的高度,从而颇有些理想主义以致在很多的时候却最终成为空想。《婚姻法》中有的条文,如第三十二条把"感情确已破裂"作为诉讼离婚的理由,就构成了对于人民的误导,让人民误以为凡是婚姻其中必有爱情,甚至进一步地认为,凡是爱情其必然或必须产生婚姻。这种对于婚姻只谈感情因素,而有意无意地回避性的因素、种的繁衍的因素、经济的因素、身份地位的因素以及其他利益因素的做法,显然失之片面,因而不够科学。

三、婚姻成立的条件

"婚姻"一词有两种含义:其一指婚姻关系,其二指创立这种关系的行为。就前一种含义而言,罗马学者认为婚姻是男女出于终生共同生活之目的而为的结合关系。罗马法中的 nuptia,德国、瑞士民法中的 ehe,法国民法中的 marriage,英美法中的 marriage,都是这种含义。正是以此含义为基础,本文在第二部分论述了这种结合的实质和基础。就后一种含义而言,德国、瑞士民法称为婚姻的缔结,法国民法称为缔结婚姻,英美法则称为婚姻契约。此处的“婚姻”指后者,也即“结婚”。

我们现在要探讨的问题是:婚姻成立的条件是什么?

我们先来看合同。关于合同成立的条件,学界统一称之为“合同成立的要件”。在此基础上,关于合同成立的所谓“要件”究竟有哪些,学界尽管并不非常一致,但还是有其共同点的,并且这共同点还有个发展变化的历史过程。前些年,关于合同成立的“要件”,学界普遍的看法是:合同必须合法,否则就不成立。这是“民事法律行为合法说”在合同领域的典型表现。近几年来,随着“民事法律行为合法说”日益受到批判而渐趋萎靡,关于合同成立的所谓“要件”,学界普遍的看法则是:首先将合同分为诺成合同和实践合同,然后指出,诺成合同的成立要件是当事人意思表示的一致,而实践合同的成立要件则是“意思表示的一致加上某种给付”。笔者认为,学界在合同成立条件上的这些看法,值得再作分析和思考。

首先,关于“要件”用语的问题。什么是“要件”?顾名思义,它指的就是“必要条件”,用在合同成立的问题上,就是说,具备了某个或某些条件的合同未必成立,但不具备该某个或某些条件的合同肯定不成立。这样一来,“必要条件”的说法,使得意思自治这一伟大的私法精神荡然无存;同时,“必要条件”的说法,也将“法不禁止者人民均得为之”的私法思想,暗中演变成了“法未授权者人民不能为之”的实际做法,其高高在上,对于合同进行管制的姿态,令人反感。

遵从私法自治的精神,并衡诸合同概念的含义,笔者主张,合同成立的条件不应再如目前这样称作“要件”,而应该改称作“充分必要条件”,可以简称为“充要条件”或者“条件”。依照“充要条件”的含义,可以看出,这样的理解表明,合同如果不具备某个或某些条件,固然不成立,此即“必要”;而如果合同具备了某个或某些条件的,则肯定成立,此即“充分”。这种改动,既体现了个人利益服从社会公共利益的思想,同时,也合乎私法自治的精神。

其次,关于“合法”的问题。自从上个世纪 80 年代《民法通则》第五十四条规定民事法律行为应该是合法行为以来,“民事法律行为合法说”的影响就一直存在,时隐时现。相应的,在合同成立的问题上,许多学者就曾主张合同必须合法才能成立。但是,《合同法》的颁布则给了这种主张以致命的打击。《合同法》第二条规定:“本法所称合同是平等主体的自然人、法人、其他组织之间设立、变更、终止民事权利义务关系的协议”。换言之,合同就是民事主体关于民事法律关系的产生、变更、消灭的意思表示一致,只要达成意思表示一致,合同就成立。至于这个一致的意思表示是否合法，则只关乎合同的法律效力，而与合同的是否成立两不相干。合法有效的合同固然是合同，因违法而无效的合同也同样是合同。

最后，关于合同分为诺成合同与实践合同的问题。对于此种合同分类，学界普遍的说法如下：所谓诺成合同，是指当事人各方意思表示一致即成立的合同；而所谓实践合同，则是指除了当事人的意思表示一致之外，尚需交付标的物或完成其他给付方可成立的合同。这种合同分类的方法很流行。但是，认真思考就会发现这种分类的不科学。既然真有所谓的“意思表示一致之外，尚需交付标的物或完成其他给付”的实践合同，那么，在标的物尚未交付，其他给付尚未完成之时，那个已经存在的“意思表示一致”又叫做什么呢？叫不叫合同呢？如果不叫合同，则既不合现行合同法的规定，也违背合同法的理论，因为，不管是按照《合同法》给合同概念所下的定义，还是按照合同法理论上合同的含义，这个既存的“意思表示一致”都是不折不扣的合同；如果叫合同，那么就可以说，根本不存在什么“实践合同”，因为，在这个“实践”存在之前，合同就已经存在了。

到此为止的分析和思考表明，合同成立的条件，应该理解为合同成立的充分必要条件，简称充要条件或条件。这种充要条件只有一个，即当事人意思表示的一致，而是否合法，是否完成某种给付，都不是合同成立的条件，与合同的是否成立毫无关联。

在搞清了合同的成立条件之后，我们就比较容易理解婚姻的成立条件。遵从合同的含义，并结合婚姻的自身特点，可以看出，所谓婚姻的成立，就是指一男一女出于终生共同生活目的而结为夫妻的意思表示的一致。对这个判断进行分解，我们就得出了婚姻成立的条件：其一，当事人是一男一女；其二，当事人为终生共同生活而结为夫妻的意思表示；其三，这种意思表示的一致。①

以上我们从合同法理的角度论证了婚姻成立的条件就是当事男女双方的合意。在此，还有必要注意一下恩格斯的一段话。恩格斯说：“在婚姻关系上，即使是最进步的法律，只要当事人在形式上证明是自愿，也就十分满足了。至于法律幕后的现实生活是怎样的，这种自愿是怎样造成的，关于这些，法律和法学家都可以置之不问。”这段话被认为是对于私有制婚姻立法的批判。

让结婚的动机变得高尚，而不再受制于感情之外的财产、名利、地位等因素，这确实是个值得推崇的目标。但是，这个目标的实现手段从根本上讲，应该是经济的充分发展，应该是个人在财产上的充分自由，而不是法律的强制，所以，在经济还没有得到充分发展的时候，“法律和法学家都可以置之不问”就没有什么不

① 此处在具体的语言表述上，参考了余延满教授《试论近、现代法上婚姻的本质属性》一文的结尾部分。该文发表于《法学评论》2002年第3期。

对。如果说真的应该有人对这个问题予以问津的话,那这人应该是经济学家而不是法学家。所以,从辩证的角度看,正如同马克思主义的政治经济学在宣告了资本主义必然灭亡的同时,也证明了资本主义作为人类发展的一个阶段有其存在的合理性一样,恩格斯的这段话既可以被理解为是对于私有制婚姻的批判,也可以被理解为是对于此处"婚姻成立的条件就是当事男女双方的合意"这一结论的再证明。

探讨婚姻成立的条件,并非是文字的游戏和纯粹逻辑的推演,而是有着重要的理论和实践意义。

其一,有助于婚姻法理论的准确和清晰。长期以来,甚至直到目前,学界对于婚姻的概念,基本上都是将其定义为男女双方为共同生活而结为夫妻的"合法"结合,① 这是已被证明为错误的"民事法律行为合法说"在婚姻定义问题上的表现,可称为"婚姻合法说"。以上对于婚姻成立条件的分析研究已经表明,婚姻的成立和婚姻的合法与否是根本不同的两回事,合法有效的婚姻是婚姻,而违法的婚姻虽然无效,但仍不失为婚姻。明确婚姻并不以合法为必要条件,明确无效的婚姻依然是婚姻,这无疑有助于在理论上破除"婚姻合法说",从而使婚姻法的理论变得更为准确和清晰。

其二,有助于婚姻法立法的完善。《婚姻法》第二章的标题是"结婚",其下的《婚姻法》第八条规定:"要求结婚的男女双方必须亲自到婚姻登记机关进行结婚登记。符合本法规定的,予以登记,发给结婚证。取得结婚证,即确立夫妻关系。未办理结婚登记的,应当补办登记"。许多学者都将此条理解成是对于结婚的规定。这种理解混淆了婚姻的成立即结婚和婚姻的生效这两个概念,说明有些学者还没有从思想上彻底清除"民事法律行为合法说"的影响。联系该条的前后文,我们可以看出,该条规定实际上是婚姻的生效,而不是结婚。同时,本文的其他法条规定的是婚姻的无效和可撤销,也不是关于结婚的规定。由此可见,《婚姻法》第二章名实不符。

《婚姻法》第二章没有对婚姻的成立作出规定,也有违法理:婚姻既然还未成立,又如何谈得上生效、无效甚至可撤销不可撤销呢?

《婚姻法》将来修改时,考虑到婚姻自身的特点,对婚姻的成立没有必要如《合同法》对合同的成立那样以专章的形式作详细规定,而是在《婚姻法》第二章

---

① 关于此点,请参见杨大文:《亲属法》,法律出版社 2000 年版,第 69、73、104 页;任国钧:《婚姻法通论》,中国政法大学出版社 1988 年版,第 21 页;孟令志:《无效婚姻论》,中国社会科学出版社 1996 年版,第 9 页。不过,值得特别提出的是,马俊驹、余延满教授将婚姻界定为男女为终生共同生活而以夫妻相待的结合。显然,这个婚姻定义否定了婚姻的合法性。关于马余二位教授的此观点,详见马俊驹、余延满:《民法原论》,法律出版社 2007 年版,第 800 页。

简单规定一下即可。例如,《婚姻法》可以这样规定:“男女为共同生活而就结为夫妻达成意思表示一致的,婚姻即为成立”。当然,为合于法理,对于婚姻的成立应该规定在婚姻的生效、无效、可撤销等内容之前。于是,《婚姻法》第二章就有了两类内容,即婚姻的成立和婚姻的效力。当然,这样一来,《婚姻法》第二章的标题也应改为“婚姻的成立和效力”。

其三,有助于司法实践中对于重婚行为的认定。司法实践中,关于如何认定某行为是否构成重婚,一直都存在着困惑。其中的关键是,如果认为婚姻成立的条件中包含有“合法”这一条,那么,许多本来是重婚的行为都将不能被认定为重婚。例如,已经有合法配偶的某人又与其他异性成立了婚姻,但没有办理结婚登记领取结婚证。对于此种情形,如果坚持“婚姻合法说”,则此人的行为就不构成重婚,而重婚罪就更无从谈起,可这样一来,无疑违背了法律禁止重婚的精神。但是,以上对于婚姻成立条件的探讨则表明,此人的行为构成了重婚。

四、婚姻登记的功能

根据现行的《婚姻登记条例》,婚姻登记包括结婚登记、补办结婚登记、撤销婚姻的登记和离婚登记。但是,考虑到本文分析研究问题的角度,以及更为简洁明了地说明问题的需要,此处的“婚姻登记”,仅指结婚登记和离婚登记,而不包括补办结婚登记和撤销婚姻的登记。同时,此处的“登记”一语,不仅仅指登录记载这一个行为,而是也包括了这一个行为之前的审查和之后的发证在内的整个过程。

为什么要研究婚姻登记的功能? 或者说,研究婚姻登记的功能,其意义何在? 这是我们要解决的一个基本的问题,只有这个问题获得了答案,后面的有关探讨才有必要继续进行。

婚姻登记作为一个法律程序,涉及婚姻当事人、婚姻登记机关和社会公众三方,因而,对于这个问题,就要从婚姻登记对于这三方的意义这个角度出发以寻求答案。笔者认为,研究婚姻登记的功能,其意义首先在于,这种研究有助于我们明了婚姻登记对于婚姻当事人双方的价值,从而使得我们能够搞清楚婚姻登记对婚姻当事人之间的权利义务到底会有怎样的影响;其次,研究婚姻登记的功能,还有助于我们明了婚姻登记机关在婚姻登记中的地位和作用,从而搞清楚其在婚姻登记时应该怎样行为才合乎有关法律规定的精神;最后,研究婚姻登记的功能,还有助于我们明了婚姻当事人作为单独的一个人或作为一个整体,和社会公众之间的权利义务关系。

为了研究的方便,我们先以结婚登记作为婚姻登记的一个标本,来探讨婚姻登记的功能,然后再作全面的概括。

已有的理论研究成果表明,结婚登记在结婚这个法律行为中的功能可以被称为“结婚的形式要件”。学者们普遍认为,结婚必须具备实质要件和形式要件,其实质要件有男女双方完全自愿、达到法定婚龄、符合一夫一妻制以及不存在禁止结婚的血亲关系、不存在禁止结婚的疾病;其形式要件从理论上讲,有仪式、登记以及仪式和登记相结合三种,而按照《婚姻法》,结婚的形式要件是登记。就结婚登记对于当事人的意义而言,学者们的这些论述无疑是正确的,因为,正是结婚登记,才使得某个既存的婚姻获得了法律的承认,成为合法婚姻,从而婚姻当事人之间才开始具有夫妻的身份,并同时产生出相应的权利义务关系。

但是,学者们的这些论述还不够全面,因为这些论述并没有能够揭示出结婚登记的全部功能。笔者认为,结婚登记的功能有三项,即形式审查功能、效力确认功能和公示公信功能。

结婚登记的首要功能是形式审查。要求结婚的男女双方应该亲自到婚姻登记机关进行结婚登记。男女双方先要提出申请,然后由婚姻登记机关进行审查。在这里,婚姻登记机关如何进行审查呢?按照现行《婚姻登记条例》的有关规定,这种审查可以认为是形式审查。现以对于内地居民结婚申请的审查为例进行说明。根据《婚姻登记条例》第五条的规定,办理结婚登记的内地居民应当出具下列证件和证明材料:(一)本人的户口簿、身份证;(二)本人无配偶以及与对方当事人没有直系血亲和三代以内旁系血亲关系的签字声明。根据这条规定,法律并不要求男女双方出示无配偶以及与对方当事人没有直系血亲和三代以内旁系血亲关系的证明,而是只要求其对相关情况“签字声明”即可。至于这声明是否合乎事实,以及如果不合乎事实的话,应该如何处理,《婚姻登记条例》并没有作出任何规定。当然,这并不说明法律对于当事人在“签字声明”时弄虚作假不闻不问。法律对于此处的弄虚作假是否追究,怎样追究,这是另一个问题,构成另一个法律关系,和本处的讨论无关。本处引用《婚姻登记条例》第五条的规定,目的在于说明婚姻登记机关对于结婚登记申请的审查并不具有实质性,而只具有形式性,是形式审查。

既然婚姻登记机关对于结婚登记申请的审查只是形式审查,而不具有实质内容,那么,一个问题就随之产生:通过了形式审查的婚姻,如果实质上依然不合法,该怎么办?

形式审查不能够保证所有的婚姻都合法,这的确是现实存在的问题。之所以会出现这样的问题,原因是多方面的,而主要原因就是如果进行实质审查,那么,审查将很可能无法顺利进行。按照实质审查,婚姻登记机关就要对当事人的户口簿、身份证的真实性进行审查,就要对当事人的“签字声明”的真实性进行审查,并且还要对当事人是否患有医学上认为不应当结婚的疾病进行审查。这些审查，有的虽然很困难很麻烦，但毕竟还能进行，如对于户口簿、身份证的真实性的审查，对于当事人是否患有医学上认为不应当结婚的疾病的审查；而有的审查则根本无法查出一个真实的结果，如当事人之间是否有直系血亲关系或三代以内旁系血亲关系，在许多时候是一目了然的，但是，在有的时候，由于父母离异，一方改嫁或再娶，距离遥远，年代久长，就很容易出现这样的事情：当事人实际上有着禁止结婚的血亲关系，但自己却根本不知道。[①]

不过，令人欣慰的是，《婚姻法》规定了婚姻无效制度和婚姻可撤销制度。有了这两项制度，就完全可以对那些虽然通过了婚姻登记机关的形式审查，但实质上依然不合法的婚姻作出恰当的处理。

结婚登记的第二项功能是效力确认。在结婚申请通过了形式审查之后，婚姻登记机关依法对有关内容进行登录和记载，结婚登记即告完成。根据婚姻的成立和婚姻的效力相区分，[②] 并且后者以前者为基础的法理，在结婚登记完成之前，当事人之间就已经存在着婚姻关系，就已经是夫妻关系。所以，结婚登记的意义并不在于使得婚姻成立，而在于使得婚姻生效。也就是说，从结婚登记完成时起，当事人之间既存的婚姻关系就获得了法律的承认，受到了法律的调整，从而成为婚姻法律关系。换言之，结婚登记确认了当事人之间合法夫妻关系从此产生。

这里有个相关法条，其是否妥当值得分析。《婚姻法》第八条共四段，其中第二、三两段的规定是："符合本法规定的，予以登记，发给结婚证。取得结婚证，即确立夫妻关系"。笔者认为，这个规定有两处不合法理。

其一，夫妻关系就是婚姻关系，而本文第三部分已经述及，婚姻关系的成立即结婚并不需要"合法"，在"合法"之前它就已经成立了。同时，按照此处结婚登记的确认功能，登记的结果不是产生了一个夫妻关系，而是使得这个既存的夫妻关系变得合法，开始生效。

另外，即使仅仅从中文语法规则的角度观察，对于"结婚登记"，顾其名而思其义，我们也能推断出，这种"登记"的对象是"结婚"，而不是别的东西。换言之，在这种"登记"进行之前，就已经存在"结婚"，就已经存在"夫妻关系"了，而根本不需要由这种"登记"去确立"夫妻关系"。

其二，婚姻登记机关的登记和发证是两个行为。虽然《婚姻登记条例》规定

---

① 据2005年8月26日新华网报道：四川南充两位市民结婚20年，才发现原来他们自己是亲兄妹。详见该网"新华法治"栏目：《20年夫妻原是亲兄妹 欲离婚遭儿女斥责》，载 http://news.xinhuanet.com/legal/2005-08/26/content_3405319.htm

② 关于将婚姻的成立和婚姻的生效相区分的观点，可参见余延满教授的《试论近、现代法上婚姻的本质属性》一文，该文发表于《法学评论》2002年第3期上。

婚姻登记机关完成结婚登记之后,应该当场发给当事人结婚证,但是,现实生活中,因为各种原因而没有"当场"发给结婚证的事情常常发生。在这种情况下,如果按照前述《婚姻法》第八条的规定,取得结婚证,即确立合法夫妻关系,则很可能发生当事人已经完成了结婚登记,但因为还没有取得结婚证,因而不具有合法夫妻关系,从而婚姻利益受侵害的问题。例如,在结婚登记完成之后,结婚证取得之前,当事人一方死亡的情形下,如果按照前述"取得结婚证,即确立夫妻关系"的规定,当事人双方就不具有夫妻的权利义务关系,从而生存的一方当事人就无权以配偶的身份继承死者的遗产。

基于此两点分析,笔者建议:将来修改《婚姻法》时,应该将其第八条的第二、三两段修改为:"符合本法规定的,予以登记。登记完毕后,当事人即确立合法夫妻关系,婚姻登记机关应该当场发给当事人结婚证。"

结婚登记的第三项功能是公示公信。结婚登记确认了合法夫妻关系的产生,这对于当事人而言,固然很有意义;但是,考虑到婚姻并非只是两个当事男女之间的事情,它还和社会公共利益密切相关,所以,结婚登记就应该还有公示公信的功能。

婚姻登记机关完成结婚登记之后,登记的内容就存留于该机关,而成为公共信息,任何社会公众都可以查阅,此即为公示;并且,如果没有相反证据,任何社会公众都应该相信结婚登记所表明的"当事人之间存在着合法夫妻关系"这一个情况是真实的,此即为公信。简单地说,公示就是让公众知道,公信就是让公众相信。这就是结婚登记的公示公信功能。

结婚登记的公示公信功能,反映的是婚姻当事人和社会公众之间的关系。它表明,自此以后,当事男女即不再是单身,而是具有"某人的夫"或"某人的妻"这样的身份,从而使得我们可以进一步确定婚姻当事人和社会公众这两者之间的权利义务关系。例如明知对方为他人的合法配偶,却仍然与对方同居或结婚,这种行为就侵害了该他人的婚姻利益,构成了侵权。

按照《婚姻法》的规定,婚姻登记机关在完成结婚登记后,应该发给当事人结婚证。既然结婚登记对于当事人之间的合法夫妻关系具有公示公信的功能,那么,结婚登记之后所发的结婚证,其意义又何在呢?笔者认为,结婚证的意义首先在于它足以证明当事男女已经进行了结婚登记,当事人已经是合法夫妻关系;其次,它和结婚登记具有同样的公示公信功能。可以简单地这样说,结婚登记确认了合法夫妻关系的产生,并对此关系进行着公示公信。而结婚证证明结婚登记,同时也对已经产生的合法夫妻关系进行着公示公信。

到此为止,我们可以作个小结。结婚登记的功能就在于形式审查、效力确认和公示公信;这三项功能在顺序上的如此排列,根源于结婚登记整个过程的逻辑顺序,因为结婚登记总是先有审查,再作登录和记载,最后有关内容成为公共信息。同时,我们还应该看到,结婚登记的这三项功能全面地反映了结婚登记所涉及的三种关系:形式审查功能反映了当事人和婚姻登记机关的关系,效力确认功能反映了当事人相互之间的关系,而公示公信功能则反映了当事人和社会公众之间的关系。

以上关于结婚登记功能的结论也同样地适用于离婚登记。首先,离婚登记具有形式审查的功能。进行离婚登记时,婚姻登记机关要审查双方当事人是否自愿达成离婚协议并对子女和财产问题有适当的处理。其次,离婚登记具有效力确认的功能。进行离婚登记时,婚姻登记机关登录和记载的完成,就确认了原来的合法夫妻关系从此消灭。最后,离婚登记具有公示公信的功能。离婚登记将"合法夫妻关系已经消灭"这样的内容留存于婚姻登记机关,使得它成为了公共信息,任何社会公众都可以查阅;并且,如果没有相反证据,任何社会公众都应该相信离婚登记所表明的"当事人之间已不存在合法夫妻关系"这一个情况是真实的。

一言以蔽之,婚姻登记的功能有三项,即形式审查功能、效力确认功能和公示公信功能。

对于婚姻登记的功能这个题目而言,揭示出婚姻登记的全部功能,固然不会没有积极的意义,但是作为学术研究,事情并不应当就此告结。我们是不是想过这样的问题:婚姻登记对于合法夫妻关系的产生和消灭既然是必要的,那么,这种必要性背后所隐含的法理又是什么呢?要给这个问题寻求出答案,我们依然要从合同的法理出发进行分析探讨。

合同的法理告诉我们,合同可以分为共同行为和契约,而契约又可进一步分为负担性契约和处分性契约。合同是一种合意,共同行为是同向性合意,如合伙;契约则是对向性合意,如债权让与契约、买卖契约、物权契约。对于契约而言,负担性契约旨在发生债法上的给付义务,处分性契约则旨在发生财产移转或消灭的效果。一般而言,负担性契约的生效不需要国家官署的审查和登记,其原因就在于债权和债务的对人而不对事性;而处分性契约的生效则比较复杂。大体上可以这样说,如果该处分性契约生效后所产生的权利具有对世性,则其生效就需要以登记或其他方式作为公示,如物权契约;如果该处分性契约生效后所产生的权利不具有对世性,而仅仅是对抗某一个人,则其生效就不需要在国家官署进行登记,但必须通知这个人,如债权让与契约。

将此合同的法理应用于考察透视结婚这个法律行为,我们可以发现,结婚的核心性特点就在于,结婚是一种处分性契约,是对于自己身份的一种处分,而由此产生的身份权乃是一种对世权。

诚然,结婚意味着当事人愿意结合在一起,并且这种结合出于同向性合意,因而,结婚具有共同行为的特点,我们可以称之为身份法上的共同行为。但是,这只是表层现象。深层次的实质问题则是,当事人在为这种共同行为的时候,实际上就是在对自己的身份进行处分,从而使得自己成为对方的“夫”或者“妻”,所以,结婚具有处分性契约的特点,我们可以称之为身份法上的处分性契约。在这个处分性契约的基础上,当事人的夫妻身份获得了法律的认可后,他们相互之间才有权进一步地请求对方实施某种给付,例如请求对方抚养、请求对方尽配偶的其他义务等等,从而结婚也就同时具有负担性契约即债权契约的特点。

由此可见,结婚虽然具有共同行为、处分性契约和负担性契约的特点,但是,处分性契约是结婚的核心性特点,而共同行为的特点只是其表层现象,债权性契约的特点也必须以处分性契约的特点为其存在基础。

在看到结婚具有处分性契约的特点的同时,我们还应明白,因结婚而产生的“夫”或者“妻”的身份,并不是只能够对抗某一个人,而是能够对抗除当事人之外的所有人,因而具有对世的性质。这样看来,结婚又进一步地很类似于物权契约,我们可以称之为身份契约。于是,以这些类似性为基础,并考虑到物权契约的生效必须公示,我们就可以断言:结婚行为要生效,即合法夫妻关系要得以产生,也必须为一定的公示。

作为物权契约生效要件的公示不限于登记,还有占有。与此相同,考察不同历史时期和不同国家的婚姻法规定,我们发现,结婚的公示方式也不限于登记,此外尚有仪式、登记与仪式相结合等公示方式,而仪式又有宗教仪式、世俗仪式和法律仪式。在我国民间,结婚常常要举行婚礼仪式。不论婚礼仪式在民间被赋予多少美好的意义,自法理角度观之,举行婚礼仪式实质上是在公示,是在公开地向社会公众宣示“夫”和“妻”身份的对世性。

为了保障婚姻自由、男女平等、男女双方和其后代的健康以及计划生育原则的贯彻执行,为了依法处理违法的婚姻行为,保护婚姻当事人的合法权益,我国《婚姻法》规定结婚必须进行结婚登记,否则当事男女双方就不具有合法的夫妻关系。自合同的法理角度观之,这实际上是说,结婚这个身份契约要生效,必须以登记作为公示方式。

导致合法夫妻关系产生的结婚是身份契约,需要以登记作为公示才能生效;与此相同,导致合法夫妻关系消灭的协议离婚也是身份契约,同样也要公示才能生效。依照《婚姻法》的规定,这种公示方式也是登记。

经过以上的分析探讨,我们可以看出,婚姻登记之所以必要,原因就在于结婚和协议离婚都是身份契约,而它们和需要公示方能生效的物权契约,就其内在的私法本质而言,乃是相同的。

五、婚姻效力的状态

与婚姻的成立属于事实判断不同的是,婚姻的效力属于价值判断。成立婚姻是人民私法自治的表现,但是,婚姻成立之后,到底能否实现当事人最初所追求的私法效果,这就涉及婚姻的效力问题。法律对于婚姻的效力进行评价,其实质就是判断这个既存的婚姻到底合不合乎法律的明文和精神,从而分别情况,对处于不同效力状态的婚姻作出不同的处理。

现行《婚姻法》颁布于20世纪80年代,后经2001年立法机关修改。修改前的《婚姻法》对于婚姻的效力状态只规定了一种,就是婚姻的有效;修改后的《婚姻法》对于婚姻的效力状态则规定得比较详细,除了婚姻的有效之外,还明文规定了婚姻的无效和婚姻的可撤销。从法律发展的角度看,这实在是个不小的进步。考虑到本文分析研究的方法,我们就有必要对《婚姻法》关于婚姻效力状态的规定,衡诸合同的法理进行考察透视,从而搞清这样几个问题:《婚姻法》对于婚姻效力状态的规定,与合同的效力状态相比较,有什么差异?这些差异中,哪些可谓合理?哪些还不合理?为什么不合理?有没有完善的措施?应该怎样对其进行完善?

按照合同的法理,合同成立之后,经过法律对其进行价值评判,会有四种效力状态,即合同的有效、合同的无效、合同的可撤销和合同效力的待定。现行《合同法》对合同效力的状态也是按照这个基本法理而规定的,并且针对合同的无效、可撤销和效力待定,还分别规定了具体的认定依据。以此合同的法理衡量《婚姻法》关于婚姻效力状态的规定,可以发现,对于婚姻的效力状态,《婚姻法》规定了婚姻的有效、无效和可撤销,但没有规定婚姻效力的待定;同时,还可以发现,在婚姻的无效和可撤销的具体认定依据上,《婚姻法》的规定也和合同的法理有着较大的差异。

首先,我们来看婚姻效力的待定。《合同法》关于合同效力的待定,主要集中于限制民事行为能力人订立合同和无权代理而订立合同的情形,考虑到婚姻的自身特点,我们将注意力放在第一种情形上。《合同法》第四十七条第一项规定:"限制民事行为能力人订立的合同,经法定代理人追认后,该合同有效。"将该条规定的法理,结合到婚姻的效力上,我们遇到的问题就是:婚姻的效力是不是也有可能待定?

从理论上讲,此问题的答案是肯定的。结婚属于民事法律行为,而法定的婚龄和成年而具有完全民事行为能力的年龄是不同的两回事,两者可能一致,也可能不一致。就世界范围而言,法定婚龄依其确定根据可以从低到高地分为三大类:其一,以男女能够开始生殖之年龄为结婚年龄,男女均在16岁以下,这属于低婚龄,如西班牙、希腊、墨西哥;其二,以男女适合于生殖的年龄为结婚年龄,男女各18岁左右,这属于普通婚龄,如日本、法国、比利时、荷兰、英国;其三,以男女成年的年龄或者成年以上为结婚年龄,男不低于20岁,女不低于18岁,这属于高婚龄,如前苏联。在我们中国,由于特殊的国情,法定婚龄是男不低于22岁,女不低于20岁。这样看来,既然法定婚龄和成年年龄并不总是完全一致,那么,就必然会出现未成年人达到法定婚龄结婚而其婚姻的效力处于待定状态的问题。

鉴于我国的具体国情,依照我国《婚姻法》规定的婚龄,不可能出现未成年人结婚需要其法定代理人追认的问题。所以,我们可以说,从我国的实际出发,《婚姻法》没有如《合同法》规定合同效力的待定那样规定婚姻效力的待定,这种差异是合理的。

其次,我们来分析婚姻的无效。前文已经述及,婚姻无效制度是《婚姻法》2001年修改时增加的新内容。《婚姻法》第十条规定:"有下列情形之一的,婚姻无效:(一)重婚的;(二)有禁止结婚的亲属关系的;(三)婚前患有医学上认为不应当结婚的疾病,婚后尚未治愈的;(四)未到法定婚龄的。"衡诸合同的法理,并结合现实生活中已经出现的新情况,这里需要分析的问题有两个:其一,重婚;其二,公序良俗对于婚姻效力的限制。

我们先来看第一个问题,即重婚。众所周知,一夫一妻是《婚姻法》的一项基本原则。正是根据此原则,《婚姻法》才规定:重婚的,后婚无效。认真分析思考,我们可以看出,重婚可以分为两类,一类是双方明知的重婚,另一类则是只有一方明知而他方却不知情的重婚。第一类重婚,自合同的法理观之,实际上相当于《合同法》第五十二条规定的合同无效情形之第(二)项:恶意串通,损害第三人利益的合同无效。由此可见,对于这一类重婚,《婚姻法》的处理完全合乎合同的法理。

但是,在对于第二类重婚的处理上,《婚姻法》以其依然规定后婚无效的做法,显示出了自身的特色,而并不合乎合同的法理。根据合同的法理,在一方明知自己违背了禁止性法律规定而他方却对此违背不知情的情况下签订的合同,如商人超越法定的经营范围而与不知情的他人签订的合同、公司董事违反竞业禁止的规定而与不知情的他人签订的合同等等,其效力并不因这种违法而无效。本着维护交易安全的精神,对这种合同的效力,如果当事人没有其他违法的情形,以认定为合同有效为适当。至于一方当事人违法的问题,则可以根据法律规定另行处理,例如在前举事例中,对超越经营范围的商人,工商行政部门可以依法给予处罚[1];对违反竞业禁止规定的董事,公司可以行使其归入权而将该董事竞业所得收入收归公司所有[2]。

对于第二类重婚,《婚姻法》的处理乃是利益衡量的结果。在此种重婚情况下,认定前后两个婚姻均为有效或均为无效都不合理,这一点已很显然,不用赘述。这样,法律所能够做的就是进行取舍,在前后两个婚姻中保留一个而否定另一个。那么,应该如何取舍呢?如果否定后婚,保留前婚,则损害了后婚中不知情当事人的利益,给其造成了痛苦;如果否定前婚,保留后婚,则损害了前婚中无辜当事人的利益,也同样地给其造成了痛苦。就这两个个人的利益受到损害而言,我们很难说清孰轻孰重,因而也就无法作出取舍。但是,我们应该不会忽视,如果否定前婚,保留后婚,则还违背了一夫一妻这项婚姻法基本原则,而法的基本原则凝聚了法的精神,维系着公共秩序,保护着社会公共利益,是决不允许任何人违背的。这样,两利相权取其重,两害相权取其轻,经过一番利益衡量,法律应该做的当然是否定后婚,保留前婚。[3]

我们再来看第二个问题,即公序良俗对于婚姻效力的限制。在上面对于重婚的分析中,我们看到,《婚姻法》对于上述第二类重婚的处理并没有遵循合同的法理,而是服从了公共秩序。这其中就有以公序良俗限制婚姻的效力的思想。但是,令人遗憾的是,《婚姻法》对于公序良俗的涉及仅止于此,而没有更进一步地将公序良俗规定为婚姻关系应遵守的一项基本原则,从而在《婚姻法》第十条婚姻无效的情形中,就没有与"违背公序良俗的婚姻无效"相同的或者类似的规定。

本来,如果纯粹从《婚姻法》是特别私法,而《民法通则》是普通私法,特别法有规定的从之,没规定的从普通法这样的角度看问题,《婚姻法》没有专门以明文禁止违背公序良俗的婚姻,也不是什么理论上的错误。但是,立法不仅仅是为了表演法的理论,更重要的是,立法要便于适用,要合乎国情民情,要能真正地并有效地指导人民。从这样的思路出发,并考虑到我国普通民众甚至某些法律工作者目前的法律水平,我们可以断言,在《婚姻法》中以婚姻法基本原则的形式,对违背公序良俗的婚姻作出明文禁止是有意义的。这是问题的一个方面。

另一方面,合同的法理告诉我们,合同法至少有两项基本原则,一项是合同自由原则,而另一项就是涵盖了公序良俗内容的合同正义原则。《合同法》第七条规定:"当事人订立、履行合同,应当……尊重社会公德,不得……损害社会公

---

① 关于此点,参见《中华人民共和国民法通则》第49条。
② 关于此点,参见《中华人民共和国公司法》第149条。
③ 关于民法中的利益衡量,参见梁慧星:《民法解释学》,中国政法大学出版社1995年版,第316~339页。

共利益”。除此之外,作为配套,《合同法》第五十二条第(四)项规定:损害社会公共利益的合同无效。这样,我们就可以看出,合同法的上述两项基本原则一个讲合同自由,另一个讲对于合同自由的限制,从而相辅相成,共同指导着合同活动。

于是,同此一理,我们可以推断,在对婚姻自由以基本原则的形式作出明文规定的同时,《婚姻法》若能再以基本原则的形式对公序良俗作出明文规定,则仅就法理而言,当堪称严谨周密。

为了更清楚地说明这个问题,试举一例。2005年5月份,江苏省高邮市59岁的丁全某某和33岁的占某某女士,在高邮市民政部门,办理了结婚登记手续。办理此手续时,丁先生已经丧偶,而占女士则刚刚离婚。并且,占女士在此之前曾是丁先生长子丁桂宏之妻,并和其前夫丁桂宏生有一子丁小伟,而目前占女士携子与丁全仁先生共同生活。①

这起婚姻曾引发热烈的争议。有人认为该婚姻虽违背伦理但不违法,因为《婚姻法》并没有禁止这类乱伦婚姻。② 笔者不同意这种看法。限于本文写作的目的,这里只简单地谈一下笔者对于此婚姻的看法:婚姻如果导致现实的家庭伦理秩序变得紊乱,则属于违背家庭伦理,而家庭伦理乃是公序良俗的当然内容,所以,导致现实家庭伦理秩序变得紊乱的婚姻就违背了民法的公序良俗原则,因而应为无效;丁占婚姻使得丁小伟和丁全仁先生之间的身份关系难以确定,使得丁小伟和丁占二人(可能)共同所生子女的身份关系难以确定,使得将来继承全仁先生的遗产时,丁小伟是否具有继承人身份的问题难以解决,并使得占女士对于丁桂宏先生从原来的“妻子”突然变为现在的“继母”。所有这一切,都说明丁占婚姻导致了现实的家庭伦理秩序变得紊乱,因而,该婚姻违背了家庭伦理,违背了民法的公序良俗原则,该婚姻应为无效。③

对于这起婚姻,之所以会有人认为该婚姻“不违法”,原因固然很多。但是,我们可以肯定,这与《婚姻法》没有明文禁止违反公序良俗的婚姻,如丁占这种乱伦的婚姻,有着密切的关系。

分析至此,笔者建议:《婚姻法》在以后修改时,应该对公序良俗原则作出明文规定。具体操作上,可以考虑这样做:首先,在《婚姻法》总则部分增加“禁止违反公序良俗的婚姻”的明文,笔者认为对此以专条或在《婚姻法》第三条中以专项

① 2005年6月28日《扬子晚报》“社会生活版”:《老公公娶了前儿媳》;2005年8月13日央视一套在其14:50的《道德观察》栏目也对此事进行了介绍。

② 2005年6月29日《扬子晚报》:扬州大学社会发展学院研究社会伦理学的薛平教授接受记者采访时,认为这一公公娶儿媳的事件“不违法,但显然有悖伦理”;2005年8月18日《文摘报》:《公公娶儿媳,凸显法律尴尬》,何向东整理。

③ 笔者认为,丁先生和占女士的婚姻虽然无效,但他们依然有权同居,因为他们双方均无配偶。

规定为宜；其次，在《婚姻法》第十条所列四项婚姻无效的情形之后，再增加两项规定："(五)乱伦的婚姻等违背家庭伦理的婚姻无效；(六)其他违反法律或公序良俗的婚姻无效。"

最后，我们来研究婚姻的可撤销。婚姻的可撤销制度，同婚姻的无效制度一样，也是2001年《婚姻法》修改后增加的新内容。《婚姻法》所规定的婚姻可撤销的原因只有一个，即受胁迫。《婚姻法》第十一条规定："因胁迫结婚的，受胁迫的一方可以向婚姻登记机关或人民法院请求撤销该婚姻。"

按照合同的法理，合同可撤销的情形有：以欺诈手段签订的合同、以胁迫手段签订的合同、乘人之危签订的合同、因重大误解而签订的合同以及缔约时显失公平的合同。结合婚姻关系的自身特点，考虑到婚姻关系中并不存在是否显失公平，并将合同的法理应用于婚姻的可撤销，我们就会问：除受胁迫而成立的婚姻可以撤销之外，婚姻是否也因为受欺诈、对方乘己之危、自己发生重大误解而可以撤销？如果可以，具体情形又是怎样的？

衡诸合同的法理，并考虑到婚姻和合同的内在一致性，我们可以肯定，除了受胁迫导致婚姻的可撤销之外，在受欺诈、对方乘己之危、自己发生重大误解这三种情形下成立的婚姻也是可撤销的婚姻。

受欺诈而成立的婚姻，现实生活中并不少见。前文已经述及，婚姻的基础在于性的利益、种的繁衍的利益、感情的利益、经济的利益或者其他利益。有的情况下，男女一方为了达到与对方结婚的目的，往往在这些作为婚姻基础的利益方面使用欺诈的手段。在此情形下，法律赋予受欺诈的一方以撤销请求权，就是合理的。

必须予以说明的是，立法者应该在明了婚姻的实质和基础的前提下，对婚姻因受欺诈而可以撤销的具体情形作出列举式规定，切忌如《合同法》那样规定成："因受欺诈而结婚的，受欺诈的一方可以向……请求撤销该婚姻"。这其中的原因有两个方面。其一，婚姻虽然和合同有着内在的一致性，但是，两者毕竟又有许多的差异。婚姻应该比合同更讲究稳定，因为婚姻的稳定与否，并不仅仅关乎双方当事人的利益，而且也关乎整个社会的秩序。因而，法律在作相关规定时就不能完全模仿合同法。其二，不是任何欺诈都可以导致婚姻的撤销，而只能是那些涉及婚姻的基础，从而足以影响婚姻当事人所追求的利益的"欺诈"，才构成婚姻可撤销的理由。例如，隐瞒自己无法进行正常性行为的事实、隐瞒或者偷改婚前体检所作的自己没有生育能力的结论、诈称自己具有某种经济地位等等。

在对方乘己之危情形下成立的婚姻，因为往往有悖己方的真实意思，违反了婚姻自由的原则，因而，规定这种婚姻可以撤销也是合理的。

至于因己方发生重大误解而成立的婚姻，虽然也属于可撤销婚姻，但应该从严把握。之所以要从严把握，一方面是因为婚姻应该讲究稳定，另一方面也是因为己方发生重大误解，毕竟和己方受对方胁迫、欺诈不一样，和对方乘己之危不一样，毕竟己方有着一定的过失。笔者认为，这种重大误解只应该有一种，即对于结婚对象的误解，而其他性质的误解，如误以为对方深爱着自己、误以为对方有着某种很高的经济地位、误以为对方出身豪门等等，这些误解均不属于此处的"重大误解"。

六、离婚协议的效力

作为婚姻消灭的一种原因，离婚可以分为协议离婚和诉讼离婚。对于协议离婚来说，作为其基础的离婚协议，它的效力究竟如何，这确实是一个不容忽视的问题。事情很明显，如果离婚协议违背了法律的明文或者精神，则根本就不会产生离婚的法律后果。

现行《婚姻法》第三十一条规定："男女双方自愿离婚的，准予离婚。双方必须到婚姻登记机关申请离婚。婚姻登记机关查明双方确实是自愿并对子女和财产问题已有适当处理时，发给离婚证"。这就是我国《婚姻法》关于协议离婚制度的全部规定。另外，依据《婚姻登记条例》第十一条的规定，协议离婚的，须有双方当事人共同签署的离婚协议书。

分析以上这些关于协议离婚的规定，可以看出，我国的协议离婚制度对于离婚协议的要求要三点：其一，自愿达成；其二，要有离婚协议书；其三，对子女和财产问题已有适当处理。这三点要求中，第一点是个基本规定，它保证了离婚协议首先是真正的名符其实的"协议"，是双方协商的结果；第二点是对于离婚协议在形式方面的要求，它表明离婚协议只能采取"书面"的形式，而不能采取其他形式，例如口头形式；第三点是对于离婚协议在内容方面的要求，它表明离婚协议应该对子女问题和财产问题有适当的处理。可以说，我国关于离婚协议的这些规定，就其基本结构而言，还是比较全面的。

但是，和现实生活中协议离婚的实际状况相联系，就会发现，我国对于离婚协议的规定仍属过于简单，从而在确定某些离婚协议的效力方面留下了法律规定上的漏洞。这样的离婚协议，其种类并不在少，举其要者如：含有"离婚后一方不得再结婚或不得与某人结婚"的约定的离婚协议、出于逃避债务的目的而达成的离婚协议、为了规避计划生育政策或房地产政策的某些规定而达成的离婚协议、以欺诈手段达成的离婚协议等等。诸如此类的离婚协议，在今日中国社会的日常生活中，并不少见，但其效力到底如何，《婚姻法》却没有给出任何答案。笔者认为，我们可以用合同的法理解决这个问题。

合同的法理告诉我们，合同消灭的一个重要的原因就是合同的解除。对于合同的解除,《合同法》主要是通过其第九十三条和第九十四条进行规定。《合同法》第九十三条第一款规定:"当事人协商一致,可以解除合同";第二款规定:"当事人可以约定一方解除合同的条件。解除合同的条件成就时,解除权人可以解除合同"。《合同法》第九十四条则详细规定了在几种法定的情形下,当事人可以解除合同。关于合同解除的分类,主要有两种方法。第一种,意定解除和法定解除。有学者将《合同法》第九十三条两款规定的解除称为"意定解除",而将《合同法》第九十四条规定的解除称为"法定解除"。第二种,协议解除和单方解除。有学者将《合同法》第九十三条第一款规定的合同解除称为"协议解除",而将《合同法》第九十三条第二款和第九十四条规定的合同解除称为"单方解除"。

我们知道,对于法律现象进行分类探讨,是一种很好的法学研究方法。就某个特定的研究对象来说,为了不同的研究目的,出于不同的研究需要,对其也会有不同的分类。这里,为了分析探讨离婚协议效力的需要,笔者在合同解除的分类上,采取前述的第二种分类方法,即合同解除分为协议解除和单方解除。在此基础上,笔者进一步认为,协议离婚的问题,包括离婚协议的效力问题,可以通过分析研究合同的协议解除的法理得到解决。

关于合同的协议解除,合同法的理论认为它实质上是合同自由原则的体现,而其中那个解除合同的协议,实际上就是一个独立的标准的合同,属于合同主体终止既存的合同法律关系的协议。因而,该解除协议的效力如何,应该按照合同效力的法理而为判断。

将此法理应用于离婚协议,我们就可以看出,对于离婚协议的效力,在确定上可以类推合同的效力的规定,即离婚协议有可能有效,也有可能无效,还有可能是可以撤销。这里需要予以说明的是,婚姻关系具有强烈的人身属性,不管是申请结婚登记,还是签署离婚协议,都应该由当事人亲自办理,否则有关行为即归无效,所以,在离婚协议的效力状态中,不会出现"效力待定"这种情形。

现在,我们可以对前面所举的几种特别的离婚协议的效力下个结论。

首先,含有"离婚后一方不得再结婚或不得与某人结婚"的约定的离婚协议。根据现代婚姻法的精神,每个人都享有婚姻自由,而婚姻自由中就包括了结婚自由。按照结婚自由,每个人都有权利决定是不是结婚,以及与谁结婚,对此结婚自由,任何人均不得干涉。因而,该"离婚后一方不得再结婚或不得与某人结婚"的约定应为无效。但是,该约定的无效,并不应当影响当事人的是否能够离婚。当事人到底是否能够离婚,应该依照《婚姻法》的规定而另为判断。

其次,出于逃避债务的目的而达成的离婚协议。按照合同的法理,双方恶意串通,损害第三人利益的,合同应为无效;以合法形式掩盖非法目的的,合同应为无效。出于逃避债务的目的而达成的离婚协议,有两种情况:第一种,双方恶意串通,为逃避债务而达成离婚协议;第二种,一方为逃避债务而在他方不知情时与他方达成离婚协议。对于第一种情况,可以类推适用"双方恶意串通,损害第三人利益的,合同应为无效"的法理,确认该离婚协议为无效;对于第二种情况,可以类推适用"以合法形式掩盖非法目的的,合同应为无效"的法理,确认该离婚协议为无效。

第三,为了规避计划生育政策或房地产政策的某些规定而达成的离婚协议。按照合同的法理,违反法律、行政法规的强制性规定的合同无效;违反公序良俗的合同无效。我国的计划生育政策或房地产政策,有的已经上升为法律,有的则依然只是国家政策。如果离婚协议规避的是前者,则可以类推适用"违反法律、行政法规的强制性规定的合同无效"的法理,确认该离婚协议为无效;如果离婚协议规避的是后者,则可以类推适用"违反公序良俗的合同无效"的法理,确认该离婚协议为无效。①

最后,以欺诈手段达成的离婚协议。这种事情现实生活中时有发生。最常见的情形是,为了与他人结婚而欺诈自己的配偶,从而与自己的配偶达成离婚协议。可以想见,在很多这样的情况下,受到欺诈的当事配偶(多为女性)是非常痛苦的,并往往在痛苦之余,追悔不已,而同时对实施欺诈者进行强烈的道德谴责。但是,就笔者所知,几乎没有因此而成讼的。究其原因,固然很多,但其根本原因,则应当归于《婚姻法》缺乏这方面的明确规定。

按照合同的法理,以欺诈手段签订的合同,属于可撤销的合同。将此合同的法理应用于以欺诈手段达成的离婚协议,我们可以推断,该离婚协议应属于可撤销的离婚协议。同样,按照合同的法理,以胁迫手段或者乘对方之危而达成的离婚协议也属于可撤销的离婚协议。

前文已经述及,《婚姻法》关于离婚协议的规定集中在其第三十一条。基于上述对于离婚协议效力的分析,笔者建议,将来对《婚姻法》第三十一条进行修改完善时,在保留现有规定的基础上,增加三款规定:

1.增加一款作为第二款:"有下列情形之一的,离婚协议无效:(一)双方恶意串通,损害第三人利益;(二)以合法形式掩盖非法目的;(三)违反法律或者行政法规的强制性规定;(四)违反公序良俗。"

2.增加一款作为第三款:"离婚协议中有违背婚姻自由的约定的,该约定无效。"

---

① 此处涉及法律和政策的关系。政策可分为国家政策和执政党的政策,而前者,如计划生育政策和房地产政策,因为旨在维护社会公共利益,故属于"公序良俗"范畴;至于后者,则不属于"公序良俗"范畴。

3.增加一款作为第四款:"以欺诈、胁迫手段或者乘对方之危而达成的离婚协议,受害的一方可以向婚姻登记机关或者人民法院请求撤销。"

七、诉讼离婚的理由

《婚姻法》第三十二条第二款规定:"人民法院审理离婚案件,应当进行调解;如感情确已破裂,调解无效,应准予离婚";第三款规定:"有下列情形之一,调解无效的,应准予离婚:(一)重婚或有配偶者与他人同居的;(二)实施家庭暴力或虐待、遗弃家庭成员的;(三)有赌博、吸毒等恶习屡教不改的;(四)因感情不和分居满二年的;(五)其他导致夫妻感情破裂的情形"。这就是我国《婚姻法》关于诉讼离婚理由的规定。根据这些规定可以看出,在我国,诉讼离婚的理由就是:"感情确已破裂"。

可以这样说,从我国近些年婚姻法的立法变化和理论研究来看,诉讼离婚的理由,现在实际上已经成为了一个多多少少让学者们觉得有些尴尬的问题。最初,因为《婚姻法》对诉讼离婚理由规定的缺陷,学界纷纷发表意见,陈述看法,情绪颇为高涨;尤其是《婚姻法》于 2001 年修改前夕,对于诉讼离婚理由问题的探讨研究,其状况之热烈盛大,① 实在堪称前所未有。但是,2001 年 4 月 28 日,修改后的《婚姻法》公布于世,学界则突然间感到失望。因为,这次修改虽然增加规定了准予离婚的几种具体情形,但由于这几种具体情形被明文规定为属于导致夫妻感情破裂的情形,所以,修改后的《婚姻法》,其诉讼离婚的理由依然没有任何改变,"感情确已破裂"依然是诉讼离婚的唯一理由。于是,最初的情绪高涨不复存在,热烈盛大化为了沉寂;与此同时,失望逐渐演变成为冷漠和不再关心,而对于诉讼离婚理由的探讨研究也最终归于几乎完全消失,以至于有的婚姻法学者甚至已经调整志趣,转移目光,而开始以其满腹的经纶,去对付诸如"包二奶"、"包二爷"、通奸、婚外恋等等很有意思的问题了。

这,不能不让人感到遗憾、悲哀和沉重。

学者们是否思考过这样的问题:为什么我们的意见没有被立法机关采纳?我们对于诉讼离婚理由的那些研究成果,最终到底有多少能够让人心悦诚服?我们在探讨诉讼离婚理由的问题时,如果不随波逐流而人云亦云,还会不会有自己独到的见解?若有,有多少?最后,我们能否从一个新的角度出发去分析研究诉讼离婚理由的问题?

首先,我们对现有的理论研究成果作一述评。总的来说,学界近些年在诉讼

---

① 2001 年《婚姻法》修改前夕,婚姻法论文的主题相对地集中于两个方面:其一是"夫妻财产制",其二就是"诉讼离婚的理由"。

离婚理由问题上的见解大致有这些:①

(一)"感情确已破裂"中的"感情"是指夫妻感情,而不是指其他性质的感情,感情包括爱情和亲情。

(二)将"感情确已破裂"作为诉讼离婚理由虽有不少缺陷,但也确有其合理性,而此合理性的根本原因则在于,我国社会主义婚姻的基础只是感情,所以,要离婚就必须"感情确已破裂"。

(三)将"感情确已破裂"作为诉讼离婚的理由,其缺陷之一在于,现实生活中有许多男女虽已结婚,但却从未有过夫妻感情,在此情况下,感情破裂就无从谈起。

(四)将"感情确已破裂"作为诉讼离婚的理由,其缺陷之二在于,《婚姻法》没有具体规定到底什么是感情确已破裂,因而欠缺可操作性。

(五)将"感情确已破裂"作为诉讼离婚的理由,其缺陷之三在于,感情高深莫测,外人无法认识,这就容易导致法官的主观臆断,从而一方面使得某些实际上已经死亡的婚姻长期得不到解除,另一方面也会使得法官轻易地作出离婚判决。

(六)将"感情确已破裂"作为诉讼离婚的理由,其缺陷之四在于,我国社会主义婚姻虽以感情为基础,但感情毕竟只是基础,还不是婚姻本身,而婚姻除感情之外,尚包含有政治、经济、文化、社会和家庭等方面的因素,因而感情的破裂并不导致婚姻的破裂。

(七)将"感情确已破裂"作为诉讼离婚的理由,其缺陷之五在于,它违背了马克思的有关论述,因为马克思曾经说过离婚是对"婚姻已经死亡"的判定,而不是对"感情已经死亡"的裁决。

(八)应采取目前世界上大多数国家的通行做法,将"婚姻关系破裂"作为诉讼离婚的理由。

以上这些见解中,见解(一)细致并且有理;见解(三)尊重生活,合乎逻辑,正所谓"皮之不存,毛将焉附"? 所以,这两点见解均堪赞同。

但是,除了(一)、(三)这两点见解之外其余见解,却都存在着这样那样的问题,使得我们无法赞同。

见解(二)、(六)对于婚姻基础的认识有失妥当。婚姻的基础到底是什么?是仅仅只有感情,还是包括感情在内的许多因素? 本文在第二部分"婚姻的实质和基础"中已经论证过,婚姻在实质上是男女双方为了满足各自的利益需要而互为配偶的结合,而婚姻的基础则在于性的利益、种的繁衍的利益、感情的利益、经济的利益和其他的利益。这些利益中的任何一种,都可以单独成为婚姻的基础。

---

① 此处所列学界见解,因系众所周知,故除个别外,大多不予以注明出处。

准此以言，见解(二)、(六)就难谓妥当。见解(二)直接宣称婚姻的基础仅仅在于感情，所以其不妥当很是明显；而见解(六)的不妥当则比较隐蔽。见解(六)认为婚姻以感情为基础，至于婚姻中的“政治、经济、文化、社会和家庭等方面的因素”虽然也是婚姻的内容，但这些因素不是婚姻的基础。由此可见，见解(六)也认为感情是婚姻的唯一基础。

除了对婚姻基础的认识有失妥当之外，见解(六)在逻辑上也前后矛盾。一方面认为感情是婚姻的唯一基础，另一方面又宣称感情的破裂并不导致婚姻的破裂，这就让人不由得想问：地基坍塌，则大厦难存。既然婚姻的基础都已经消失，那么，这基础之上的婚姻又怎么可能继续存在呢？

见解(四)认为，《婚姻法》没有具体规定到底什么是感情确已破裂，因而欠缺可操作性。按照此见解，如果《婚姻法》对什么是感情确已破裂作出具体的规定，那么，事情就好办了，因为这样一来就有“可操作性”了。但问题是：既然问题如此容易解决，那么为什么直到今天，《婚姻法》也只是规定了几种“导致夫妻感情破裂的情形”，而依然没有能够对到底什么是感情确已破裂作出具体的规定呢？原因到底何在呢？最根本的一个问题则是：法律究竟是不是可以对人的感情的问题作出规定呢？

见解(五)认为，感情高深莫测，外人无法认识，这就容易导致法官的主观臆断。“高深莫测”和“无法认识”作为语言中的词汇，作为修辞手法，是科学的；但是，就其实在性而言，则是不科学的，因为辩证唯物主义认识论告诉我们，任何事物都可以被认识，这个世界上根本不存在什么高深莫测因而无法认识的事物。同时，就感情而言，由于它自身的诸多特点，因而相对来说，它比较地难于认识，难于把握，这也是事实；但是，一个人的感情，尽管是内在的东西，但它们必然会通过这个人的言行举止、嬉笑怒骂等等外在现象表现出来，从而我们只要认真地观察、思考、分析，就能够认识它们。

同时，法官的主观臆断其原因到底何在？难道原因真的在于面前的离婚案件中夫妻感情的“高深莫测，无法认识”？刑法上的杀人、纵火、抢劫、强奸等等恶性犯罪，即使法律的门外汉都能够理解，法官就更应该能够理解而不感到“高深莫测，无法认识”了；按照见解(五)的观点，在对这些犯罪的审理中，是根本不可能出现主观臆断的，但任何一个诚实的中国人都知道，事实正好相反。

见解(七)认为，“感情确已破裂”之所以不能作为诉讼离婚的理由，原因就在于它违背了马克思的有关论述。笔者也认为，“感情确已破裂”不能作为诉讼离婚的理由。但问题是：如果当初马克思没有就离婚问题发表过任何论述，我们是不是就可以将“感情确已破裂”作为诉讼离婚的理由呢？

见解(八)认为，应该采取目前世界上大多数国家的通行做法，将“婚姻关系破裂”作为诉讼离婚的理由。这是到目前为止,学界关于诉讼离婚理由问题的最后结论,表明学者们想用自己认为合适的做法,代替现行的做法。但问题是,为什么大多数国家通行的制度,我们就应该采取?理由何在?多党制、分权制衡、直接选举、言论开放等等,可谓是当今“大多数国家的通行做法”,我们是不是也应该采取?再说,在大多数国家通行的做法,即使真的采取了,那么在中国的大地上,是不是也能够行得通呢?

到此为止,述评完毕。我们可以看出,近些年来学界关于诉讼离婚理由问题的研究,不仅仅指出了“将感情确已破裂”作为诉讼离婚理由的一系列缺陷,如见解(三)、(四)、(五)、(六)、(七),可谓之“破”;而且还提出了建设性的建议,即见解(八)“应采取目前世界上大多数国家的通行做法”,可谓之“立”。但是,述评表明,除见解(三)之外,这些破立的理由均存疑问,不够充分。由是观之,学界的这些见解虽然有破有立,先破后立,但是却破得不彻底,立得也勉强,因而就不能让人心悦诚服。

其次,我们来重新分析“感情确已破裂”为什么不能作为诉讼离婚的理由。

笔者认为,之所以不能将“感情确已破裂”作为诉讼离婚的理由,其根本原因在于两个方面:其一,婚姻的基础并不总是感情,因而感情的破裂也就并不必然导致婚姻的消灭;其二,将“感情确已破裂”作为诉讼离婚的理由,违背了法律的本质,从而有悖法哲学原理。

关于第一个方面的原因,鉴于本文第二部分“婚姻的实质和基础”中对于感情在婚姻中的地位已经有过详细的论述,故不再重复。此处我们来看第二个方面的原因。

什么是法律?这是法哲学上一个复杂而又有趣的问题。截至目前,人类对于法律从其含义、本质、概念、属性、特征等等方面进行探讨的著作文章,堪称林林总总,浩如烟海;而对于法律的本质的见解,也是意见纷呈,争奇斗艳,实可谓蔚为壮观。鉴于此问题属于法哲学研究的范畴,并考虑到本文的研究方法和写作目的,笔者对此问题不拟详细探讨,而只是想表明这样一个观点:所谓法律,乃是以国家强制力作后盾的社会行为规范。换言之,法律,乃属于社会行为规范;简而言之,法律属于行为规范。[①]

既然法律属于社会行为规范,那么,它就只应该调整人民的社会行为,而不

---

① 按照法哲学的原理,“法律”与“法”并不是一回事,本文此处根据行文需要,只论述“法律”,而不论述“法”。另,关于法律属于行为规范这一点,还可参考孟德斯鸠的这样一段话:“言语并不构成罪体,它们仅仅栖息在思想里。…… 所以,无论什么地方,如果制定了言语是罪体的法律,那么不但不再有自由可言,甚至连自由的影子也看不见了。”详见孟德斯鸠,张雁深译:《论法的精神》(下),商务印书馆 1982 年版,第 322 页。

应该去调整人民的私人行为;既然法律属于行为规范,那么,它就只应该调整人民的行为,不应该去调整人民的思想和感情,因为人民的思想和感情并不属于"行为"范畴。法律不是思想规范,不是感情规范。在这一点上,法律和道德的区分就有所显露。道德不仅仅能够调整人的外在言行举止,正所谓"温良恭俭让",而且也能够调整人的内在思想感情,正所谓"仁义礼智信"。

《婚姻法》将"感情确已破裂"作为诉讼离婚的理由,实际上是在用法律的手段调整人民的感情,与法哲学原理相悖,因而不正确。

再次,我们来研究诉讼离婚的理由到底应该如何确定。在这个问题上,我们仍应一如既往地将目光转向合同的法理。

合同的法理告诉我们,合同的解除是合同消灭的一个重要原因,而合同的解除又有意定解除和法定解除的区分。所谓合同的意定解除,指的是合同根据当事人的意志而解除,《合同法》第九十三条规定的就是这种解除;所谓合同的法定解除,指的是合同根据法定的理由而解除,《合同法》第九十四条规定的就是这种解除。

很明显,两种合同的解除中,合同的法定解除与诉讼离婚相当类似,于是,我们对于诉讼离婚理由如何确定的探讨即从这里开始。

合同的法理告诉我们,合同的法定解除都会有法律规定的相应的解除理由。在这个问题上,大致地说,大陆法系国家规定的解除理由是"他方违约";英美法系国家规定的解除理由,除了"他方违约"之外,还有著名的"合同落空",并且英美法系国家的"他方违约"包括了他方实际违约和他方先期违约;《联合国国际货物销售合同公约》第四十九条则规定,一方根本违约时,另一方可解除合同。

我国《合同法》制定时充分吸收了已有的相关成果,其第九十四条规定:"有下列情形之一的,当事人可以解除合同:(一)因不可抗力致使不能实现合同目的;(二)在履行期限届满之前,当事人一方明确表示或者以自己的行为表明不履行主要债务;(三)当事人一方迟延履行主要债务,经催告后在合理期限内仍未履行;(四)当事人一方迟延履行债务或者有其他违约行为致使不能实现合同目的;(五)法律规定的其他情形"。

综观以上这些关于合同法定解除的理由,可以看出,法律在规定合同解除的理由时,有着这样一个指导思想:尽可能地维持合同关系,只有当合同目的无法实现从而导致合同关系无法继续维持时,才允许解除合同。

将此合同的法理应用于诉讼离婚理由的问题,并考虑到婚姻的稳定对于整个社会秩序的意义,我们可以合理地推断出,在确定诉讼离婚的理由时,我们的指导思想应该是:尽可能地维持婚姻关系,只有当婚姻关系无法继续维持时,才允许离婚。换言之,"无法继续维持婚姻关系"应该成为诉讼离婚的理由。

诉讼离婚的理由应该是"无法继续维持婚姻关系",如果从学术新颖性的角度考察,这个结论实在难谓新鲜,因为在笔者之前已有学者提出过相同或类似观点;但是,笔者在得出这个结论的过程中却展示了另一种分析问题的思路,展示了另一种达到同样结论的不同的途径和方法。

与"感情确已破裂"相比,"无法继续维持婚姻关系"作为诉讼离婚理由的合理性有两个方面。其一,从现象上看,对法官来说,婚姻关系比感情更容易认识和把握,因为婚姻关系虽然也是个抽象的概念,但是比起感情来,却有着更多的更实实在在的因而更世俗的内容;其二,从本质上看,用"无法继续维持婚姻关系"代替现行的"感情确已破裂",既否定了"感情是婚姻的唯一基础"这样的错误认识,也合乎法律只是行为规范而不是感情规范这个法哲学原理。

同时,与前述学界见解中提出的"婚姻关系破裂"相比,"无法继续维持婚姻关系"的表述更能反映出离婚当事人为了维持婚姻而已经做过的努力,更能体现出尽可能地维持婚姻关系的思想。

此处不能不予以说明的是,新中国成立之后,也曾经有过和本处结论相同的规定,如 1953 年中央人民政府法制委员会在关于婚姻问题的解答中,就把离婚的理由归结为"不能继续维持夫妻关系";但可惜的是,这种做法后来却没有能够被坚持下去。

最后,我们来为"无法继续维持婚姻关系"这个诉讼离婚的理由,进行具体的立法设计。

在前文,我们通过比较合同的法定解除和诉讼离婚的相似性,运用合同的法理,得出了这样的结论:"无法继续维持婚姻关系"应该成为诉讼离婚的理由。但是,仅仅将这个结论写入《婚姻法》,虽然也能够发挥一定的作用,但这种发挥肯定是很有限的,其中的原因就在于"无法继续维持婚姻关系"这样的规定是个抽象的规定。所以,为了充分发挥其作用,我们就有必要对此抽象的诉讼离婚理由予以具体化,从而列举出几种具有代表性的导致"无法继续维持婚姻关系"的情形。

从方法论的角度来说,这种具体化的工作要顺利进行,必须遵循一定的思路。首先,我们应该明了婚姻的实质,搞清婚姻的基础。本文第二部分已经论述过,婚姻在实质上是男女双方为了满足各自的利益需要而互为配偶的结合,而婚姻的基础则可能是性、种的繁衍、感情、经济、身份地位等等利益中的一种或多种。其次,既然婚姻的基础在于这几类利益中的一种或多种,那么,其中任何一种利益的欠缺或消失,都有可能导致婚姻的解体。因而,对离婚理由的具体化的工作,就要从这几类利益方面着手进行。再次,我们要充分重视《婚姻法》第 32 条对于离婚理由具体化的成功经验,最大限度地吸收其合理之处。最后,我们还应该明白，对概念进行具体化，是一项逻辑性很强的工作，它要求思维周密，推理严谨。因而，我们在进行这项具体化工作时，就应该时时刻刻用形式逻辑的原理对照检查自己的工作，以期不犯逻辑上的错误。

这里，笔者之所以要强调形式逻辑在这项工作中的重要，并非是空穴来风。《婚姻法》第三十二条第三款，将“有赌博、吸毒等恶习屡教不改的”规定为准予离婚的情形之一。联系到该款最后规定“其他导致夫妻感情破裂的情形”，并衡诸于中文的语法规则，我们可以看出，立法者的理解是：“有赌博、吸毒等恶习屡教不改的”这种情形，属于导致夫妻感情破裂的情形；换言之，只要“有赌博、吸毒等恶习屡教不改的”，就会导致夫妻感情破裂。显然，这种理解违背了形式逻辑。事情很明显，“有赌博、吸毒等恶习屡教不改的”会导致家庭经济状况恶化，而和夫妻感情的是否破裂，并不存在逻辑上的必然联系。

遵循上述思路，笔者认为，导致“无法继续维持婚姻关系”的具体情形，至少可以列举出以下七种：(一)对方由于先天原因没有性能力，并且无法治愈的；(二)对方由于先天原因没有生育能力，并且无法治愈的；(三)重婚或有配偶者与他人同居的；(四)实施家庭暴力或虐待、遗弃家庭成员的；(五)因感情不和分居满二年的；(六)有赌博、吸毒等恶习屡教不改的；(七)不能取得城市居民户口或者某个特定城市的居民户口的。

下面，笔者拟对这七种情形作四个方面的说明。当然，考虑到第(三)、(四)、(五)、(六)这四种情形《婚姻法》已有规定，人们也已经相当熟悉，所以，在下面的说明中，除了必要之外，对这四种情形不予提及。

说明之一，这七种情形的排列顺序。这七种情形有其内在的逻辑顺序，这个顺序就是作为婚姻基础的那几类利益的顺序。具体说就是，第(一)种情形对应于性的利益；第(二)种情形对应于种的繁衍的利益；第(三)、(四)、(五)这三种情形对应于感情的利益；第(六)种情形对应于经济的利益；第(七)种情形对应于身份地位等方面的利益。

说明之二，关于第(一)种情形和第(二)种情形。前文已经论述过，满足性的需要或种的繁衍的需要，这是男女双方结婚的一个重要的动机，性的利益或者种的繁衍的利益都可能单独成为婚姻的基础。有的婚姻的维持，其基础仅仅在于性或种的繁衍，而没有其他。在此情况下，如果一方没有性能力或者生育能力，则另一方的需要就无法得到满足，其性的利益或种的繁衍的利益就不能够实现。所以，在这种情况下，准予离婚就是适当的。

这里之所以要加上“由于先天原因”这样的限定语，乃是出于以下考虑。现实生活中往往有这样的事情：夫妻双方本来有性能力或生育能力，完全能够进行正常的性行为，或者完全能够生育后代，但是，一方却因为疾病、交通肇事、医疗事故等等天灾人祸而丧失了性能力或者生育能力。在这种情况下,如果另一方诉请离婚,那么,衡诸社会道德和家庭伦理,法律是不应该准许的。

说明三,关于第(七)种情形。中国的户口制度在世界上很有自己的特色。这个制度人为地将所有人民划分为两大类,即城市居民和农民,而即使同为城市户口,也有首都户口和其他城市户口、大城市户口和小城市户口等差别待遇。由此可见,城市居民户口或某个特定城市的城市居民户口实际上已成为了一种身份,一种利益。因而,通过婚姻而取得城市居民户口或某个特定城市的城市居民户口,从而改变自己的身份地位的事情,不但在现实生活中经常地发生,而且我们也完全应当理解其合理性。由此,因为"不能取得城市居民户口或者某个特定城市的城市居民户口"而导致无法继续维持婚姻关系的,应当准予离婚。

说明之四,为什么这里没有将性生活不和谐作为无法继续维持婚姻关系的一种情形,从而使它也成为诉讼离婚的理由?在对我国诉讼离婚理由的探讨中,有学者提出性生活不和谐也可以成为离婚的理由。笔者反对此种看法,其原因有三。其一,性生活是否和谐,是一个带有非常浓厚的主观感情色彩的问题,可谓见仁见智,没有一个客观统一的判断标准,因而实在难以判断。这一点与上面提到的"由于先天原因而没有性能力"不同,因为是否"由于先天原因而没有性能力"有着客观统一的判断标准,因而易于判断;其二,将性生活不和谐作为离婚理由,有违法律的使命,混淆了法律和道德的区分。法谚曰:"法律是最低的道德,道德是最高的法律"。和道德不同的是,法律的使命在于让人免受痛苦,而不在于让人从不痛苦走向快乐甚至走向更加快乐;其三,将性生活不和谐作为离婚理由,新的问题就会立刻随之产生:性生活不快乐能否成为离婚理由?达不到性高潮能否成为离婚理由?性高潮次数不够多能否成为离婚理由?法律将不胜其烦。

到此为止,综合以上的分析研究,笔者认为,我国《婚姻法》第三十二条的第二、三两款,应该做如下改动:

第二款改为:"人民法院审理离婚案件,应当进行调解;如无法继续维持婚姻关系,调解无效,应准予离婚。"

第三款改为:"有下列情形之一,调解无效的,应准予离婚:(一)对方由于先天原因没有性能力,并且无法治愈的;(二)对方由于先天原因没有生育能力,并且无法治愈的;(三)重婚或有配偶者与他人同居的;(四)实施家庭暴力或虐待、遗弃家庭成员的;(五)因感情不和分居满二年的;(六)有赌博、吸毒等恶习屡教不改的;(七)不能取得城市居民户口或者某个特定城市的居民户口的;(八)其他导致无法继续维持婚姻关系的情形。"

八、结语和余想

本来,对于婚姻的分析研究,还可以从政治的、经济的、人文的、社会学的甚至物种进化等等的角度进行,而并不仅限于法理的角度;而即使仅就法理的角度而言,也还可以从诸如法的含义、法的功能和价值、私法与市民社会和家庭的关系等等的角度进行,而并不仅限于合同法理这个角度。笔者之所以置其他角度于不顾,而将目光专注于合同法理这个角度,最根本的原因就在于,合同和婚姻这两者有着相同的私法本质和共同的私法属性。

用合同的法理去考察透视我们的婚姻,是一件饶有趣味的事情。婚姻的实质和基础、婚姻成立的条件、婚姻效力的状态、婚姻登记的功能、离婚协议的效力以及诉讼离婚的理由等等问题,总是不断地引发笔者的兴致。在此考察透视的过程中,笔者更多的时候是沉迷于探索相关的法理,以期无愧于法学研究者的身份和称谓。当然,有的时候,也会不让自己仅仅止于法理,而是还提出了诸多立法建议,意欲为国家的法制文明略尽绵薄之力,以期无愧于共和国公民的责任和荣誉。

在写作此文的过程中,笔者深感,用合同的法理考察透视婚姻,正如同做了一次充溢着激动和兴奋,同时也不乏爱意和关怀的漫游。山奔海立,沙起云涌,春和景明,波澜不惊,如此风光实在让人禁不住深深留恋其中,以至于忘了前路,忘了归程;而偃树蔫草,断桥破屋,则也让人忍不住大动恻隐之心,以至于扶持浇灌,接续修补。

当然,遗憾也是有的,因为对于有些问题笔者还没有能够搞得透彻。试举现役军人配偶要求离婚的规定为例,以期大方硕颜,有以教之。《婚姻法》第三十三条规定:"现役军人的配偶要求离婚,须得军人同意,但军人一方有重大过错的除外"。显而易见,该规定意在保护军婚,但问题在于:该规定是否违背了案件审判权由法官行使的原则,从而把法官变成了被军人牵着走的木偶?是否违背了民事诉讼当事人诉讼权利平等的原则?是否对军人配偶科设了过重的举证责任?还有,考虑到《婚姻法》属于私法,那么,这样的规定是否合乎私法的精神?是否违背私法的法理?再说,这样的规定最终是否能够真正地保护军人的婚姻?等等。这些问题均值得我们再作思考。

19世纪,俄国化学家门捷列夫发现了元素周期律,即元素的性质随着原子量的递增而呈周期性的变化。他根据元素周期律编制了世界上第一个元素周期表,把当时人类已经发现的63种元素全部列入表里,同时还在表中留下空位,预言了类似硼、铝、硅的未知元素的性质,并指出当时测定的某些元素原子量的数值有错误。若干年后,他的预言全部得到了证实。在此,笔者不敢有自比门翁之意,而只是想说,合同的法理对于婚姻和婚姻法也有着类似的指引和预见作用。明乎此,在处理婚姻问题时,我们才会有所遵循,才不会迷失方向。

合同法和婚姻法只是私法海洋中的两个小岛,因而本文的完成充其量也只是在两个小岛之间做了一次短距离的海上旅行。旅行结束之际,再次举首静观、极目远望,只觉得万籁肃穆,水天苍茫,而私法的海洋是那样地辽阔、深远和博大,以至于在它的面前,笔者深感自己永远只是一个无知的孩子。虽然在那刚刚结束不久的旅行中,这个孩子因为无知而确曾有过几回无畏甚至狂妄的姿态,但是,因为最终知道了自己的无知,所以在他的内心深处,就毕竟仍然是谦卑的。

法律选择理论演进的法哲学渊源探讨

袁雪 刘春宇[①]

摘 要:法律选择理论从 14 世纪法则区别说产生以来,经历了漫长的发展过程,可以分为传统法律选择理论阶段、近现代法律选择理论阶段和当代法律选择理论阶段。每一个发展阶段的法律选择理论都有其独特的历史背景和理论渊源,与当时占统治地位的法哲学理论关系密切。本文就以法律选择理论发展演进的历史为线索,探讨法律选择理论与法哲学思想的内在联系。

关键词:法律选择理论;法哲学渊源;自然法;法律关系本座说

目 次:

作为一门主要是解决法律冲突的部门法,国际私法解决法律冲突的主要方法是通过法律选择来进行。从 14 世纪意大利的法则区别说开始,法律选择理论发展至今经过了几个阶段,发展了无数法律选择方法。通过法律选择理论的历史演变过程,我们可以将法律选择理论的发展过程分为三个阶段,即传统法律选择阶段、近现代法律选择阶段和当代法律选择阶段。[②] 14 世纪的意大利的法则区别说和 19 世纪的德国的法律关系本座说是法律选择理论历史上坐标轴式的核心思想,不同时代的理论和学说都通过与坐标轴式的核心思想建立的关系来

---

① 袁雪,法学博士,哈尔滨工程大学人文学院法律系副教授,研究方向为国际法学、法理学、民商法学。刘春宇,哈尔滨工程大学人文学院经济法硕士研究生,研究方向为经济法学、民商法学。

② 有的学者将法律选择理论的发展过程分为四个阶段:萌芽阶段、法则区别说阶段、近代和当代法律选择理论阶段。参见韩德培:《国际私法新论》,武汉大学出版社 1997 年版,第 50 页。韩德培:《国际私法》,高等教育出版社,北京大学出版社 2000 年版,第 34 页。为了便于阐述法律选择理论的法哲学思想渊源,本文将法律选择理论的历史发展分为三个阶段,使每一阶段与相应的法哲学理论的发展相对应。当然,为了对各种法律选择学说的内容进行分析和比较,尤其是突出美国冲突法革命在法律选择理论发展过程中的重要作用,我们还将法律选择理论以发生于 20 世纪 60 年代的美国冲突法革命为界限划分为传统法律选择理论和现代法律选择理论。

确定自己在历史上所占据的位置。而当我们沿着历史的脉络对法律选择理论进行细细梳理时,不禁发现法律选择理论的历史演变与西方法哲学思潮的发展有千丝万缕的联系。源远流长的自然法思想为14世纪意大利法则区别说的诞生提供了理论资源,而当19世纪分析实证主义法学在西方大行其道时,德国的法律关系本座说适时而生,促进了国际私法成文立法的发展,而20世纪法社会学理论在西方的兴起,亦提供给我们崭新的处理法律冲突的智慧和经验。①

一、传统法律选择理论阶段

19世纪以前,法律选择理论的历史可以说只是欧洲大陆国际私法的历史。万民法、属人法、属地法、法律选择法、统一实体法等,无一不产生于欧洲大陆。②欧洲大陆的法律选择理论的产生和发展在整个法律选择理论的理论和立法中占据了绝对统治的地位。我们对法律选择理论的阶段划分的第一阶段主要阐述的就是19世纪以前的欧洲大陆的法律选择学说。这一阶段的代表性法律选择学说主要是意大利巴托鲁斯的法则区别说、法国的法则区别说和荷兰的法则区别说(国际礼让说)。

古罗马的万民法被认为是法律选择理论萌芽的标志,因为那时虽然没有出现真正意义上的法律选择方法,但是万民法是调整罗马市民和非罗马市民之间以及非罗马市民之间的民事关系的法律,是罗马人解决当时具有"涉外"因素的民事纠纷的法律依据,可以认为是当时的法律选择方法。公元476年,西罗马帝国灭亡后,罗马法衰落了,但是几个世纪后随着注释法学派的兴起,出现了罗马法研究热。早期注释法学派对罗马法复兴做出了一定的贡献,但是单靠注释罗马法是无法真正解决城邦国家间的法律冲突问题的。于是出现了后注释法学派,后注释法学派通过探讨外国法适用的理论,形成了一些类似后来的冲突规则的东西。巴托鲁斯的法则区别说就是后注释法学派研究成果的集合。从公元5至10世纪,在法律选择过程中,当事人主要受各自的民族法支配而表现出法律适用上的绝对的属人主义,因为这种属人不包含对法律选择的任何考虑。10世纪时,封建制度在欧洲得到巩固和发展,在法律适用上强调严格的属地性。中世纪后期意大利出现了资本主义工商业的萌芽,由于不同的城邦都制定了自己的法则,受不同城邦法则支配的商人在交易时就会发生法律冲突问题。从12至13世纪,欧洲大陆的法学家已经提出了一些早期的法律选择理论即法则区别理论。

---

① 肖永平、谭岳奇:《西方法哲学思潮与国际私法理论流变》,载《政法论坛》2001年第1期,第123页。

② 参见沈涓:《冲突法及其价值导向》,中国政法大学出版社2002年版,第23页。

他们将法则区分为程序法、实体法,实体法中又分为人法和物法。在处理法律冲突时,他们区分法院国的法则中哪些是程序法哪些是实体法而分别适用。巴托鲁斯则不同于前人,他将法则分为人法、物法和混合法,并提出了一系列重要的冲突规则。

古希腊思想家认为,万事万物都是有规则和秩序的,不仅自然界存在着规则,社会之间、民族之间、个人之间的关系也都有它们先前已经确立的整合秩序。这个整合秩序或者叫做“自然法”或者叫做“理性”。[①] 人类最早对理性的认识来源于古希腊的斯多葛学派,认为整个宇宙是由一种实质构成的,这种实质就是理性,自然法就是理性法。理性作为一种遍及宇宙的普世力量,是法律和正义的基础。[②] 巴托鲁斯的法则区别说是一种建立在自然法基础上的国际主义——普遍主义学说,[③] 打破了绝对的属地主义,开辟了一条属人主义的路线,站在法律普遍适用性的立场上,平等看待城邦内外的法则,从普遍主义的角度赋予纠纷当事人平等的选择权。自然法是“表示一种公正或正义秩序的信念,这种正义普遍适用于所有为宇宙间最高控制力量支配的人,它不同于实在法,即由国家或人类其他组织制定的法。一切自然法学说的出发点是理性和人性[④]”。古罗马法学家盖尤斯认为万民法就是自然法,因为万民法表明自然法正义、公平、秩序、趋善避恶和人类同受自然理性支配的思想,正是法律选择理论应致力追求并最终完美体现的精神。[⑤]

欧洲大陆法律选择理论的历史发展表明,普遍主义和合理主义是法律选择的理论基础。从巴托鲁斯开始到萨维尼、孟西尼等,虽然从不同角度确定法律选择规则,但都表达了相同的思想,即认为法律选择规则应体现普遍主义精神,成为各国共同适用的规则,它的理论基础因此也应是合理主义的。[⑥] 14 世纪初,意大利兴起的文艺复兴运动使得自然法理论被重新诠释。巴托鲁斯于 14 世纪创立的法则区别说深受早期古典自然法学说的影响。古典自然法学说以理性精神为统摄,其重商主义的、属人的、平等的、普遍主义的特征成为 14 世纪意大利法则区别说产生的思想沃土。[⑦]

---

① 张文显:《二十世纪西方法哲学思潮研究》,法律出版社 2006 年版,第 34 页。

② 参见[美]E·博登海默,邓正来译:《法理学——法律哲学与法律方法》,中国政法大学出版社 1999 年版,第 13 页。

③ 李双元:《国际私法(冲突法篇)》,武汉大学出版社 2001 年版,第 105 页。

④ D·M·沃克:《牛津法律大辞典》,光明日报出版社 1988 年版,第 629 页。

⑤ 沈涓:《冲突法及其价值导向》,中国政法大学出版社 2002 年版,第 71 页。

⑥ 参见沈涓:《冲突法及其价值导向》,中国政法大学出版社 2002 年版,第 78 ~ 79 页。

⑦ 肖永平,谭岳奇:《西方法哲学思潮与国际私法理论流变》,载《政法论坛》2001 年第 1 期,第 124 页。

二、近现代法律选择理论阶段

近现代法律选择理论主要包括德国萨维尼的法律关系本座说、意大利孟西尼的法则区别说、英国戴西的既得权说、美国斯托雷的国际礼让说等。此一阶段的法律选择理论以萨维尼的法律关系本座说为代表。应该说,这一阶段的法律选择理论是在法则区别说的基础上发展起来的,是对其的继承和扬弃。19 世纪的法律选择理论的出现并呈现蓬勃之势,主要有两个原因。其一,建立在自然法基础上的法则区别说的缺陷,致使法学家继续探寻新的法律选择理论。巴托鲁斯的法则区别说完全借助于法则的语法结构来划分"人法"和"物法",缺乏科学性,这种借助于词语分析方法建构的关于人法、物法和混合法的区分,从根本上来说是一种虚拟的区分,缺乏客观真实性。① 达让特莱认为:"这样的思想和这样教导儿童们,真的,儿童们也会觉得可耻的。"② 另外,从法则区别说出现到 19 世纪之前,法则区别说学者将研究精力集中在对法则的性质的区分上,而忽视了对法律关系的研究,其实法律关系与法则相比具有更加基础性的地位。于是,法则区别说学者力图建构的国际私法体系就不很成熟,只符合早期跨国冲突的需要,随着社会的发展,逐渐显现出其不适应性,需要变革和进化。其二,人类社会发展到了 19 世纪,古典自然法哲学已经退出历史舞台,在欧洲则出现了一个反对各种形而上学理论的实证主义运动。实证主义作为一种科学的态度,反对先验的思辨,并力图将自己限定在经验材料的范围内。实证主义作为一种思想方法和认识方法,研究"确实存在的"东西,追求"确实的"知识。③ 19 世纪上半叶自然科学的巨大成就为实证主义的产生奠定了基础,实证主义法学的产生是实证主义方法在社会科学中应用的结果。同时 19 世纪也是资本主义制度发展的重要时期,资产阶级在革命中提出的民主、人权和法治理念需要法典化、具体化,这就必须依靠对法律和法律制度现状的实实在在的分析,对法律体系和法律规范的结构进行合乎逻辑的塑造,就必须取代自然法理论,创造新的法学理论。④

萨维尼在《现代罗马法体系》第八卷中阐明了对于法则区别说的观点。他认为,法则区别理论"不能把它看做是完全错误的,因为它承认完全与此相反的解释和适用,因而毫无疑问我们可以发现一些正确的东西。在另一方面,也是不太令人满意的。因为法则区别说对法则所做的人法、物法、混合法的划分是不完全

① 肖永平,谭岳奇:《西方法哲学思潮与国际私法理论流变》,载《政法论坛》2001 年第 1 期,第 125 页。

② [德]马丁·沃尔夫,李浩培等译:《国际私法》,法律出版社 1988 年版,第 48 页。

③ 张文显:《二十世纪西方法哲学思潮研究》,法律出版社 2006 年版,第 65 页。

④ 张文显:《二十世纪西方法哲学思潮研究》,法律出版社 2006 年版,第 69 页。

的和模糊的，通常对于构成我们这一部分的研究基础是毫无作用的”。萨维尼认为，“许多学者认为法则区别说已经被接受为一个习惯法规则。这是毫无证据的，也是根本不可能的。因为学者们的这种观点与法院的判决虽然或多或少有一些一致的地方，但仍然存在很大的差异，因而没有任何证据认为这种观点已经被接受为一般习惯法规则。对于这种观点我们认为是正确的部分是，几乎所有的学者们在最近的时期都利用人法、物法、混合法这些术语来进行这一课题的研究。但是，因为他们在利用这些术语时，赋予了它们完全不同的含义和规则，因而这种论断所剩下的真实性的内容也就被认为是不太重要的。”①

随着实证主义法学取代自然法学在欧洲法哲学发展中的地位之后，在对法则区别说进行批判的基础上，萨维尼提出了其法律关系本座说。认为每一种法律关系均有其本座，应适用其本座所在地的法律。他还将法律关系分为身份法、物法、债法、继承法、家庭法，并对本座进行了归纳，如法律关系所涉及的人的住所、法律关系的标的物所在地、法律行为实施地、法院所在地等。② 萨维尼否定了荷兰法则区别说所主张的特殊主义——国家主义立场，重新回到了巴托鲁斯以来的普遍主义——国际主义立场。他认为“世界各国和整个人类的共同利益决定了各国在处理案件时最好采取互惠原则，并坚持本国市民和外国人之间的平等原则。这一平等原则的充分发挥不仅会使外国人在每一个特定国家都跟其本国国民一样，而且，对于存在法律冲突的案件，不管它是在这一国家还是在哪一国家提起，其判决结果都应该一样。”③ 萨维尼开创了一条法律选择的新路子，奠定了近现代法律选择理论研究的基本范式，即法律关系到法律，从而使国际私法的立法成为可能和需要。④

以实证主义法学的产生和法律关系本座说为理论背景，19 世纪中叶国际私法从“法理学和科学的国际私法”阶段进入到“立法的国际私法”阶段。萨维尼的法律关系本座说为许多国家开展国际私法的国内立法提供了思想和理论的强大动力与科学的可操作的方法。⑤萨维尼的学说是典型的概念主义思维方式的体现，即将法律关系与本座的联系固定化、机械化、公式化，认为每一个性质的法律

---

① 参见[德]弗里德里希·卡尔·冯·萨维尼，李双元等译：《法律冲突与法律规则的地域和时间范围》，法律出版社 1999 年版，第 68～69 页。

② 参见[德]弗里德里希·卡尔·冯·萨维尼，李双元等译：《法律冲突与法律规则的地域和时间范围》，法律出版社 1999 年版，第 66 页。

③ 参见[德]弗里德里希·卡尔·冯·萨维尼，李双元等译：《法律冲突与法律规则的地域和时间范围》，法律出版社 1999 年版，第 14 页。

④ 肖永平，谭岳奇：《西方法哲学思潮与国际私法理论流变》，载《政法论坛》2001 年第 1 期，第 125 页。

⑤ 李双元：《国际私法（冲突法篇）》，武汉大学出版社 2001 年版，第 126 页。

关系只有一个本座法与之相适应、相联系,并将它作为一种硬性的冲突规范,抽象出每一种涉外民事关系的本座,建立起一套稳定的冲突规则体系。应该说,这种概念主义的思维方式与法律实证主义理论是不谋而合的。法律实证主义试图将价值考虑排除在法理学科学研究的范围之外,并把法理学的任务限定在分析和剖析实在法律制度的范围之内。法律实证主义者认为,只有实在法才是法律,而所谓实在法,在他们看来,就是国家确立的法律规范。[1] 在法律实证主义思想的影响下,萨维尼提出法律关系本座说,根据该学说,人们只要通过对各种法律关系的性质进行分析,就可以制定出各种双边冲突规范去指导法律的选择,由此欧洲各国掀起了国际私法的立法运动,走上了概念主义国际私法的道路。

20世纪前的国际私法主要发展在欧洲大陆国家。在法律实证主义思潮的影响和指导下,欧洲各国展开了大规模的国际私法立法运动。欧洲大陆法系国家的法律适用注重确定性和可预见性。从立法技术的角度来看,其立法或法典化可以分为三种模式,即(1)分散式立法模式,即将调整涉外民事关系的法律适用规范分散地规定在本国民法典的不同编章之中,如法国。(2)专章式立法,即采取在民法典中列出专章或专编,较为系统地规定法律适用规范,如德国。(3)法典式立法,即由立法机关专门颁布法律适用的成文法典,较为系统地规定法律适用问题。其实这种模式为英美所首创,但真正见于成文立法的是欧洲若干国家新近颁布的国际私法,具有代表性的有 1978 年《奥地利国际私法》、1987 年《瑞士联邦国际私法》和 1996 年《列支敦士登关于国际私法的立法》等。可见,欧洲国际私法的专门立法工作,是一种建构理性的反映。这种建构的理性主义对欧洲法典化具有重大的推动作用,这种哲学思想和其制约的思维方式也深入到法律选择领域,追求法律选择的明确性和可预见性。而英美法系的国际私法立法主要在 20 世纪以后。美国崇尚法律适用的灵活性,并在灵活性的基础上强化法律的可预见性和安全性,因此在立法模式上美国不是通过权力机关制定完整的国际私法法典的方式,而是通过由美国法学会这个民间学术团体牵头制定冲突法重述的方式,来进行国际私法的法典化工作。[2] 美国著名法官卡多佐认为“我们时代的法律面临双重需要:首先是需要某些重述,这些重述从先例的荒漠中找出法律的确定性和有序性,这正是法律科学的任务;其次是需要一种哲学,它将调和稳定与进步这两种冲突的主张,并提供一种法律成长的原则[3]。”美国冲突

① [美]E·博登海默,邓正来译:《法理学——法律哲学与法律方法》,中国政法大学出版社 1999 年版,第 116 页。

② 徐冬根:《论欧、美国际私法法典化的不同进路及其法哲学思想》,载《河南省政法管理干部学院学报》2004 年第 3 期,第 60~62 页。

③ [美]卡多佐,董炯,彭冰译:《法律的成长、法律科学的悖论》,中国法制出版社 2002 年版,第 4 页。

法重述体现了与欧洲国际私法专门立法不同的价值取向,根植于普通法系的美国的冲突法重述,是一种对演进理性的反映,是以实用主义法哲学为思想基础的。立法被认为是把支配人类关系的现行法律规则固定成一种容易被接受的形式,或者说规则的汇总。立法模式不能阻止法律与不断演进中的社会生活。那么,采用冲突法重述而非其他方法来推进法律统一,也就成为受实用主义哲学思想支配,而体现法律演进主义思想的美国国际私法法典化的特殊方式。冲突法重述这种特殊的法典化方式,在追求法律开放性和灵活性的同时,也体现了法律的安全性价值。它注重法律规范的表达方式、外在形式和内容组织的有机统一。冲突法重述在国际私法立法和法典化运动中的产生和发展,开辟了一条不同于欧洲大陆法系专门化立法的新进路,从而在立法对法律价值的实现上,弥补了欧洲大陆法系专门化立法模式的缺失,这正是冲突法重述在法律价值实现上的意义所在。

三、当代法律选择理论阶段

进入 20 世纪以后,法律选择理论的发展也进入了一个新的纪元。在 19 世纪末和 20 世纪初,两大法系在多边法律选择方法的基础上构造了国际私法的传统体系,该体系与概念主义、形式主义的古典法哲学思想相对应,构成了一个封闭的规则体系,法官似乎只要进行正确的法律推理,就能获得合理的法律适用的结果。然而,传统法律选择体系没有维持多久,就迎来了越来越多的批判和否定,最终酿成始于 20 世纪 30 年代的一场“危机”。由于这场批判运动主要发生在美国,因此被学术界称为“美国冲突法革命”,但其实其意义和影响已经超出了美国,对世界其他国家也有很大影响。在 20 世纪之前,主导法律选择理论的主要是欧洲大陆,而 20 世纪以后,英美法系尤其是美国成为法律选择理论发展的主要推动者。①

19 世纪下半叶以来,我们对法律冲突的研究都是在法律实证主义理论或方法的指导下进行的。但是,任何一种法律冲突,从根本上来说都是不同国家或地区的法律规范所体现出来的文化冲突。因此,应该拓宽解决法律冲突的思路,寻求解决法律冲突的新方法,并进而从终极意义上消除法律冲突,社会法学提供了新的研究思路。社会法学是把法学的传统方法与社会学的概念、理论、方法和观点结合起来研究法律现象,注重法律的社会目的、作用和效果,强调社会不同利益的整合。它的出现是 20 世纪西方法学领域最重大的事件和最突出的成就。与法律实证主义不同,从研究方法和理论重心上看,社会法学注重法的作用和效

---

① See Cheshire and North, Private International Law (13 th ed.1999), Butterworths, at 20.

果，强调法所要促进的社会目的；把视角放在法的实际运行和操作上，而不是法典中的条文和判例；把法律的改进、改革、完善，缓和资本主义社会矛盾作为其终极理论关怀。① 在法律选择理论研究中，人们也认识到概念主义国际私法观在法律选择过程中的僵化、死板性，主张在法律选择过程中，法官不要受到法律规范的过多束缚，而是通过对案件中涉及的法律规范所体现的立法者的目的和政策的考察，即考察立法者对于其法律在该案件情势中适用的期望和意图以及在其适用中的利益，来决定是否适用该法律，以解决法律冲突问题。

可以说，20 世纪以前的国际私法主要是欧洲大陆的国际私法，而 20 世纪以后世纪国际私法的研究中心已经转移到了美国，但是不可否认，美国传统的国际私法仍然起源于欧洲大陆。从法哲学角度来看，美国现代法律选择方法是以实用主义哲学为背景，以追求具体正义为根本价值取向，是自由裁量主义在国际司法领域的体现，也反映了国家干预法律选择的膨胀。② 20 世纪以来，美国法律选择理论的研究步伐明显快于欧洲大陆国家，究其根源，就在于以法律实证主义理论为主导思想的概念主义国际私法观的不适用性，引得 20 世纪 30 年代美国以对法律实证主义方法进行批判、对传统的冲突规范彻底否认和抛弃为标志的"冲突法革命"的爆发。从 20 世纪 30 年代开始，以实用主义哲学为指导思想的美国现实主义法学者展开了对传统法律选择理论的革命性批判，在二战后达到高潮。③ 20 世纪美国法学领域内影响最深远最广泛的是现实主义法学派，他们批判法的概念主义、形式主义，主张应深入研究法在社会生活中的现实功能和实际效果。传统冲突法采用了大量的双边冲突规则，重视法律选择的程序，轻视法律适用的结果，大量的双边冲突规则只靠一条模糊的公共秩序条款来防止适用外国私法所带来的极为不公正的后果，因而成了现实主义法学者的绝好的批判对象。④ 进入 20 世纪以来，社会学法学尤其是其中的现实主义法学的理论观点和研究方法为我们研究法律选择理论提供了新的思路，也为我们对法律选择理论的历史演进原因的考察提供了法哲学基础。

---

① 张文显：《二十世纪西方法哲学思潮研究》，法律出版社 2006 年版，第 90 页。

② 李金泽：《关于美国现代国际私法中法律选择方法的法哲学思考》，载《江苏社会科学》1996 年第 3 期，第 34 ~ 39 页。

③ 黄进：《国际私法》，法律出版社 1999 年版，第 114 页。

④ 宋晓：《论宪法对冲突法的限制》，载《法学论坛》2002 年第 5 期，第 12 页。

占有与本权

——兼论占有公示效力的变迁

赵晓钧[①]

摘　要:占有制度的关键在于其与所有权及其他本权间的关系。所有权与占有之间关系的微妙表现在占有是所有权取得的先决条件,是所有权的权能之一,是所有权最常见的外在表现方式,是物权变动的公示要件等。将占有作为动产物权的公示表彰方式是生活和交易经验的总结,基本上可以满足交易实践的需要。但是,当所有权概念逐渐稳固、所有权体系基本形成时,对物的利用常使占有状态和权利归属发生分离。也就是说,实际占有财产的人很可能并不是真正的权利人。因此,占有对权利的表彰存在着不确定。此为占有公示效力的"新近发展",特别表现为法律对非典型性担保物权认可时。

关键词:占有;本权;公示效力;动产担保物权

目　次:

---

① 赵晓钧,法学博士,上海证券交易所博士后,研究方向为民商法学。

一、解题——占有与本权

占有问题的关键在于占有与本权之间的关系。占有制度具有使占有人取得本权、强化本权以及保护本权的功能效力。可见,占有与本权的关系在占有问题的研究中显得尤为重要。

区分占有与本权的标准在于是否具有实质的权利内容。这种区分的意义主要在于确定有无本权的存在,从而决定适用的保护方式。

(一)占有本权——以所有权为例说明

无论对于罗马的法学者,还是对于萨维尼、霍姆斯,抑或是对于我们,占有问题长久以来引人入胜之处即在于占有与所有权(property)之间的关系。一方面,占有似乎只是所有权中的一个小问题;另一方面,非所有权人频繁地"占有"土地或其他有价值的物品,而此时所有权人通常是处于占有之外。①

所有权与占有之间关系的微妙表现在以下诸多情形之中,占有是所有权取得的先决条件;占有是所有权的权能之一;占有是所有权最常见的外在表现方式,所有权的转移,特别是动产所有权的转移,采占有的移转为公示公信原则;保护占有是保护所有权的一个必要补充等等。

在早期西方社会,法律的发展使得所有权与占有通常都归属于所有权人。所有权人有权寻求法律保护或要求返还依据未受质疑的权利而持有的某物,并在其占有未被质疑前作为实际运用并控制占有物的占有人而存在。这种最初的比较发生在可以对抗其他人权利主张的所有权同与该物有关的物理事实(physical fact)之间。②罗马法中的占有不仅仅是所有权的结果,而且也是所有权的基础。③

占有的出现及占有制度的形成都反映了这样的内容:先有占有,后有所有权;从占有到所有权,是从对物的自然占有到对占有现状(事实)的法律保护。在财产私有制的形成过程中,当所有权制度还未稳固时,占有事实即所有,所有权的认定必须借助于占有事实。④ 占有是私有财产形成的基础。

当法律认可占有并赋予占有人法律上的权利时,占有即具有类似财产权的

---

① Richard A. Posner, Savigny, Holmes, and the Law and Economics of Possession, Va.L.Rev. 2000.

② A.E.S.Tay, The Concept of Possession in the Common Law: Foundations for a new Approach, Melbourne University Law Review, Novenber 1964. 476 – 497.

③ Friedrich K. V. Savigny, The right of the possession, Sir Erskine Perry trans., Hyperion Press, Inc., 1979, 2 – 3.

④ 潘嘉玮《占有制度探析》,载《法律科学》2000年第2期。

性质。在承认财产权的社会中，存在着社会成员之间的关系，这种关系只存在于认可权利而排除其他的情况中。这项财产权的最低形式即为单纯的占有；最高形式则是绝对所有权。[①]

"占有"是一个内涵丰富的概念，其属于事实性状态，强调对物的现实支配。与所有权不同，占有可以说是一种事实上的权力，但由于其可能基于不同的原因而发生，并且表现为不同的形态，因此不能被笼统地称为法律上的权力。[②] 尽管占有之上能够产生占有权，但是占有的成立并不依赖于包括所有权在内的占有本权的存在。

能够充任占有本权的权利，换句话说，占有所表彰的权利不仅包括所有权，也包括其他以占有物为内容的物权或者债权。在文明国家，每一个公民都享有财产权(a proprietary right)。这项权利是公民与生俱来地扩大其对物质世界施加控制的部分权力(power)，其实质内容包括排除他人干扰其享受的权力以及其自身对该物享受的权力。[③]因此，为交易安全考虑，有必要给予占有人以更加全面的保护。

(二)占有心理学分析——心理所有权(psychological ownership)的理论基础

对占有心理学的分析可以为占有与所有权之间关系论证提供理论上的支撑。个体对物的占有不仅是形式上的、法律上的，也是心理上的。心理所有权与占有之间存在着紧密的联系。心理所有权是一种个体感觉所有权的目标或其一部分是"他的"或"他们的"的状态。[④] Furby 于 1978 年提出，占有心理学(psychology of possession)是心理所有权的理论基础。[⑤]

人们通常可以体验到自我与各种占有客体之间存在着的紧密联系。占有人对客体的占有使得其能够主张自己对客体物的所有权并逐渐产生所有权情感，形成所谓的"心理所有权"。占有客体在所有权人的这种自我认同的过程中起着决定性作用，形成所有权人自我延伸的一部分。

占有感是心理所有权概念的核心，其无处不在，既可以基于法律所有权而产生，也可以在法律所有权缺失的情形下形成。心理所有权与法律所有权(legal ownership)之间存在着复杂的联系，而占有心理学的理论研究将法律所有权与心理所有权目标联系在一起。法律上的所有权在一定程度上影响心理所有权的形

---

① Dorman E. Adams, Possession-Actual and constructive in law and equity, Central Law Journal. 1899.

② 黄风：《罗法私法导论》，中国政法大学出版社 2003 年版，第 241 页。

③ Dorman E. Adams, Possession-Actual and constructive in law and equity, Central Law Journal. 1899.

④ 王浩、刘芳：《心理所有权理论研究的回顾与展望》，载《学术研究》2007 年第 10 期。

⑤ Furby L, Possession in humans: An exploratory study of its meaning and motivation . Social Behavior and Personality, 1978, 6, 49 - 65.

成,并具有促进和加速的作用。占有心理学还主张所有权情感使得人们把有形和无形的占有物视为他们延伸了的部分自我。①

心理所有权概念具有重要的应用价值,特别体现在占有的保护效力上。由于占有人作为本权人的意识可以产生积极的推动力,心理所有权能够促使占有人对于占有物产生责任感、保护欲,并进一步对其进行投入,这也是法律上保护占有的一项重要理由。但是,个体对物所产生的心理所有权并非为法律所认可并保护,其可以在法律所有权缺失的情形下存在,比如孩子认为妈妈的怀抱是属于他们的。②

对于心理所有权产生的途径,Jon L Pierce 等学者于 2001 年提出了三项要素,即对标的物的控制、亲密了解以及个人投入。心理所有权的一项基本要素是对标的物的占有或控制。对某个标的物进行控制会使人们对该物产生所有权感。这种所有权感即为心理意义上的所有权,而非法律所有权。人们在其认为自己享有所有权的物中投入一定的劳动,包括精力、时间、努力和注意力等,使这些物与自我成为一体并产生对该物的所有权感。同时,个体对于一项标的物投入得越多,那么对其产生的心理所有权感就会越强烈。③心理所有权的核心包括对物享有所有权的感觉以及与目标存在心理上的联系。心理所有权产生的根源在于其出现能够满足人们特定的需要,而其主要是通过对目标的自我投入,最终导致了对目标所有权的感觉的形成。

(三)占有脱离所有权

当所有权概念逐渐稳固、所有权体系基本形成时,对物的利用反而使得占有脱离了所有权。通常,物的所有权人实际上并非一直占有该物,有时其将物交由非所有权人加以占有、利用。在市场经济高度发达,社会财富高速流转的社会中尤其如此。法律对经济生活调整的首要目标在于充分发挥物的经济效用,而财富脱离所有人而为他人占有能够充分地发挥这种效用。占有与所有权的分离,“可能发生一个人是占有人却非所有人而另一个人是所有人而非占有人的情形,还可能存在某人既是占有人又是所有人的情况。”④

占有与所有权的分离经常引起理论上的混乱。德国学者耶林在与萨维尼就

---

① 陈淑娟《心理学视野中的所有权探析》,载《信阳师范学院学报(哲学社会科学版)》2005 年第 6 期。

② Etzioni. The socio-economics of property. Journal of Social Behavior and Personality, 1991, (6).

③ Pierce J L, Kosovo T, and Dirks K T. Forthcoming: Towards a theory of psychological ownership in organizations . Academy of Management Review, 2001, (26).

④ 乌尔比安语,见 D.43, 17, 1, 2.《民法大全选译 物与物权》,第 223 页。转引自黄风:《罗马私法导论》,中国政法大学出版社 2003 年版,第 241 页。

占有概念争论时曾经指出,“占有是所有权的实现。占有是事实,所有权是权利,占有是事实上行使某种请求,而所有权是法律上的确认、实现的权利。当物为我所有时,我对物的请求是通过明确表达在法律中的国家意志来表现的;当物为我占有时,我对物的请求是通过我自己的意志来实现的。所有权是由法律作出保障的,占有是通过事实关系来保障的。如果可能的话,两种形式都应该处于安全的状态。”① 上述耶林的主张揭示出占有与所有权在现象上的联系,但他却忽视了法律对占有的保障这一事实。②

在现代民法中,占有是独立于所有权及他物权的一项物权制度。不论是否为所有权人占有,也不论是否为合法占有,均受物权法的调整和保护,从而占有成为现代物权法中的一项重要制度。其中,大陆法系的规则是,取得占有物而侵犯了占有权的人必须交还占有物。

在普通法中,从未出现过在土地或物上主张简单所有权的完善过程。由不享有占有权的人拥有动产的所有权则是占有与所有权分离的表现。除委托(bailment)外,普通法曾经一度不使任何人享有动产所有权,除非这个人享有占有权或重新取回的权利(recapture via facti)。③

在此需要指出的是,由于普通法中的所有权特别是土地所有权制度一直处于不完善的状况,因此对于权利的救济则更多地求助于占有(Possession)。与此不同的是,大陆法系的所有权制度异常发达,在很多情况下,占有是作为物权制度的基础而存在的。强调并主张对物施以排他性控制的社会认可“所有权”及“占有”的术语,并表现出超越任何法律体系中的特殊规定及定义的某些特征。通常,所有权与占有之间的对比发生在一项非偶然的完全权利与一项受限制的、短暂且派生的权利之间。④

(四)占有效力问题解析

本文中所探讨的占有并非纯粹物理意义上对物的“持有”或“支配”,而是为法律所调整的、具有法律意义且具有法律效力的占有。占有的核心内容就是占有效力问题,占有效力反映着占有在社会生活中的地位和作用,并能有效地调整占有人、本权人与第三人之间的法律关系。

法律效力的含义包括,法律本身所具有的强制性约束力以及法律行为所具有的效力。法律行为的效力是法律行为理论的一项重要内容,其是要使合法行

① 王利明:《物权法论》,中国政法大学出版社 1998 年版,第 810 页。

② 潘嘉伟:《占有制度探析》,载《法律科学》2000 年第 2 期。

③ Albert S. Thayer, Possession and ownership, The Law Quarterly Review, 1907, 175.

④ A.E.S. Tay. The Concept of Possession in the Common Law Foundations for a new Approach. Melboume University Law Review. November 1964. 476 ~ 497.

为的法律上效果处于可靠、确定的状态,具有权威性,从而保证法律秩序的形成与存在,所需要的一种法律上的力。在法的遵守范畴里,法律效力是自然人与法人的合法行为所具有的,是合法行为发生法律上效果的保证力。① 法律行为具有法律效力的前提条件是该行为符合法律规定,即具有合法性。

对于占有的效力是否存在的问题,各国立法及学说都是众说纷纭。日本民法规定,以自己享有所有权的意思持有某物,能够据此取得占有权,并赋予其各种法律效果。具体包括权利的推定(第188条),即时取得(第192条以下),占有诉权等。② 鉴于日本民法典将占有规定为物权,那么由此对占有效力的阐释则显得顺理成章。

在现实情形中,存在着大量非本权人对于占有物的占有。因此,占有人的占有能否产生法律效力一直以来都是占有法学研究领域中的重点和难点。占有效力是指法律基于占有的存在而赋予占有在特定情况下能够产生一定的法律上有效的法律效果。通常,法律基于特定目的考虑而赋予占有以一定的法律效力。

具体而言,占有的效力主要体现在以下几个方面:第一,通过保护现实的占有状态,使之免受第三人的私力侵犯,以此来维持社会的和平与财产秩序;第二,占有作为从外部可以识别的标志而使人注意占有人权利的存在,并且通过权利推定与善意取得两项制度来保护交易的安全;第三,通过规定占有物的孳息收取权与费用偿还请求权,来保护占有人的个人利益;第四,通过规定占有物的损害赔偿请求权,来保护本权人的利益等等。

法律制定的目的在于实现社会交往的主体之间有序、自由、和谐地生活。因此,对占有效力的定位,不仅应基于占有的法律性质而思考如何定位才能更有利于占有保护,还应当结合我国民法的理论与实践,同时注意物权法体系的整体和谐。综上所述,我国法律中的占有应当具有:公示本权、推定本权及保护本权的效力。以下本文将详述占有的公示效力。

二、占有对本权的公示

权利公示方式的选择与权利的类型特征有关。以效力所及的范围为标准,可以将权利分为绝对权和相对权。相对权因其效力具有相对性,特定的义务人对权利的存在应有明确的认识,因此相对权对于表征方式的需求较弱。由于绝对权的义务人为不特定的一般人,所以绝对权的主体、客体及内容更有必要为一

---

① 李琦:《法律效力:合法行为发生法律上效果之保证力》,载《法学研究》1995年第2期。
② 参见渠涛编译:《日本民法典》,法律出版社2006年版,第44页以下。

般社会公众所了解。[①]

(一)占有公示效力的历史发展

在人类的历史上,占有是一种最古老同时也是最为普遍存在的一种权利表彰方式。作为公示方式的占有是指通过权利人对物直接施加控制或支配而表彰其权利的存在。尽管在登记方式产生以后,占有作为权利表彰方式的地位受到冲击,但其在人类历史发展的最初阶段以及当前所起到的作用仍然不可忽视。

从日耳曼土地法史上考察,对土地等不动产的占有所彰显的是对土地的利用关系。占有作为权利外衣的法律地位使得对土地的占有就等同于实质权利的享有。值得注意的是,古日耳曼法以宅地(Haus und Hof)为所有权法律关系之中心。所有家财(Inventar)均从属于宅地之占有,故不动产之占有即包含动产之占有,动产占有之争执依其存置场所不动产的占有而决定。[②]

最初,基于性质上的考虑,对动产的利用必须伴有事实上的对物支配,因此不承认在动产之上成立重叠占有或间接占有。对动产的占有基于对物进行有形支配而成立,也因这种支配的丧失而消灭;除特殊情形外,不认可观念上的占有。

至中世纪以后,都市中对动产的利用关系逐渐兴起,使得动产开始脱离其置于其上的土地而得以独立利用。在动产上,占有承担着彰显权利存在的功能,也就是说,法律以占有来提示利害关系人注意在动产上权利的存在。具体而言,占有的公示效力主要通过以下方式表现,在大陆法系中,移转动产的所有权或在此上设立限制物权通常应当根据法律规定具备移转占有的交付行为(例如,德国民法典中第929,1032和1205条)。这种移转占有的交付可以使外界利害关系人得以识别法律上财产权利归属状况的变化。

然而,占有的现实性决定了占有状态和权利归属经常发生分离,也就是说,实际占有财产的人很可能并不是真正的权利人。因此,占有对权利的表彰存在着不确定的可能。

在现今的社会中,占有作为物权公示手段的主张已经受到质疑了,特别是所有权保留、融资租赁以及担保所有权中涉及的物品通常会被非所有权人占有、使用。债权人不再仅凭借债务人对很多物品占有就认为其享有较多财产。在进行得如火如荼的欧洲一体化进程中,欧盟成员国之间法律领域,特别是财产权领域中呈现趋同的一个重要体现就是占有重要性的降低。这不仅削弱了第三人试图评价其交易对方资信可信性的基础,也动摇了从非所有权人处善意取得所有权制度的基础。

---

① 叶金强:《公信力法律构造》,北京大学出版社2004年版,第4页。

② 张立中:《占有制度之近代化》,政治大学研究所七二学年第二学期硕士论文,第41页。

在法律中承认具有隐蔽性的非占有担保物权并非占有重要性降低的唯一缘由。其他决定占有事实公信力的现实性因素还包括允许不同人之间分配占有与所有权的合同关系,比如租赁及雇佣。此外,无需移转质物占有的质权也已经发展出各种手段来代替占有的公示功能,例如登记、标示、告知等。

(二)占有作为物权公示方式所具有的公信力

在建构于日常生活及交易经验基础之上的社会共识以及一定价值指引的法律制度的双重保护下,占有对物权的表征已经演变成了制度化的现实。①基于占有而产生的信赖与登记产生的信赖几乎没有差异。

将占有作为动产物权的公示表彰方式是生活和交易经验的总结,这基本上满足了交易实践中的需要。尽管存在着占有人不享有占有本权的情况,但是由于其仅属极少的例外而允许主张者举证予以推翻。如前所述,以占有即现实的对物支配作为动产物权的公示方法在法律上有必要予以认可。通过这种现实的占有状态来公示物权存在及变动使得权利的归属比较明确,也有利于促进交易。

占有公示效力所具有的一项重要作用即在于通过占有确定最基本的权利秩序,并保护交易安全,从而为整个社会经济秩序的维护起到重要的作用。

保护交易安全的理论,有秘密主义和公开主义之分。二者的区别在于,第三人是否由通常方法认知交易标的的权利归属状况。例如,罗马法中,物权交易采意思主义,交易中物权让与依意思表示及占有之移转而生效,乃属秘密主义。②而在日耳曼法中,占有制度是以 Gewere 的权利表象为中心,以占有作为表彰权利存在的唯一手段,物权的让与是通过公开的仪式进行的,由此可知属于采取彻底的公开主义。

徒法不足以自行。占有公示原则实现维护交易安全的目标有赖于其他诸多制度的配合。公信原则是基于公示原则基础上的一项制度安排。占有公示所具有的公信力使得人们只需基于占有人对标的物的占有而产生占有人享有本权的认识,从而与其进行交易。这使得交易相对人无须花费大量的时间和精力对交易标的物的真实权属状况展开调查,即使占有所公示的物权权属状况与真实权利状况不一致,也不会影响其对标的物所享有的权利。这就是占有公示方式所具有的公信力,即占有作为公示手段以表彰处于其占有之下的基础权利。

总体而言,人对物的支配关系不外乎对物的使用价值及交换价值的支配。对占有物进行事实上的支配属于对物使用价值的支配;占有作为表彰本权的方式,其移转则承担着体现物的交换价值的功能。当占有人与本权人一致的时候,

---

① Barbara A. Misztal, Trust in Modern Societies, Polity Press, 1996, 74-76.

② 张立中:《占有制度之近代化》,政治大学研究所七二学年第二学期硕士论文,第41页。

则表现出占有其所具有的公信力。

占有的公信力建立在"占有作为权利外观即为权利本身"的命题之上。这项公信力关注占有之外的部分,以使得信赖占有者受到法律保护。占有的公示效力能够引起占有推定效力、善意取得等法律上的效果,并以此弥补第三人对占有信赖所遭受的不利益,从而为动产及动产物权的流通提供了顺畅的渠道。占有公信力的经典使命在于保护交易安全,平衡当事人之间的正当利益,而非完全偏颇其中任何一方当事人。同时,公信力也强化了占有推定效力的不可逆性,只要第三人符合法律规定的要件,即可以确定地认为其享有动产物权。

由此可见,占有公示方式所具有的公信力承担着保护交易安全的重大职责。其解决的是当被公示的物权现状与真实的权利状态不一致时,法律所保护的是对占有的信赖。占有公示的重点是物权的现实状态。公示公信原则使人们认为,在物权交易中,只要根据公示所表现出的物权状况进行交易即可,无须花费大量的时间和精力去详查标的物权属的实际底细,即使公示所表现出的物权状况并不真实,也无碍交易顺利有效地完成。

综上,人们可以凭借极少的成本知悉从事交易所应具备的信息,以避免遭遇交易风险损害。因此,借助于物权的公示方式,法律可以减少物权因具有对世效力而对交易安全产生的影响。

在此需要指出的是,占有对权利的表彰效力是针对权利的存在及归属的,并非权利变动表彰。[①] 正如《瑞士民法典》第931条中所规定的,某人为得到针对限制物权或人的权利的请求权而占有动产时,应推定该权利的存在,但其不得对受领该动产的让与人援引此规定。[②] 本文主张,通过法律行为取得的物权的权利变动应当以占有的移转,即交付为其表彰方式。在此,也就不会产生无权占有不能表彰本权存在的疑问了。

(三)动产的特殊性决定其公示手段

根据传统物权法理论,属于物权一种的担保物权由于具有物权的绝对性和排他性特征,因此,其设立与变更应当借助于足够的外部形式予以表彰。只有这样第三人才能够通过占有了解物上存在的法律关系及权利状况。这不但可以降低交易成本,避免第三人遭受到损失,起到保护交易安全的作用。根据标的物的不同,物权公示方法的选择存在着动产以占有,不动产以登记为公示方式的区别。

占有作为公示手段所发生的变化最早出现在不动产领域,登记制度的兴起

---

① [日]舟桥谆一:《物权法》,有斐阁平成四年,第308页。

② 殷生根、王燕译,《瑞士民法典》,中国政法大学出版社1999年版,第253页。

逐渐取代了占有而成为不动产物权的公示方式。登记簿中对于物权归属及利用的详细记载使得交易人无需亲自莅临不动产现场,而从观念上形成关于交易标的物状态的认识。这种观念化的倾向,不仅表现在登记簿中对物权本身的记载;其也使得基于物权形成对物支配的观念化。不移转占有之抵押权乃以物之交换价值作为担保,抵押权人虽未对物为事实上支配,而其物之价值(交换价值)已因抵押权之登记而显著降低之情形不难明了。故登记不仅取代不动产占有之公示机能。此中占有形态堪称为登记簿占有或簿册占有(Buchbesitz)。[①]

在农业经济时代,土地等不动产作为财富的主要部分,并且这些不动产在经济上的地位也远远重于动产。此外,动产的价值较小,在社会生活中又是相对较为丰富,所以,法学家及立法者对于动产关注得很少。随着都市商业逐渐发达,货币交易盛行,各种动产随着社会的进步、生产的发展,在社会生活中的地位也日益提高。动产不仅形式多样,而且其价值逐渐增大,甚至超过某些不动产。动产的经济功能不断增强,在流通中则显得更加活跃。

动产具有法律上财产的一般特征,诸如客观实在性、可控制性、经济价值性以及法律限制性等等。与不动产相比,动产有其自身的特殊性,其位置可以随着权利主体意志的变化而改变,也可以随财产关系的变化而变化。

最初,动产的占有与不动产占有之间并无差异。但是,由于动产的占有是以对物进行事实支配为其表现形式,不同于不动产的占有是以对物的使用和收益为主要形式。因此,对动产占有的取得、移转,必须现实地持有或交付标的物。这是占有成为物权公示手段重要的现实原因,也是动产与不动产占有之间的重要差异。

在此前的立法及学理之中,动产是作为不动产的附庸而存在的。目前,很多国家的物权立法,特别是担保物权立法都对动产给予了较多的关注。美国1952年《统一商法典》第9编担保交易编规定,如下范围的动产可通过当事人的"担保交易"而创设动产抵押担保:消费品、设备、农产品、库存、不动产附着物、添附物、动产契、票据、所有权凭证、账债(Accounts)及一般无形财产(GeneralIntangibles)。随后,我国台湾地区参照美国制订《动产担保交易法》,其第一章第4条规定机器、设备、工具、原料、半成品、成品、车辆、农林渔牧产品、牲畜及小船,均得为动产担保交易之标的物。[②] 在欧洲法律一体化的进程中,正是由于动产具有灵活性、重要性等特征而成为成员国之间法律融合的一个重要分支部分。[③] 欧洲民

① 张立中:《占有制度之近代化》,政治大学研究所七二学年第二学期硕士论文,第41页。
② 《新简明六法实用小法典》(2008修订版),高点文化事业有限公司2008年版,第3~242页。
③ 赵晓钧:《欧洲一体化与动产物权法》,载《政治与法律》2008年第1期。

法典研究小组的研究成果在财产法领域最先实现融合的并达成一致意见的内容都体现在动产物权法中，诸如 2005 年 6 月和 10 月分别在柏林举行的合作小组会议上所递交的关于动产所有权移转(Transfer of Moveable Property)及财产性担保(Proprietary Securities)草案的文本，同年 11 月动产租赁小组所提交的动产租赁的草案文本。涉及这些内容的文本是欧洲一体化财产法律融合方面最容易达成的一致意见，也是进展得最为顺利的部分。[①] 这种趋势值得我们关注。

此外，上述立法规定极大地增加了可以用作担保的动产范围，使得动产的价值得以充分展现并一跃成为与不动产相提并论的重要财产。特别是大型机器、设备、交通运输工具等重要的生产资料可以作为生产融资的重要手段，极大地满足中小企业开展生产经营活动对于资金的需求，极大地满足了工商业实现生产手段金融化的强烈需求，符合经济的发展。传统物权法以不动产为中心、注重不动产物权的观念受到了一定程度的挑战。因此，法律上应当进一步促进动产的合理及安全地使用。

三、占有公示效力的嬗变

(一)占有公示效力的新近发展

最初，日耳曼法中的 Gewere 制度是以占有为对物进行现实支配为权利表象的制度，占有作为公示权利存在的唯一手段，与本权有不可分的结合关系。中世纪末期，日耳曼境内由于交通发达，人与土地之关系因之切断，不动产处理方式发生自觉性之变革，经由政治力量之介入，登记之重要性增强，对 Gewere 制度之崩溃造成决定性之影响。[②]

物对人类需求的满足主要体现在对物的使用与交换两个方面。自原始社会起，人类对于物的使用价值的支配就需要借助占有来进行公示。登记制度兴起以后，不动产物权则转由登记的方式进行公示。但是，登记制度的出现并未全面否定占有的权利表象功能，仅限于将不动产物权的公示方法从现实的支配关系中解放出来。这使得所有权人对所有物的支配呈现出观念化的趋势，随之而来的交换价值的支配也因而观念化。

不仅所有权呈现出观念化倾向，其他物权也是如此。这使得物与本权人之间的关系也是十分“精神化”。例如，在不移转占有(使用价值的支配)而进行抵押担保，尽管抵押权人没有现实地占有抵押物，但是抵押权的存在已经记入登记

---

① 以上信息均来自欧洲民法典研究小组的网站，载 http://www.sgecc.net/pages/en/texts/index.draft_articles.htm。

② 张立中:《占有制度之近代化》，政治大学研究所七二学年第二学期硕士论文，第 110 页。

簿,因而该抵押物的交换价值也显著降低。

占有的“新近发展”表现在占有作为动产的公示机能因登记、公证等方式的介入而受到冲击,在担保物权领域内的主要表现就是法律上对非典型性担保物权的认可。对大部分固有担保物而言,占有使得实际上不可能转让担保物。在大多数欧盟成员国中,非占有性担保物权的存在或者是以登记来否定非占有担保的有效性(法国、比利时)或者提供一项实际的替代来确保其有效性(比如,奥地利、西班牙和意大利)。此外,欧洲动产担保物权体系在立法上和理论上逐步实现趋同,在这一过程中的担保物权是以占有方式公示为原则,不占有为例外,动产担保物权应当采取登记。欧盟成员国中极少的国家,比如德国和希腊,已经有效地阻止所有权保留的一系列扩张并使得所有权担保性让与遵守公示性原则。

(二)动产上占有公示效力减弱的原因分析

每一部法律都是其所处时代的产物,法典中的规定都会受到当时那个时代社会经济的影响。我们有必要分析在现代社会中促使占有公示效力发生现代变迁的原因:

一是随着物的流动性增强,对物的占有与所有权脱离。占有的构成要符合体素及心素的双重条件。但是,由于占有心素的具体内容无法从外部得知的,因此这导致不能从外部区分构成占有的体素中对物的持有与单纯持有,这也使得不能绝对地信赖通过占有而从外部表征的权利。

可见,与登记表征不动产物权相比,占有对于动产物权状况的表达不尽知人意,用“权利外观”来作为其二者共同的基础,却有点差强人意。与不动产登记相比,动产占有的权利表征性要弱得多。①

在近现代社会,交易中财货的流转极为频繁、迅速。这导致人与物时常因财货的流动而分离,越来越多的所有权人不再直接支配他们的物品,越来越多的占有人不再是所有权人。这使得动产物权变动的公示方式如果以动产的现实交付为限,则会徒增手续上的麻烦而引起交易上的不便。因此,占有的权利公示效力逐渐与日益快速变化的现实生活不符,通过占有的权利表象而推断所有权状况的观点已经受到了影响。

二是交易中动产交付方式发生变化。随着经济的发展及交易的增多,几种观念交付方式的出现动摇了占有表彰权利的公示效力。

罗马法之占有为排他性的观念,在同一标的物上不能有两个占有同时存在。

---

① 常鹏翱:《善意取得的中国问题——基于物权法草案的初步分析》,载《中德私法研究》(2006年第2卷),北京大学出版社2007年版,第9页。

而现行民法通常承认同一物上得为二重占有,[①] 这是受到日耳曼法 Gewere 观念影响的表现。现代法受日耳曼法影响最为显著的部分当数占有的可移转性。日耳曼法因承认有所谓想象占有(ideelle Gewere),故占有亦得让与继承。现行民法类皆继承日耳曼法观念,承认占有之移转性者也。[②]

最初交易中标的物的交付手续繁杂,后来交易量大增,为了便于交易快捷地进行,罗马法中曾经出现过多种简化形式的交付,例如,"在手交付"、"长手交付"等。[③] 罗马法所创设的交付的简化形式,对后世产生了重大影响。1804 年的法国民法典在其第 1606 条对于交付方式的规定体现了这种影响。观念交付并非真正的交付,而仅是特定情形下现实交付方式的替代,具体包括简易交付、占有改定、指示交付和拟制交付。这些特殊交付方式的出现是为了便于交易顺利进行而采取的变通方法。

这些特殊交付方式的出现及发展也触及观念交付的公信力问题,即观念交付公示的效力如何。观念交付仅是在观念上移转对标的物的占有,并不伴随对物实际占有的移转,因此缺乏一定的公示效力。

上述观念交付方式的出现粉碎了传统占有背后恒伴本权的社会观念,占有作为动产物权的公示方法已然变得不充分。民法对于观念交付肯定的结果,使得占有作为公示方法便越发的不完全。这种情形动摇了占有作为动产物权的公示方式的现实基础,因此,有必要寻求其他方法作为补充。[④]

目前,在很多国家和地区出现的与动产担保交易相关的法律中出现了不同于占有公示物权存在的方式,具体包括统一的电子化登记系统,即中央性登记系统。该项登记系统仅涉及动产上的权利状况,通过登记而对担保物权进行公示并产生对抗第三人的效力。但是,应当注意的是,通过登记的方式公示物权存在应限于这种情形,即登记公示不能使担保物权人据以对抗担保物上嗣后取得的优先受偿的权利。

三是现代担保物权制度的发展对占有的影响——以欧盟成员国中非移转占有性动产担保物权的分析为背景。在工业社会兴起之后,动产的价值和重要性显著提高。动产质权的设定以移转担保物的占有为前提,这不仅剥夺了出质人对担保物的使用、收益,同时也无端增加了质权人保管质物的成本。这样既浪费了社会资源,也使得动产无法充任融资手段并加以利用。因此,既实现对债权的

---

① 德国民法典第 868 条,瑞士民法典第 920 条及我国台湾民法第 941 条,均在规定直接占有外,承认间接占有。

② 李宜琛:《日耳曼法概论》,中国政法大学出版社 2003 年版,第 66 页。

③ 周枏:《罗马法原论》,商务印书馆 1994 年版,第 338 页以下。

④ [日]舟桥谆一:《物权法》,有斐阁平成四年,第 308 页。

担保,又能够对物加以利用便成为动产抵押制度在现实中能够得以存在的主要原因。

在法国,为了克服传统动产质权的缺陷,一直谋求在民法典之外另立特别法来规制特定动产之上的非移转占有型动产担保制度,以实现动产的担保及用益权能。但法国法上并无统一的动产抵押制度,法国实务界遂在"法外"寻求新的融资担保手段——把所有权当作物的担保使用(移转权利型担保)。实务中发展起来的所有权担保方式主要有两种——让与担保与所有权保留。①

在德国,即使在1900年民法典生效时,法典中的动产担保物权框架也无法满足当时经济发展对于非移转占有型担保权的需求。②因此,在德国民法典生效后不久,就开始讨论动产担保物权制度的改革了。但是,这些讨论除了促成特定动产抵押权的相关立法之外,最终也未对通常意义上的立法产成任何影响。③最终,在德国法的实务中出现了让与担保、所有权保留这两种动产担保方式,并逐渐被普遍采用。④

由此可见,法国、德国等国都采取在民法典之外创设无须移转占有的非典型动产担保物权制度,突破传统民法中的物权公示的原则。

奥地利仅在一定程度上仿效德国法律,并没有广泛地引入特定的非占有型担保。与德国相比较,奥地利法院则更加严格地限制了动产上设定担保物权以及占有型质押。直至目前,奥地利法律都没有承认所有权的担保性转让。

上述三个国家的立法显示出占有公示效力重要意义的降低。这种趋势在欧洲一体化进程中财产权法律制度的趋同上表现得尤为突出。作为第三人,试图通过占有事实评价交易对方资信的可靠性已经不再是绝对的了。此外,占有作为从非所有权人处善意取得所有权原则的基础,其重要性的降低也影响着德国民法典第1006条的第二项功能,即善意取得的基础。

应当注意到的是,动产质权的设立由于要移转质物的占有,因而其本身的巨大缺陷即是妨碍其进一步适应经济的发展。但是,这一缺陷能为后来出现的非典型性担保物权所克服。首先,非移转占有型担保避免了债务人因为将担保物出质而导致无法对其进行使用收益而导致的社会资源的浪费。其次,增加了担保标的物的范围,使得必需品及生产设备之上都能够为担保目的所用,保障了动

---

① 沈达明:《法国、德国担保法》,中国法制出版社2000年版,第102页。

② Karl Kreuzer, The Model Law on Secured Transactions of EBRD from a German Point of View. Joseph J. Norton, Mads Andenas(eds). Emerging Financial Markets and Secured Transactions. London: Kluwer Law International, 1998, 177.

③ 沈达明:《法国、德国担保法》,中国法制出版社2000年版,第102页。

④ Frederique Dahan. Secured Transactions Law in Western Advanced Economics: Exposing Myths, Law in Transition, 2000(Autumn), 40.

产的所有权人可以利用动产进行融资的目的。因此,不移转占有而使得设定人既可以实现融资又能继续利用担保物是非移转占有型担保物权的价值所在。

现代担保制度是以动产的交换价值为标的而设定的,其最为突出的优势之处即在于无须移转动产的占有,因而不会影响对担保物使用、收益。早在中世纪后期的时候就出现了短期的动产(特别是船舶)非移转占有型担保,此外因罗马法之继受出现了动产抵押。[①] 但是,到了18世纪,由于物权公示原则的张扬,非移转占有型担保随即消失。移转占有型担保则作为动产担保法的原则而被确立,由于移转占有最适合用作公示的方法表彰动产担保的存在,因而质权成为动产担保制度主要的发展方向。由此形成了"质权——动产担保,抵押权——不动产担保"的教条,至今这一教条仍为多数德国学者所握夺,并形成重构担保物权制度的障碍。[②]

在我国大陆改革开放之初,市场经济发展迅速,但是,"因采土地所有权公有制,不动产担保制度,较受限制,动产担保制度亦重要。"[③] 我国最初的担保法,除继受大陆法中移转占有型的动产担保物权——质权外,还确立了动产抵押这一非移转占有型动产担保制度。[④] 这一规定突破了传统大陆法系动产担保物权的框架,为债权人提供了更多的选择。

(三)对我国目前占有公示效力立法规定与司法实践中作法的评析

在我国,由于受到前苏联法学思想的影响,在民法通则等法律中没有确认独立的占有制度,而是将其作为所有权的一项权能——占有权而进行规定的。[⑤] 这种制度上的安排显然无法解决占有事实与占有权利之间的复杂关系,也忽视了自罗马法以来不得不在所有权制度之外另行规定占有的原因。

物权法的第6条对物权的公示方式做出了这样的规定,不动产物权的设立、变更、转让和消灭,应当依照法律规定登记。动产物权的设立和转让,应当依照法律规定交付。这种规定确认了对于动产物权的设立和转让的公示方式,即动态的交付,而没有认可占有对于动产物权存在所起到的公示作用,不同于之前在2005年公布的草案中第4条的规定(物权应当公示。记载于不动产登记簿的人是该不动产的权利人,动产的占有人是该动产的权利人,但有相反证据证明的除

---

① 高圣平:《大陆法系动产担保制度之法外演进对我国物权立法的启示》,载《政治与法律》2006年第5期。

② [日]近江幸治,祝娅、王卫军、房兆融译:《担保物权法》,法律出版社2000年版,第61页以下。

③ 王泽鉴《动产担保制度与经济发展》,载梁慧星主编:《民商法论丛》(第2卷),法律出版社1994年版,第112页。

④ 江平《制定民法典的几点宏观思考》,载《江平文集》,中国法制出版社2000年版,第364页。

⑤ 民法通则第71条。这一条文中的占有权能不同于本文所论证的 the right of possession。

外)。相比较而言,草案第4条的规定,一方面包括了不动产与动产物权的公示方式,另一方面在法律上认可了两种公示方式所具有的权利存在正确性的推定效力。正式条文中的规定则显得保守而不够全面。

在目前,担保权人占有质物,以此作为质权公示方式的做法不仅无故增加了质权人的负担,也影响了出质人对于质物的使用。这种担保类型是无法满足大量现代商业活动的需要的。在我国,大部分中小企业生产及发展的过程中所需资金主要是通过银行或金融机构取得。在实际运作中,银行则更倾向于将钱贷给那些有实力、业绩好、有大量资产可以用作抵押的的企业。因而中小企业无法及时、有效地获得发展所需的资金,这种实际状况成为制约着中小企业进一步发展规模、参与国际竞争的主要因素。

此外,在我国司法实践中,还存在着占有对权利的表征效力超过行政登记或者司法查封的情形。[①] 在市场经济交易发达的背景之下,不动产登记与动产占有均有资格成为信赖流通和交换的一般媒介和载体。这一论断是抽象市场中用以解决信赖问题的关键。这体现了韦伯所说的,现代交易依靠的不是对一个熟人的具体的道德判断(面孔管理),而是借助对一个陌生人的范畴性理解(或类型化知识),在此,解决信任的关键不再是各种直接性的人格化的互动关系,而是通过同质化和普遍化获得抽象性的关系。[②]

① 参见最高人民法院在1985年12月27日下发的(1985)法民字第21号《关于在土改前已分家析产的房屋,土改时误登在一人名下的产权仍归双方各自所有的批复》;最高人民法院(1999)执他字第21号《关于人民法院查封的财产被转卖是否保护善意取得人利益问题的复函》。

② 李猛:《论抽象社会》,载《社会学研究》1999年第1期。

票据抗辩概念解析

郑宇[①]

摘　要:概念是体系的基石,明确的法律概念是确立相应法律体系的基础,是清晰地进行法律思维的前提。因此,本文对票据抗辩的概念进行解析,以确定票据抗辩的研究基础。本文首先介绍了关于票据抗辩含义的几种观点,并指出其争论点,进而对各个争论点进行分析,最后在对各种观点比较分析的基础上,确立了票据抗辩的合理内涵,即票据抗辩是指持票人依据票据进行票据金额请求的场合,被请求人拒绝该请求的一切事由以及根据这些事由所进行的对抗行为。其是一切抗辩的总称。

关键词:票据;票据抗辩;概念

拉伦茨将概念作为体系的基石,[②] 说明概念在法律体系中的地位:抽象程度不同的概念构成法律体系。可见,明确的法律概念是确立相应法律体系的基础,是清晰地进行法律思维的前提。有鉴于此,笔者对票据抗辩的概念进行解析,以确定票据抗辩的研究基础。

关于票据抗辩的含义,综合而言,主要有以下几种观点:第一,认为票据抗辩乃票据债务人,对于票据债权人之请求,得提出实体法上之事由抗辩,而拒绝履行之谓。[③] 第二,认为票据抗辩是指根据票据受到请求的人,为拒绝票据持有人

① 郑宇,法学博士,哈尔滨工业大学法学院讲师,研究方向为民商法学。

② 卡尔·拉伦茨著,陈爱娥译:《法学方法论》,商务印书馆 2003 年版,第 318 页。

③ 梁宇贤:《票据法新论》,中国人民大学出版社 2004 年版,第 84 页。持此种观点的学者还有谢怀栻先生、王小能教授、刘家琛先生、陈柳裕先生、赵威先生等。谢怀栻:《票据法概论》,法律出版社 1990 年版,第 68 页。王小能主编:《中国票据法律制度研究》,北京大学出版社 1999 年版,第 119 页。刘家琛主编:《票据法原理与法律适用》,人民法院出版社 1996 年版,第 151 页。陈柳裕:《票据法详论》,山西经济出版社 1998 年版,第 111 页。赵威:《票据权利研究》,法律出版社 1997 年版,第 144 页。

的请求而主张的一切事由。[①] 第三,认为票据抗辩是相对于票据上的请求权的反对权,是票据债务人得以拒绝此种请求的一切主张。[②] 第四,认为票据抗辩是指根据形式上作为票据的证券进行票据金额请求的场合,拒绝这一请求的一切事由以及根据这些事由对抗所进行的请求。[③] 第五,认为票据抗辩的含义具有广义、狭义之分。狭义的票据抗辩是以债务存在为前提,拒绝履行此种义务的抗辩;而广义的票据抗辩则是包括所有种类的票据抗辩。[④] 对于此种观点,曾世雄先生曾进行详细的阐述,"票据之抗辩云者,指票据债务人面对执票人之请求或主张,得据以拒绝其请求或主张之谓。票据债务人得据以拒绝执票人之请求或主张者,有广狭两义,如从狭义,仅指票据债务人行使抗辩权之情形,如从广义,则包括票据债务人行使抗辩权及票据债务人提出异议两种情形。票据债务人行使抗辩权,指执票人之请求权存在,票据债务人对执票人之请求提出抗辩;票据债务人提出异议,指执票人之请求权不存在,票据债务人对执票人之主张提出异议"。[⑤]

从上述各学者所作的定义可以看出,关于票据抗辩内涵的争论点主要体现在以下两个方面:第一,"票据抗辩"本身是一种事由,还是一种行为,抑或两者兼而有之。第二,在票据抗辩中,其当事人应该表述为"票据债务人"和"票据债权人",还是"被请求人"和"持票人"。

就第一个争论点而言,笔者认为,"票据抗辩"本身所指代的既是一种事由,又是一种行为,只不过在不同的语境下,其所代表的意思有所不同。在理论研究中,尤其是对票据抗辩进行分类时所使用的"票据抗辩"应该是指事由。此时的票据抗辩系指票据抗辩事由,又称为票据抗辩原因,其是法律规定票据债务人可以对票据债权人进行抗辩的情事。一国票据法对票据抗辩事由范围大小的规定直接反映了该国立法对票据抗辩的态度,从更深层次角度上讲反映了该国在对票据债权人与票据债务人利益平衡方面的态度。[⑥] 在实际的抗辩过程中,"票据

---

① 河本一郎:《手形法·小切手法小辞典》,中央经济社 1981 年版,第 201 页。持此种观点的学者还有前田庸先生、御室龙先生、宇田一明先生、福泷博之先生、莲井良宪先生、酒泷俊雄先生、庄子良男先生、木内宜彦先生等。前田庸:《手形法·小切手法》,有斐阁 1999 年版,第 409 页。长谷川雄一监修,御室泷、宇田一明著:《注释束手形法全译》,中央经济社 1996 年版,第 115 页。福泷博之:《手形法概要》,法律文化社 1998 年版,第 177 页。莲井良宪、酒卷俊雄:《手形法·小切手法》,青林书院 1993 年版,第 155 页。庄子良男:《手形抗弁》,信山社 1998 年版,第 147 页。木内宜彦:《木内宜彦文集 I 手形抗弁の理》,新青出版 1995 年版,第 244 页。

② 须贺喜三郎:《手形法原》,严松堂书店 1937 年版,第 44 页。持此种观点的学者还有施文森先生等。施文森:《票据法论——兼析联合国国际票据公约》,三民书局 2005 年版,第 104 页。

③ 长谷川雄一:《手形抗弁の研究》,成文堂 1990 年版,第 3 页。

④ 田中耕太郎:《手形法概论》,有斐阁 1932 年版,第 163 页。

⑤ 曾世雄、曾陈明汝、曾宛如:《票据法论》,中国人民大学出版社 2002 年版,第 59~60 页。

⑥ 王小能主编:《中国票据法律制度研究》,北京大学出版社 1999 年版,第 122 页。

抗辩”则更多的是指一种行为,即拒绝请求的行为。在诉讼外或诉讼中,持票人根据票据向票据上记载的债务人请求支付票据金额时,债务人基于一定的事由,主张自己不负担票据债务、持票人不具有票据债权或其票据债权不能行使,从而拒绝履行票据债务的行为。概括而言,前者是静态意义上的票据抗辩,后者是动态意义上的票据抗辩。

就第二个争论点而言,笔者认为,在表述票据抗辩的当事人时,采用“被请求人和持票人”的说法比较准确。因为票据抗辩中的抗辩人,即能基于某种法定可以主张的事由对抗票据持有人的票据关系人,并不一定是票据债务人,而被抗辩人,即被票据关系中的抗辩人对抗的持票人或请求人,也并不一定是票据债权人。[①] 被请求人不是票据债务人的情形,如在票据行为人是无行为能力人、票据伪造的情况下,由于票据行为无效,票据上显示的债务人并不负担票据债务,所以不能将其称为票据债务人。同样,持票人在某些情况下也不是票据债权人,如持票人的票据因盗窃或拾得而来,此时其不能取得票据权利,所以称其为票据权利人也不合适。尽管有如此的差别,但因为被请求人在票据上被记载为票据债务人,持票人手中持有票据,即被请求人和持票人在形式上都显现为票据债务人和票据债权人,所以遵从于形式意义且为了表述方便,采取票据债权人或票据债务人的说法也是可以的。

对于第五种观点提到的票据抗辩的涵盖范围问题,笔者认为,票据抗辩是一种实体法上的制度,其与诉讼上的抗辩不具有同一意义。诉讼法意义上的抗辩是诉讼法上特有的抗辩,其与实体法上的抗辩相对应,此种抗辩完全与实体法效果无关。在日本,其包括诉讼条件欠缺之抗辩和证据抗辩。前者是指被告举证证明本诉不合法或诉讼要件欠缺,拒绝对原告的请求进行辩论。通常系被告作为向法院声明以裁定驳回原告之诉的理由而主张,例如管辖错误之抗辩。后者是指在民事诉讼上当事人一方对于对方提出的证据提出异议,要求不采用对方提出的证据所作的陈述。例如,指出对方的申请不合法,证据没有证据力以及证据调查程序违法等等。证据抗辩原则上可作为攻击防御方法之一,在言词辩论终结前提出,也是诉讼抗辩的一种方式。[②] 因为票据抗辩具有实体法上的效果,即其能够阻止票据持有人请求权的行使,所以其不属于诉讼法意义上的抗辩。另外,票据抗辩是一个广义的范畴,既包括持有人的票据债权存在情况下的抗辩,也包括持有人的票据债权不成立或已消灭情况下的抗辩。因为票据抗辩的法律效果是阻止票据持有人行使请求权,所以能够产生此种法律效果的情形都

---

① 谢石松:《票据法的理论与实务》,中山大学出版社 1995 年版,第 227 页。

② [日]我妻荣主编,董璠舆等译:《新法律学辞典》,中国政法大学出版社 1991 年版,第 298 页。

属于票据抗辩的范围。除票据债权人的权利不成立或已消灭，否定其票据债权自身的情形外，票据债权人存在请求权，但其后基于一定的事由不能行使请求权的情况也包括在内。之所以在这样广义的范围内承认票据抗辩的行使，是因为票据权利能够“不管票据持有人是否具有实质的权利，只根据形式的资格就可以行使”。[①]

基于以上的分析，笔者认为，上述第三种观点和第五种观点综合起来能够较好地反映票据抗辩的内涵，即票据抗辩是指持票人依据票据进行票据金额请求的场合，被请求人拒绝该请求的一切事由以及根据这些事由所进行的对抗行为。其是一切抗辩的总称。

① 莲井良宪、酒卷俊雄：《手形法·小切手法》，青林书院1993年版，第155页。

工程伦理中的若干法律问题

赵融[①]

摘　要：在工业文明蓬勃高涨的时代，对科学技术的运用和工程活动进行道德控制是非常必要的。对于科学工作者和工程师而言工程伦理意识已经不再是可有可无的一项素质，伦理道德在这里已经不再简单涉及如何为人的标准，而是已经成为工程师们在职业活动中的行动指南。本文首先对工程伦理的基本知识进行介绍，明确其概念与知识背景；其次提出工程伦理中的法律问题，并对其进行了充分的阐释。即工程价值判断与法律价值判断在人权、效率和公平方面出现重合，在工程伦理的法律责任方面既有合同责任，也有侵权责任。

关键词：工程伦理；工程观念；价值判断

目　次：

引　言

“如果你们想使你们一生的工作有益于人类，那么，你们只懂得应用科学本身是不够的。关心人的本身，应当始终成为一切技术上奋斗的主目标；关心怎样组织人的劳动和产品分配这样一些尚未解决的重大问题，用以保证我们科学思

① 赵融，法学博士，哈尔滨工程大学人文学院讲师，研究方向为民商法学。

想的成果会造福于人类,而不致成为祸害。在你们埋头于图表和方程式时,千万不要忘记这一点”。这是爱因斯坦在工业文明蓬勃高涨的时代对于要对科学技术的运用和工程活动进行道德控制的一次具有前瞻性的讲话。随着时间的推移,人类用巨大的代价认识到了这一讲话的重要性。对于科学工作者和工程师而言,工程伦理意识已经不再是可有可无的一项素质,伦理道德在这里已经不再简单涉及如何为人的标准,而是已经成为工程师们在职业活动中的行动指南。虽然这些行动指南一般并不具有法律上的效力,难以在实践中用强制执行的方式予以落实,但是这并不意味着工程师对它们的违反不会产生严重的社会后果,当法律对这一问题予以忽视或渐渐淡忘的时候,无情的事实将再次提醒人类对于它的关注。

一、工程伦理的概念

“工程伦理,又称工程师伦理,是对工程技术人员(包括技术员、助理工程师、工程师、高级工程师)在工程活动中,包括工程设计和建设,以及工程运转和维护中的道德原则和行为规范的研究。是一个新的应用伦理学领域”。[①] 当国外的学术研究已经就医学(现在将其重新命名为生物)伦理展开了详尽的讨论,并转向早已备受关注的工程领域时,国内的学术研究活动也受到了一定的影响,但是在某些研究中(包括某些工程专家的文章)对于工程伦理仍停留在只就其字面含义进行简单叠加的基础上,没有对其进行深入研究。只是概念性、宏观上的强调,“工程是一种改造自然为人类谋福利的实践活动。……必然要牵涉到人与自然,人与社会,人与人之间的关系……在处理人与自然的关系中要坚持‘实事求是’的准则,在处理人与社会的关系上要坚持为社会谋利益,在人与人的关系上,应坚持诚信为本,团结协作。”[②] 虽然这种概念性研究是必要的基础性研究,但是在众多严重工程事故频繁出现的今天,仍然只是停留在这种简单概念基础上,而没有对其做进一步的理论背景研究,这明显是不够的。

在我国,工程伦理被列为科学伦理的一个方面而予以关注和讨论,并且通过研究具体的实际案例而指出了它的范围。认为“工程伦理的道德基础是公正处理工程涉及的三种利益关系,即承包人之间的利益关系、工程设施与社会的利益关系、工程与自然的利益关系。工程伦理的道德规范是:责任规范,包括决策者的责任、设计人员的责任、工程承包者的责任、每个公民都应有的责任;公平规

---

① 余谋昌:《关于工程伦理的几个问题》,载《武汉科技大学学报(社会科学版)》2002年第4卷第1期。

② 马成松:《对工程教育中工程伦理问题的思考》,载《高等建筑教育》2003年第12卷第3期。

范，即利益分配应该是公平的；安全规范，包括工程设计安全和生态安全；风险规范，即要充分考虑到工程建设带来的种种风险，并做出相应的防范措施。并认为应当把生态伦理的思想贯穿到工程建设中去”。[①] 很明显，由现代工程实践所引发的道德问题已经使工程伦理问题既涉及了工程学、生物学、化学、物理学等自然科学，传统的伦理学、哲学、法学等人文科学，又涉及社会学、政治学等社会科学，因此对科学技术运用和工程活动进行的价值审视和道德反思，已经成为自然科学、人文科学和社会科学共同探讨的问题，对其必须从多方面不同角度予以分析。

二、工程伦理的知识背景

（一）传统的工程观念

但是由于从事工程活动的工程技术人员受到自身科学观的影响，因此有着悠久历史的科学观念对于工程观的建立与发展有着至关重要的影响。而对于科学具有什么性质和科学应该具有什么性质，“存在着两种截然不同的观点，我们可以称之为理想主义的科学观和现实主义的科学观。在第一种观点来看，科学仅仅同发现真理和观照真理有关；它的功能在于建立一幅同经验事实相吻合的世界图像。这和神秘主义的宇宙论的功能有别……第二种观点则认为，功利是最主要的东西；真理似乎是有用的行动的手段，而且也只能根据这种有用的行动来加以检验”。这两种只是极端的观点，二者之外虽然还有其他的一些变通观点，但并没有超出这两者的范围。“持第一种观点的人们不承认科学有任何实用的社会功能，或者至多认为：科学的社会功能是一个比较次要的和从属的功能。他们为了替科学的存在辩护而提出的最常见的理由是：科学本身就是目的，科学就是为认识而认识的纯认识”。柏拉图对这种观点做出了最详尽的注释。在现代，这种观点已经受到诸多批驳。持第二种理想主义的科学观的变通观点认为，“科学简直就是人们的智慧和教养的不可分割的一部分，当代科学知识也和当代文学知识一样为上流社会所不可缺少。……并用这种理由来为科学的存在辩护，从而把科学融化到一般人文主义中去”。例如科学史作家萨尔顿所发出的科学人道化呼吁。但是二者的共同之处是，二者都认为，“科学是单纯的智力活动，同客观宇宙有关，而不涉及数学、逻辑学和伦理学的更纯粹的观念，但仍然是以严格的观照方式研究宇宙的”。即都认为科学是一种纯粹的思维活动，其本身不涉及价值判断，是一个中立的活动。在这种科学观的影响下，工程活动也被认为

---

① 《科学技术的伦理反思——“新世纪全国科技伦理学学术研讨会”述评》，载《自然辩证法通讯》2001年第5期。

是一种不含有价值判断或很少涉及价值判断的社会实践活动。如果说工程师有时不得不做出选择,那也只是解决为谁服务的问题。因此,一个工程师只要具有一般人的政治信念和道德修养即可,而在具体的职务活动中,只需关注和解决技术问题,不能用道德理念对之加以约束。除此之外,还有一种与上述两种科学观相对立的观点,它不认为科学是一种思维活动,而将科学视为通过了解自然而实际支配自然的手段,即将科学视为一种力量。最经典的描述,莫过于弗朗西斯·培根的"知识就是力量"这一结论。在这种观点的影响下,认为科学的作用在于造福人类,因此工程活动不过是人类运用科学技术征服自然、改造自然的结果,其必然是有益于人类的。①

除了科学观对工程师的影响之外,工程活动自身的起源和发展对工程观的建立也具有深远的影响。与科学不同,现代工程脱胎于军事工程。Engineering这个词18世纪在欧洲出现时,本来专指作战兵器的制造和执行服务于军事目的的工作;"工程师"是指军队里设计军事堡垒或操作诸如弩炮等作战机械的士兵。历史上第一所授予工程学位的学校是成立于1794年的法国巴黎综合工艺学校,当时它隶属于国防部门。18世纪下半叶,英国出现了最早的民用工程,如修建运河、道路、灯塔、城市上下水系统等土木工程。由于修建运河沿途要跨多个行政区、涉及众多土地所有者,所以,当时的土木工程师要到英国议会为运河修建项目作论证,陈述实施项目的理由,争取议会和政府的批准。自其开始就与社会环境、社会事务联系紧密。与科学相比,工程与伦理之间的关系要密切得多。从17世纪末工程专业产生直到20世纪初,一般都认为,工程师的基本义务是对机构权威的忠诚。一方面,这是由于工程和工程师脱胎于军事的影响的结果。早期出现的一些公共工程的设计者虽然自称是"民用工程师",但当时的民用工程只不过是和平时期的军事工程,工程师仍受忠于其雇主的义务的约束,而且这些雇主常常主要是政府部门。另一方面,18世纪中叶以后,随着工业化的迅速发展,大型公司纷纷成立,工程师开始逐渐成为受公司雇佣的领取工资的雇员。这种从业形式以及工程师个人相对公司的劣势地位使得工程师仍然把对公司的忠诚看得极为重要。② 所以,如果有最初的对工程师的伦理要求的话,那也是要求工程师忠于其雇主,全心全意为了雇主的利益服务。而这往往又同工程师同雇主之间的雇佣合同或劳动合同有着密切的关系,因此与其说是一种伦理上的要求或准则,不如说是一种法律义务更为贴切。而且不同于科学家,在工程师的发展史上,工程师在其职业中不得不面临的一个突出问题,就是如何处理工程师与

① 参见[英]J.D.贝尔纳,陈体芳译:《科学的社会功能》,商务印书馆1982年版,第37~45页。
② 李世新:《谈谈工程伦理学》,载《哲学研究》2003年第2期。

经理、工程与商业之间的关系。历史上工程既服从过商业,但也发生过对商业的反抗。在这种情形下,工程师的工程观并不着眼于工程的社会效果,不重视是否对他人的生命健康、安全尤其是环境的影响。

不可否认的是,这些传统的工程观在历史上都曾占据了一定的主导地位,并在其指导之下为人类创造了更优越的生存条件。但是,现实已经证明,虽然人类已经拥有前人根本无法想象的物质享受和力量,但是如同古代道德哲学解决不了人人有道德的问题一样,现代物质科学在事实上也解决不了普遍富裕和幸福的问题。战争、金融混乱、浪费现象都是这种科学技术发展的副产品。因此,使用现代科学技术的工程活动并不完全有益于人类,它在一定情形下会发生对人类自身生命健康和安全以及环境的消极作用。在现实的无情提醒下,人类对工程活动不再像玩猜字谜游戏那样,抱着一种无所谓或留待将来将谜底揭晓的态度,而是自工程活动开始就对其予以充分的注意,不仅着眼于工程活动本身,更为关注对进行工程活动的工程师自身的要求,正是在这种条件下产生了现代的大工程观。

(二)现代的大工程观念

虽然人们关于工程的定义有多种不同解释,例如,《简明不列颠百科全书》认为,"工程是应用科学知识使自然资源最佳地为人类服务的一种专门技术"。《辞海》则将"工程"解释为"将自然科学的原理应用到工农业生产部门中去而形成的各学科的总称。这些学科是应用数学、物理学、化学等基础科学的原理,结合生产实践中所积累的技术经验而发展出来的。其目的在于利用和改造自然来为人类服务"。但是基本上都认为工程是人类将基础科学的知识和研究成果应用于自然资源的开发、利用,创造出具有使用价值的人工产品或技术服务的有组织活动。这一工程概念意味着两层含义:第一,工程必须包含技术的应用,是将科学技术运用于现实生活的活动;第二,工程是一种有计划、有组织的生产性活动,其宗旨是向社会提供具有积极意义产品或服务。

工业革命兴起之后,传统的工程概念主要应用在建筑、交通、水利、电力、通讯、机械、能源等需要大规模集约化劳动的领域,但是随着科学技术的进步,20世纪人类的生产方式呈现出一种多样化,许多新技术领域的出现导致工程概念的应用范围也日益扩大,出现了系统工程、管理工程、医药工程、信息工程、生物工程、遗传工程、网络工程、绿色环保工程乃至农业工程等提法。工程活动的范围波及整个社会,工程活动成为由其作为基础的现代组织化的真正代表。人类重新对工程的范围进行了界定,认为工程的范围包括静态的建筑,例如将被众多个体直接使用的建筑物和构造物;包括所有运输方式在内的,影响所有使用者的动力装置;以及包括制造业、能源生产和输送、采矿业和加工处理厂在内的,并不直接涉及个人但是却对所有人有潜在影响的生产环节。所有这些活动以及更多的类似活动都属于工程领域并且包含着工程师在他们进行计划编制、设计、建构、执行、重构直到最终完成等各个阶段中所做出的重大决策。①

正是基于这种对工程范围的新的界定,人类已经开始不再仅仅关注工程在这些新的领域内的技术应用的意义,同时也注重其作为有组织的社会化的综合性生产活动的性质。由此而产生了一种"大工程观"。这种大工程观把工程实践看做一个受多种因素制约的复杂的运作体系,它不仅涉及科学技术在生产过程中的有效应用,还包含着组织管理、协调、经济核算等基本要素,并将产生直接而广泛的影响,因此必须协调环境、社会、政治、法律、文化等多种因素才能付诸实施。这种观念认为:一项工程是否具有可行性及其最终的成败不单取决于技术因素,还取决于多种非技术因素,例如工程的经济效益,工程可能对公众利益产生的影响,工程对环境产生的影响,工程的安全可靠程度及对工人的劳动保护措施,工程与该地区文化等社会因素的兼容性、工程对施工所在地的居民的影响及安置方案,工程是否与有关法律法规相抵触等。所有这些背景性因素都应当进入工程师的视野,并得到综合考虑,工程师在这里的作用就是一种基于工程负责人身份而起的整合作用。正是受这种大工程观的影响,美国工业工程师协会在1989年重新定义了工业工程的概念,指出"工业工程被认为是一个领导的专业,其从业人员从规划、设计、装置与管理,整合生产与服务系统并且保证其绩效、可靠度、维护性、时程及成本控制。这些系统在本质上也许是社会科技的,并且结合人员、设备、资讯、制程及能源,应用于产品或服务的整个生命周期中。这个专业采用以下的目标如获利性、效益性、效率性、应用性、品管,及不断改善于产品及服务的整个生命周期中。人文社会科学(包含经济学)、电脑科学、基础科学、管理科学有效的沟通技巧,以及个体行为、数学、统计、组织及伦理观念都将用来达成上述之目标"。②

按照这种大工程观念,对于一个工程的道德审视不仅是工程活动的基本内容,而且要求工程师在工程决策和实施过程中,对工程与社会、工程与人、工程与环境关系用符合伦理规范的方式去思考和处理。根据它的要求,现代工程活动的本质基础是科技特征和专业特征,即工程活动是使用科技改变物质世界的活动;现代工程活动具有价值特征,它对人类社会的影响不仅是在经济、政治、科技方面,同时在社会文化与道德上也有着深远的影响;现代工程活动是复杂的体

---

① John Uff : Engineering Ethics: Do engineers owe duties to the public ,英国皇家工程学会。

② 胡黄德1999年7月在台湾元智大学举办的"第八届通识教师研习营"上的报告。转引自肖平主编:《工程伦理学》,中国铁道出版社1999年版,第30页。

系,包含了多种基础理论学科、复杂技术、众多社会组织部门、复杂的社会管理系统、复杂的从业者个性特征的参与以及广泛的社会时代影响。①

三、工程伦理中的法律问题

(一)工程价值判断与法律价值判断的重合

当要对工程项目决策进行道德审视时,工程活动即意味着不再保持“价值中立”。也就是说要对工程各个阶段中的利益关系依照一定的价值来进行判断,评论主次、做出取舍。在工程活动各阶段的利益关系通常包括项目投资者与社会公众之间的利益关系、工程受益者与受工程活动影响者之间的利益关系、不同的投标者之间的利益关系等多种利益关系。在对这些利益关系进行权衡时,通常要通过某几项伦理标准来进行。而作为社会控制手段中的一种,道德最后的防线——法律,其本身也包含着依照某种道德或伦理标准对某种行为进行一定的价值判断。既然二者都为一种价值判断活动,那么在实践中发生重合也就是不可避免的。而且,工程活动的追求效用和利益的特征也使得它在某种极端情形下必须接受法律价值判断,或者说,由工程师个人的工程价值判断领域进入社会的法律价值判断领域,这从另一个方面证实了工程价值判断与法律价值判断具有一定的一致性,只是程度和要求有所不同了。工程价值判断与法律价值判断的重合主要在以下几个方面。

第一,人权。所有的工程都是因人而做,也都是由人而做。在工程活动中人是首要的因素。从工程是一种运用科学技术来改造物质世界,并服务于人类的活动的角度来看,任何一项工程的实施都会给社会上部分人带来直接效益,可能使更多的人在未来从工程的长远效用中受益,但不可避免的是工程实施必然带来对人类生存空间的改变,而对于那些在这一空间内生存,或与这一生存空间有密切联系并从中获益的人来说,他们可能因此而受到利益损害。那种不以伤害他人利益为代价去进行工程的纯道德主义是无法在实践中做到的。那种“最大多数人的最大幸福”的功利主义标准也已经被实践证明不是在所有情形中都可以适用的。以集体主义原则向工程涉及的对象提出,“个人服从国家、局部服从整体”的要求,虽然能够保持工程活动的效率,使民众团结一致确保国家利益、民族利益的优先性,但是也正是民众的这种无私的保留,使得可能出现某些重大工程无法得到应有的社会监督和工程活动中必要的道德审视无法进行。最终出现工程决策失误或轻率,造成一部分人无谓的利益损失,甚至使工程活动丧失了最初的造福于人类社会的目的。在这种情形下,只有从一个全新的角度出发对工

① 肖平主编:《工程伦理学》,中国铁道出版社 1999 年版,第 30 页。

程活动进行伦理审视,才有可能保证工程活动的正确性。而丰富的人权理论为此提供了充分的依据。“人权被设想为人们凭借其自然能力而拥有的道德权利,而不是凭借他们所能进入的任何特殊秩序或他们要遵循其确定的特定的法律制度而拥有的权利”。①

人权中的某些基本内容在获得了法律效力的保障并被提供给个人后,成为法律实践中的一种制度安排,其尚未获得法律效力的内容则代表了一种具有特定正当理由的基本道德原则并向法律制度表达了一种正当合理的要求。作为一项道德权利或应有权利,人权的指导意义是非常重要的。工程活动和法律制度的设计和实施都要对其予以考虑。在如何回答:行动者有什么权利要求受动者放弃自己的权利?牺牲部分人的利益的合理性是什么?等此类问题时,工程中的价值判断与法律中的价值判断发生了重合,对其中一个领域的回答常常也能同时回答另一个领域中的问题。

第二,效率。工程活动的目的在于创造经济效益,而成本控制是实现经济效益的重要基础。在市场经济条件下,作为工程的投资方或产权拥有者会采取一切措施以降低工程造价和生产成本,以增加其效益。因此,屡屡出现人为削减工程的必要投资,使工程质量得不到保障;消除污染和保护环境的必要设备和配套设施无法及时到位或同期完工;工人的劳动条件和施工安全得不到应有的保障;在计算工程成本时将生态、环境成本排除在外等现象。这些短视行为只是暂时看到了近期的效益,具有暂时的效率。而从根本上看,完全不符合效率的标准。一般的效率标准可以定义为,“从一个给定的投入量中获得最大的产出,即以最少的资源消耗取得同样多的效果,或以同样的资源消耗取得最大的效果”。而在一个自然社会和人文资源优化的社会,所谓的“效率之深层的、社会的标准是指根据预期目的对社会资源的配置和利用的最终结果做出的社会评价,社会的资源配置使越来越多的人改善境况,而同时没有人因此境况变坏”。② 根据这种观念,对于一项工程是否符合效率标准,不仅要考虑现时工程活动对现时社会和人类的影响,同时还要考虑其对未来的影响,只有如此方能做到与最终的效率标准相符合。而法律在对其制度进行设计时,始终遵循着效率逻辑和宗旨,其也同样不仅关注着现代,同时更为关注未来,并将现代和未来的可能的效果予以综合考虑然后再做出抉择。而这与工程活动中的效率价值判断的要求极其相近,二者在许多情形里能够相互通用。

第三,公平。工程活动并不是单纯的技术应用,它需要组织众多的社会力量

① 《布莱克维尔政治学百科辞典》,中国政法大学出版社 1992 年版,第 337 页。
② 马新福主编:《法理学》,吉林大学出版社 1995 年版,第 107 页。

来共同参与，通常都是一种大规模的生产活动。工程活动的公平判断主要发生在工程项目的招投标活动中。这是因为，鉴于工程活动的实施对社会的影响是广泛的和长期的，所以，大型工程活动的设计和施工基本都采用公开招标、投标的方式，以求征集并选择最佳的方案和最能具有相应技术能力的承包人来完成工程。然而，在实践中，由于政府的错误指导、地方保护主义、经济因素、不正当行为等多方面的影响，致使许多工程不能采用最具有价值的方案，不仅影响工程的质量效益，而且带来极为恶劣的社会后果。而为了确保工程活动能够造福于社会这一目标的实现，在工程的招投标过程中必须贯彻公平这一最基本的价值判断。同样，"对相同的人予以相同的对待，对不同的人予以不同的对待"也是法律所强调的平等，也可称之为公平的实质内容之所在。法律上的平等在某种意义上就是"凡为法律视为相同的人，都应当以法律所确定方式来对待"。① 这种公平不仅表现在通过立法方式设置和分配权利、权利和义务上，还表现在具体社会实践中对公平的贯彻实施予以监督和落实。鉴于工程招投标活动的重大社会意义，专门为此制定了有关法律，颁布了强行性规范以确保公平的实现。在法律的强制性要求下，至少程序上的公平能够出现在工程活动中。所以，工程与法律都将公平视为自己的必备价值判断，在这一点上，二者又发生了重合。

但是，这种价值判断上的重合并不是完全一致的，其着眼点也有着众多不同，程度上也存在着差异。很明显，不能用其中的一个来完全取代或代替另外一个。但是对于其中一个的理论研究成果却可以在经过详细审定和变通之后适用于另外一个，这主要发生在法律价值判断对既有工程伦理中的某些价值与观念的接受和保护。

（二）工程伦理中的法律责任

工程师按照工程伦理的要求对工程活动进行道德审视和价值评判，并据此采取进一步的行动，这是他们所必须具备的基本素质。但是，需要注意的是，工程伦理在本质上是一种道德要求，是一种较高层次的要求，而法律的规定是面向具有普通技术能力和道德水准的一般人。这样也就意味着二者之间可能存在着区别，而这种区别也就潜藏着工程师在按照工程伦理的要求为或不为一定的行为时，可能违反法律的规定并引发法律责任。这种工程伦理所引发的法律责任主要是合同责任或侵权责任。

第一，工程伦理中的合同责任。

在合同法中，工程师并不具有特殊的身份和地位，并不存在关于他们的专门

---

① Chaim Perelman, Justice(New York, 1967), p.24. 转引自[美]埃德加·博登海默著，邓正来译：《法理学法哲学及其方法》，中国政法大学出版社 1999 年版，第 286 页。

的法律规定。而且除非出现特定的情形，否则他们要履行他们所承担的所有合同义务，并满足合同当事人一方依据合同提出的合理要求。工程伦理的要求通常不会出现在合同中，也不会与合同标的相结合。社会公众即使为了他们自身的利益，也无权对合同予以强制履行，因为只有合同当事人才有权请求法院进行这种可能涉及工程伦理所关注的与社会公众利益相关的履行。除了某些法律有专门规定的工程合同，如建筑工程合同，多数工程合同仅仅规定了工程性质和向由工程师提供的服务支付报酬，其他细节交由当事人自己决定。但由于双方的当事人在信息拥有方面的不对称性，因此，除了少量的专业工程合同之外，多数工程活动的具体操作细节被留给了法律中的一般规定，即法律多数以一种默示的方式要求工程师对其所从事的工程活动使用合理技术和尽到与所从事的任务相称的注意。但是，通过这种默示方式而施加到工程师身上的责任将因具体的实践而有所变化，而这主要与委托人的工程目的和工程师在进行工程活动时的主观意图及其自身的工程技术水平有关。向工程师支付报酬已经成为一种市场商业惯例，在这种情况下工程佣金的支付既是工程合同中的一项主要内容，同时也成为引发工程伦理问题的一个重要因素。因为工程佣金的增加不能通过以正常的专业标准完成工程这种方式来获得。毫无疑问，许多工程师在是以增加他们自身的成本为代价来开发新的、先进的设计，还是以一种较为经济的成本为代价来采纳或改编一种现有设计时所面临的选择，必然是一个工程伦理问题。因此，即使当一个精密的、包含了价格因素在内的用以在相互竞争的设计投标之间进行选择的分级制度被创造出来，当政府明确表示支持采纳“最有价值”的投标时，工程师仍然没有尽到其必须提供最有价值的工程设计的合同责任。

合同因损害社会公共利益而无效并因此不能被依法强制履行是合同法中的一项基本法律原则，与安全或环境等工程伦理问题有关的合同同样也可以因涉及社会公共利益而归于无效。工程师在发现了他认为他有责任将其公之于众的，与保护安全或环境的法律规定相违背的有关情况时，可以直接采取行动。此时，已不再存在合同责任。这一情形出现在合同目的非法、不道德或与正义要求相悖的情形中。在合同损害社会公共利益的情形中，继续以工程师因完成了工程伦理所要求的行为而违反合同义务为由要求其承担合同责任，结果只能是对损害社会公共利益一方的非法行为进行资助，并且有类似行为的其他人进行鼓励。但是，对于这种情况目前尚不存在精确的界限，而且它的真正范围仍然处于不确定中。在英国的一个判例中，一个前任雇员向报界披露了有关他的前任雇主同洗衣店之间存在着目的在于维持并非明显违反法律的价格联络机制，而这一协议根据法律规定应当进行登记并向反垄断委员会提交。雇主对这种揭发行为提起了损害赔偿诉讼并申请删除抗辩内容，否则抗辩内容将在新闻界予以报道。英国的上诉法院认为,存在一种不得披露秘密获得的信息的默示义务,就像一个工程师被雇佣或者服务于一个工程那样。但是,这一义务并不适用于行为性质不正当的情形,为了公共利益它应当予以披露,在这种情形中存在一种获得此信息的正当利益。丹宁勋爵在他的判决中写道:“因此,向警察揭露一项罪行,或者向登记员揭露对限制交易惯例法的违反的行为都是正确的。可能存在一些情形,在这些情形中罪行所具有的特征使公共利益可能要求,或至少免除了,在一个更加广泛的领域内乃至向新闻界予以公开。”Salmon 法官对(关于原告的)新闻界不具有获得秘密信息的正当权力这一主张进行了评论:“(原告)提出的有关不存在相应的权力这一重要问题远没有得出结论。我认为虽然在这个案例中存在例外,这一例外因为被告向错误的人披露了这一信息而对其不利,但是以这种狭隘的理由为根据来删除抗辩内容是根本不可能的。”[①] 在这里需要注意的是,合同本身所具有的违法性同合同以一种违反法律的方式来履行是存在重大区别的。前者直接导致合同的无效,并使工程师不再因为满足工程伦理的要求而采取的行动需要承担合同责任;后者则根本不影响合同的性质,工程师在对工程伦理问题采取行动时需要注意其行为是否构成对合同义务的违反。

第二,工程伦理中的侵权责任。

由于合同法只有在一项协议能够被确认和推定时才能够得以适用,那么在无法确定或推定协议的存在时,工程师的工程伦理行为可能引发一种法律上的侵权责任。工程师对其认为根据工程伦理的要求,而非合同义务的要求,应当提醒当事人注意并给出建议时,尤其是工程师免费提供服务时的建议,使得他可能要承担一定的侵权责任。除此之外,工程师在完成工程活动时需要使用恰当的技术并做到合理的注意,这是一项默示的法律规定。因此,作为这项义务的一部分,工程师应当对其发觉的危险发出警告。当其因疏忽而没有做到这一点时,侵权责任也可能产生。但是,对于工程师是否承担一种向委托人指出潜在危险的一般责任,而非具体情形中的实际责任,目前在法律上还没有定论。英国上诉法院的一个判例认为承包人已经意识到设计危险,即使承包人对这种危险的产生不负主要责任,他们也不应“仅仅是一个旁观者”。而在另一个相似的判例中,法官拒绝判定作为承包人的专家对于没有指出工程另一部分的潜在危险负有责任,因为当时进行这一工作的其他承包人能够安全地完成这项工作。他认为它与是否存在一种专业人员向委托人提出警示的警告义务这一问题有关。因此,在英国的判例中目前并没有出现对确实存在警告委托人的普遍义务的支持,同样在我国的相关法律中也不存在工程师对广大公众负有这样一种责任的规定。

---

① John Uff: Engineering Ethics: Do engineers owe duties to the public? ,英国皇家工程学会。

但是,一旦出现人身伤害或死亡的具体情形,工程师的疏忽或懈怠就可能导致施加于其身上的责任要比平时严重得多。在英国的 Eckersley v Binnie & Partners 一案中,工程师被判定要对一个泵站在其完工数年后发生的甲烷爆炸承担责任,因为工程师对泵站的设计没有考虑到甲烷在运输管道中堆积的可能性。在这个案件中,来自附近村庄的 38 个人被带到修道院所在地的泵站旅游。在阀门室参观时发生了爆炸,16 个人死亡。初审判定工程顾问、承包人和执行人分别承担 55%、15%和 30%的责任。在向上诉法院提出的上诉中,承包人和水利部被判定没有责任。多数法官判定工程顾问有责任。但是在这一判例之后英国还没有出现其他类似的判例。因此,工程师所承担的这种宽泛的法律责任在英国还是处于一种不确定的状态。

工程伦理不仅是英国所关注的一个问题,在美国也同样如此。1986 年,在得到来自作为固体燃料火箭第一级的制造者 Morton – Thiokol 公司工程师的关于低温发射火箭的危险的明确警告后,由于工程师的警告被一项管理决策驳回,因此而造成了挑战者号航天飞机的损失。这一令人震惊的事件得到了彻底调查,并引发了与对于那些处在完全知晓所预见的技术冒险所蕴含的含义的职位上的人应当采取何种行动的许多基本问题的探讨。现在,美国发行的大量关于工程伦理的出版物主要关注工程师个人在面对实际的但确信可以避免的灾难时所采取的行动。而这种行动的直接后果之一就是将工程师所掌握的信息予以披露。如果信息披露所产生的社会效果是有目共睹的,那么,工程师也许不必承担法律责任;反之,如果社会效果不是很明显,或者没有,甚至产生了负面效果,工程师的工程伦理行为在没有合同作为依据的情况下,所引发的就是侵权责任。

由于合同责任与侵权责任是由法律明确加以规定的,这就使得工程师在能够避免承担法律责任之前必须完成对自己的工程伦理行为免责的抗辩。而究竟工程师的工程伦理行为何者需要进行抗辩才能免责,何者不需抗辩即可免责目前在各国法律中还没有一个较为完整明确的规定。但是英国《1996 年劳动权利法》新增第四部分《1998 年公共利益披露法》对“合格披露”规定了几个参考条件,即在雇员的合理信念中,这些披露可能包括了下列一个或几个信息:(1)构成刑事犯罪;(2)一个人没有遵守一项法定义务;(3)正在导致误判;(4)一个个体的健康或安全正在面临危险;(5)环境正在遭受损害;(6)信息正在被隐藏起来。这也许可以成为一个有益的参考。

结　语

当代技术的作用与性质已经发生了不同于以往的变化,而作为技术实践活动的工程活动,其作用与性质也同样发生了变化。如果再用以往的观点来看待工程问题,不仅会影响人类的认识活动,而且还会影响人类自身的生存状况。因此,在工程活动随着人类空前增长的力量而使其效果在空间上可能波及整个地球,在时间上可以影响到遥远未来的时候,以人类特有的道德伦理观念对其进行审视与反思是目前最佳的选择。工程伦理的出现正是这种最佳选择的结果。然而,由于人们对工程活动的复杂性及其所带来的特殊后果在认识上尚未成熟,而且各国所面临的具体情况又大大不相同,因而,对于工程伦理在法律上的承认程度还没有一个统一的标准。工程师自身在工程活动中的错综复杂关系也进一步加剧了这种混乱。但是,这并不意味着,法律在处理因工程伦理引发的问题时束手无策。恰恰相反,法律或者可以通过设立一种目前尚未出现的工程师对社会公众所承担的普遍责任,而强化工程师对工程伦理的认同,进而为社会确立最低的工程伦理标准;或者通过就某些具体情形颁布详细的法律规定,为工程师在遇到前所未见的工程伦理问题时提供一定的参考与借鉴。但是,无论如何,法律都应有所行动,而不能再坐视问题的发生而不管。

论我国劳动者参与企业治理制度的完善

郝晶[①]

摘　要:劳动者参与企业治理制度的价值在于为劳资关系双方提供一个真正平等保护的制度平台,有了这样明确的平等意识和具体制度,劳动者才会有提高、发展个人职业能力的强烈动机,进而真正实现劳资合作。本文尝试以我国现有相关立法规定为基点,反思我国劳动者民主参与企业治理的实现枫制与保障框架,并提出完善我国劳动者参与企业治理制度的法律思路,即建构劳动权本位的综合劳动者经营参与制度体系。

关键词:劳动者经营参与;企业治理;和谐劳动关系

目　次:

在劳动法学中,劳资利益的调和是研究的焦点与重点,可以说,任何有关劳动关系的研究无一不是以实现和谐劳动关系为目标的。和谐劳动关系意味着劳资双方力量的对等与平衡,劳工与雇主是市场经济国家的两大社会利益群体,民主法治的国家必须建立起充分考虑双方利益的权利平衡制度。劳动者参与企业治理的制度建设,其宗旨就是对劳动者利益给予周到的保护,同时也调和劳资矛盾,实现企业内部权利的平衡与制约,即劳动者参与企业治理是市场经济条件下

---

① 郝晶,法学博士,广州培正学院讲师,研究方向为民商法学。

经济民主在企业内部权利结构中的体现，是追求企业所有者的所有权、经营者的经营管理权、劳动者的劳动权平衡与制约的要求，是协调劳动关系的重要方式。因而，劳动者参与企业治理的制度完善对调和劳动关系、维护劳动者自身权益具有毋庸置疑的、重大的理论意义与实践价值。在提出制度完善的建议之前，我们首先简单考察一下劳动者参与企业治理模式在我国的运行状况。劳动者参与企业治理的方式有下面三种：一是职工代表进入董事会与监事会，既参与公司重大问题的决策，又对公司经营活动进行监督；二是通过职工代表大会对经营者和企业的经营活动提出建议、进行审议和监督；三是通过工会维护职工利益。三种方式相互配合，共同对企业经营管理发挥作用。对于这些参与方式，我国相关的法律法规中都有规定，例如《公司法》第十八条、第四十五条、第五十二条、第六十八条、第七十一条、第一百零九条、第一百一十八条和《全民所有制工业企业法》第十条的规定，以及《劳动法》、《劳动合同法》、《工会法》、《全民所有制工业企业职工代表大会条例》等相关规定。这些法律、法规的规定在一定程度上为劳动者参与企业治理提供了有效的法律之路，编织了范围广泛的法律之网。虽然，我国公司法等法律规范制定的授权性规范为劳动者参与企业经营奠定了制度性的基础，但诸如责任、程序等运作性、保障性措施还不完备，实践中还存在着许多的盲区，相关的制度内容还需要细化，另外，还要在较长的时间内培养出“合格”（有职业素养、管理能力、沟通能力）的职工代表。

一、职工董事、监事制的完善

（一）对我国目前职工董事、监事制的反思

职工董事与职工监事制度自我国1993年出台《公司法》以来，就确定不疑地成为公司制度的组成部分。2005年修订的《公司法》对职工董事、监事制度作了进一步的完善，但仍存在一些缺陷。

第一，依据公司所有制形式决定职工董事的适用范围。根据《公司法》第四十五条、第六十八条规定，对于两个以上国有企业或其他两个以上的国有投资主体投资设立的有限责任公司以及国有独资公司，董事会成员中应当有公司职工代表，而对其他非国有的有限责任公司董事会中是否有职工董事的一席之位，法律并未采取强制性规定，而将此种选择的权利赋予了公司（股东会）。另外，依照《公司法》第一百零九条规定，股份有限公司的董事会成员中可以有公司职工代表，并未特别指出国有股份有限责任公司董事会成员中职工代表的必需性。这透露出立法者的立法意旨，即鉴于国有股份有限责任公司的股份往往并非单纯由国有股组成，而是由国有股控股，因而只有纯粹的国有公司才必须设置职工董事。鉴于劳动关系中，资本与劳动的此增彼消的利益争夺关系，尤其在我国当

前经营者对"劳资和谐创造生产力"观念的认识还不够深化的情形之下,将非公有制公司董事会接纳职工代表的希望寄托于投资人身上无疑是不现实的。如上文所述,"公有制决定论"本身就是个悖论,发达资本主义国家有关劳动者经营参与的立法例表明劳动者民主参与本身与公司的所有制无关,各国均超越了财产权绝对的资本主义逻辑①,作为社会主义国家的中国更不应该受此理念的禁锢。

第二,职工董事、监事的选举、罢免程序不够完善。依照《公司法》相关规定,职工董事、监事由公司职工通过职工代表大会、职工大会或者其他形式民主选举。但对如职工代表大会选举职工董事、监事时合法的选举人数、比例、公示方式等都未规定。对罢免职工董事、监事的事由及机构、程序也未有相应规定。

第三,职工董事、监事的任职资格与职责不明。其一,虽然《公司法》在第一百四十七条至第一百五十三条明确规定了董事、监事、高级管理人员的资格和义务,但鉴于职工董事与监事的特殊性,应当对他们的任职资格加以特别规定,包括任职的积极资格和消极资格,前者如具备公司职工身份的年限应到达一定期限,后者如公司高管人员或与公司有利害关系(如与公司控股董事具有亲属关系)的职员不得成为职工代表等。其二,虽然根据我国《公司法》相关规定,职工董事、监事与普通董事、监事具备相同的权利和义务,在公司机关中法律地位几乎一致。但鉴于其代表群体的特殊性,应当明晰职工董事及监事的特殊权利、义务、责任,如参与公司董事会与监事会之后,将会议探讨的涉及劳动者利益的相关问题及时向职工们汇报。

第四,职工董事、监事的权益保障机制的欠缺。职工董事、监事代表劳动者利益行使相关权利的时候,必将与股东利益有所冲突,而职工董事、监事的身份首先是公司的员工,若不给予他们合理的职务行为相应的法律保障,其将面临比一般职工更大的招致解雇的风险。这样将导致以下两种后果:其一,职工代表利益得不到维护,无人愿意担当此"职务",职工董事、监事机制成为空谈;其二,职工董事、监事因畏惧股东或管理人员的报复而不敢履行其职责,甚至去迎合股东、管理人员的好恶而罔顾公司职工们的权益。无论哪种结果,都会将职工董事、监事制度的宗旨毁于一旦。

(二)健全我国职工董事、监事制的建议

制度的设计不是为了法律框架的完美,解决现实法律结构中的规则缺陷、平衡法律关系中当事人的利益才是核心目的。职工董事、监事制度更是如此,只有良好的制度设计,才能够在法律的实际运行中贴切地保障劳资双方的利益。2005年修订的《公司法》较以前的公司法规范相比,对职工参与公司治理方面的

---

① 蔡立东:《公司自治论》,北京大学出版社2006年版,第101页。

规定无疑是个进步,但仍然不够周延。针对我国当前立法上职工董事、监事制度的缺陷,笔者认为完善该制度应当从以下几个方面入手。

1.推行职工董事制度的强制普适性

不应再根据公司的所有制形式,对公司是否接纳职工董事制度分别作强制性规定和选择性规定,而应规定所有公司的董事会都应依照法定比例接纳职工董事成员。其一,如上文所述,通过区分公司所有制形式而对国有与民营公司设立职工董事分别作强制性规定和选择性规定,反映出我国当前《公司法》的立法理念仍然以社会主义性质、国有资产的保护为考量标准。劳动者民主参与权的生成与变迁的历史过程已经从实践上证明劳动者民主参与权与社会主义、公有制没有必然的、直接的联系。我们应抛弃这种陈旧的立法理念,对不同所有制公司的职工都赋予平等的参与权。其二,公司治理的要旨就是要对各利益群体的利益诉求,通过博弈、制衡,最终达到总体利益最大化。其中,职工董事作为劳动者代表,实际体现了劳动者参与董事会决策的路径。不能简单的因为公司的非公有制财产所有模式,剥夺此类公司的职工参与董事会的途径(职工董事制度的选择性规定,将选择权赋予给资方,实践中很少有资方愿主动采取职工董事制)。其三,虽然我国并未区分公司的所有制形式,统一的对设立职工监事制度作了强制性规定。即国有独资公司、有限责任公司和股份有限公司的监事会应当有适当比例的公司职工代表。但长久以来,我国权利(权力)监督体制都难以真正发挥其效能,权利的监督者往往是“盛名之下,其实难副”。在此大环境之下,职工监事的监督能力能否足够维护劳动者的权益,难免令人产生怀疑。实际上,虽然《公司法》将股东会认定为公司权力机关,但实践中公司的管理基本上都是由董事会决策的,让职工确定地参与公司董事会,使其所代表的劳动者意见能够事先传达给公司的核心管理阶层,才能真正发挥制约资本利益的目的,同时也可以避免单纯依靠事后监督机制而造成的成本浪费。

2.明确职工董事、监事的任职资格

对于职工董事与职工监事而言,首先他们应当是符合公司法规定的担任董事、监事资格条件的本公司职工。另外,他们的任职资格可以划分为积极资格与消极资格。积极资格是:其一,应具备较强参与能力。他们应熟悉相关法律法规,具有沟通、参与议事和决策的能力;其二,应具备较好职业素质。他们要具备与本公司经营项目相关的技术、经营管理、财务知识等;其三,应具备较高的责任心与道德观。他们能够自愿代表职工利益,反映职工意愿,密切联系职工群众并敢于抵制各种违法行为;其四,其订立的劳动合同与实际工作岗位应相对应,保证其真正了解其工作内容。当然,符合程序的变动情形应属例外,应被认定为符合条件。消极资格是:其一,工龄限制。为使职工代表能够深刻了解本公司营运状况以及劳资关系的情况,应当对职工董事和监事的本公司工龄予以一定的限制,应要求他们至少在本公司连续工作满两年或在本公司接续工作满三年且当次工作已满一年;其二,身份限制。本公司的董事、高级管理人员不得兼任职工董事、职工监事。工会主席可以任职工董事、监事,但若工会主席担任公司高级管理人员,则不应让其再兼任职工董事、监事。因为,尽管相对于雇主的关系,高级管理人员属于一般概念意义上的职工,但相对于一般职工而言,他们履行典型的雇主职能。此种做法的目的是防止职工董事、监事自身角色过度冲突,成为"两栖董事、监事",并鼓励"一线职工"参与企业管理。

3.规定职工董事、监事的选举、罢免程序

我国《公司法》虽规定职工董事与监事由公司职工通过职工代表大会、职工大会或者其他形式民主选举产生。但却对选举、罢免的具体程序未作进一步的细致规定,使这一重要的劳动者参与公司民主管理制度在实践中被简单化、形式化。笔者认为,应明确职工董事、监事的选举与罢免的规则。首先,选举的程序。鉴于我国《公司法》中并未要求非公有制公司必须建立职工代表大会或职工大会(《公司法》五十二条、第一百零八条),因而,若公司组建了职工代表大会或职工大会,则职工董事和职工监事的选举应由公司工会组织,在广泛征求意见的基础上提名(采差额比例式,应多于应选代表名额三分之一至一倍),经职工代表大会民主选举,获得参会人员(三分之二以上代表出席)的半数以上赞成票始得当选。若公司未组建职工代表大会或职工大会,则可采取其他民主方式,如集体选举方式,则需要至少全体在职职工一半以上的人同意才可。其次,罢免的程序。职工董事、职工监事不履行职责或者有严重过错的,经三分之一以上的职工代表提议,可以通过职工代表大会进行罢免,但罢免必须经过参会人员(三分之二以上代表出席)的过半数才可通过。非经法定程序不得任意罢免职工董事与职工监事。另外,若公司未组建职工代表大会或职工大会,罢免职工董事、监事,则需要至少全体在职职工一半以上的人同意才可。

4.完善职工董事、监事的具体权利、义务和责任

职工董事、监事与其他董事、监事一样作为董事会与监事会的成员,享有公司法赋予董事、监事的职责并承担相应的责任。但鉴于职工代表从其被任命之刻开始,就代表与其他股东任命的董事、监事的不同利益,因而,职工董事、监事的权利、义务和责任具备一定的特殊性。

第一,职工董事、监事的权利。其一,参与的权利。对职工董事而言,在召开董事会时,如实表达职工的合理要求。包括董事会在讨论决定有关工资、福利、劳动时间、劳动安全、社会保险、裁员等涉及劳动者切身利益的事项时,以及在董事会研究确定公司高级管理人员的聘任、解聘时，如实反映职工意见；对职工监事而言，监督检查公司对职工各项保险基金、工会经费的提取缴纳情况和职工工资、福利、劳动保护、社会保险等制度的执行情况。其二，信息反馈的权利。对职工董事而言，有权向工会组织、职工代表大会反馈董事会作出的有关职工利益的重大决策（涉及商业秘密的除外）；对职工监事而言，有权向工会组织、职工代表大会反馈监督调查结果。其三，获得补偿的权利。职工董事、监事因履行董事、监事职责而减少正常收入的，公司应当给予相应补偿。经过公司财务部门核算，职代会备案，职工董事、监事可以领取其担当董事或监事的薪酬或津贴。

第二，职工董事、监事的义务。其一，定期听取职工意见、建议。其二，在董事会和监事会讨论涉及职工利益的事项时，职工董事、监事在充分考虑公司和职工的利益的基础上，代表职工提出全面、准确的意见。其三，定期向职工代表大会或职工群体述职，接受普通职工的监督与质询。

第三，职工董事、监事的责任。实践中，职工董事、监事违背义务的情形也大量存在，如，其一，不按规定程序收集职工意见和建议的，隐瞒意见和建议的，甚至违背职工意愿参与决策与监督的；其二，职工董事、监事工作之后，不向职工代表大会报告工作的；其三，不仔细斟酌董事会与监事会开会时所谈及的信息，泄露公司商业秘密，给公司造成重大损失的情形也有。在以上情形之下，职工董事、监事在主观上具有故意和重大过失，可以经过法定程度实行罢免，并承担相应的民事责任或刑事责任。民事责任承担的范围可以以其领取的董事、监事酬金为基准，责令其承担一定的经济赔偿责任。

5.健全职工董事、监事利益保障机制

鉴于职工董事、监事代表的是与资方利益对立的劳动者的利益，在现实生活中，拒绝实行或妨碍建立职工董事、监事制的公司并不鲜见。压制、阻挠职工董事、监事履行职责或者打击报复职工代表个人的也不是个案，若不健全职工董事、监事的利益保障机制，必然导致职工董事、监事制度成为无人问津的“纸上制度”。因而，保障职工董事、监事利益是真正赋予该制度生命的关键。例如，应明确规定，职工董事、监事任职期间，公司不得因其履行董事、监事职务的原因而降薪、降职或做不利于其履行职责的岗位变动和解除劳动合同。再如，当职工代表因履行董事、监事职责而招致不公正待遇时，赋予他们诉权，即使在此期间该劳动者的合同期满，也应责令公司自动延续该劳动合同直至法院作出判决。另外，应明确在此情形之下，工会的指导、帮助义务。只有这样，才能使职工董事与监事放心大胆地行使其职权，而不至于成为“花瓶董事、监事”，沦为表现和谐劳资关系的董事会和监事会的摆设。

二、职工代表大会制度的完善

(一)职工代表大会制的内容

职工代表大会制是我国劳动者民主管理的基本形式。职工代表大会制度的发展历程,是整个中国职工民主管理制度进展的缩影,映射着社会经济制度的改革与立法者法律理念的变化。

职工代表大会制具有充分的法规依据。其一,宪法依据。我国《宪法》第十六条、十七条规定:"国有企业依照法律规定,通过职工代表大会和其他形式,实行民主管理","集体经济组织实行民主管理。依照法律规定选举和罢免管理人员,决定经营管理的重大问题"。其二,法律依据。《全民所有制工业企业法》更是专辟一章,规定国有企业中职工代表大会的性质、职能和职权。另外,《劳动法》、《劳动合同法》、《公司法》对职工代表大会的设立也有所提及。其三,行政法规依据。主要是国务院颁布的《全民所有制工业企业职工代表大会条例》。

在这些法律之中,对职工代表大会的适用范围都限定在公有制企业之中,而对非公有制企业采取非强制式规定。迄今为止,未有任何一部法律能够跨越这由所有制构筑成的樊篱。这根源于职工代表大会制在我国得以确立的政治与经济根源,按照宪法规定,全国人民代表大会是中国的最高权力机关,是体现人民群众当家做主的权利的基本形式。"当在政治上确立人民行使当家做主权利的基本形式时,在基层组织就应该采取相应形式实现生产资料公有制所要求的职工群众当家做主"。① 就是说,职工代表大会制度在起源和设计上,不是处理利益冲突的代表机制,也不是自发协调群体之间紧张的组织,② 而是为符合我国人民民主专政的社会主义国体的政治与经济的诉求。

在计划经济体制下,由于绝大多数企业都属于公有制企业,在政府的强力推动之下,职工代表大会制得到预期的繁荣,职代会组建率高。然而,上世纪 90 年代初的计划经济体制向市场经济体制的过渡时期,国有企业数量逐渐减少,民营企业逐步增多,扩大企业管理者权力的时刻全面到来,这期间伴随着财产权绝对化、效率优先的社会理念的转变,由此,职代会组建率降低,即使在公有制企业,职代会也日益变成徒有形式的摆设。至十六大,中央作出了《关于构建和谐社会

① 刘文元:《相容与相悖——当代中国的职工民主参与研究》,中国劳动社会保障出版社 2004 年版,第 213 页。

② 张静:《国家与社会》,浙江人民出版社 1998 年版,第 158 ~ 159 页。

若干重大问题的规定》，而和谐劳动关系是现代社会和谐的基础，在一些地方，经营者与劳动者之间的劳动关系已经成为引发社会不稳定因素之一。在此情况下，如何让"历史悠久"职工代表大会在我国当前经济新形势之下，走的"更宽、更远、更好"，使其能够真正成为反映职工呼声、协调劳资关系的制度模式就是我们要解决的问题。

(二)健全我国职工代表大会制的建议

1.推行职工代表大会适用范围的普适性

随着改革开放的进行，职工代表大会制不再具有普遍意义。按照现行法律规定，职代会的范围局限在生产资料公有制企业。依照《劳动法》、《公司法》的规定，对于非公有制企业职工民主参与管理的形式，职代会只是可选择项。因而，对非公有企业职代会的实行，主要取决于企业老板的素质和意愿。笔者在上文多次强调，劳动者民主参与权的行使范围与企业的所有制形式并无直接关系，作为劳动者表露心声、与企业主沟通桥梁的职工代表大会本身而言，并无"姓资"、"姓社"之分，更不是公有制的"专利"。否则，同是劳动者，却因为其所任职单位的所有制形式的不同而不能享有同一的维护自身权益的方式，法律何以厚此薄彼？有学者认为，"若政府强行推行，很难说不会落下一个限制非公有制企业发展的名声，进而会影响私营企业主投资信心和引进外资等诸多问题，即使纯粹从经济发展角度看可能也是得不偿失的"。[①] 这种建立在经济利益至上观念之上的认识，并不能简单地被认定为是错误的，毕竟经济发展是生产力与人类进步的第一指标，但是将职代会制度的实施与经济发展置于互相矛盾的地位就有失偏颇了。实际上，从长远看，在非公有制企业中建立职代会制度，可以使决策民主化、规范化和科学化，进而推动企业加快发展壮大。另外，从宏观上看，在目前劳动关系脆弱化、分配公平失衡、贫富差距加大的社会环境下，职工代表大会普适性的推行，有利于构建和谐劳动关系与和谐社会关系，进而稳定社会，具有重大的政治意义。

2.挖掘职工代表大会内在的新属性

《全民所有制工业企业职工代表大会条例》对职工代表大会的性质作了明确规定："职工代表大会是企业实行民主管理的基本形式，是职工行使民主管理权

---

① 刘文元：《相容与相悖——当代中国的职工民主参与研究》，中国劳动社会保障出版社 2004 年版，第 233 页。

力的机构。"将职工代表大会的性质界定为职工行使民主权力的机构,也是职工民主管理的基本形式。然而,"从实际状况来看,职工民主管理除了职工拥有'国家的主人'这个政治地位外,很难发现它与工业发达国家工人参与管理有什么区别"。①

在欧洲国家,劳资协议机关参与企业经营是一种较为广泛的形式。在西方国家,劳资协议机关主要是由劳资双方代表或仅由劳动者代表所组成的合意型机关,如德国的企业委员会、英国的工厂委员会等。就此而产生的劳资协议制作为职工对经营方针、经营计划以及班组组织在信息上的参与制度,目前不仅在日本,在世界各国都广泛得以普及,甚至称为社会体制的一部分。②

就西方发达资本主义国家而言,劳资协议机关在协调劳资关系、衡平劳资利益上发挥了重要作用。我国的职代会虽是从计划经济时代承继而来,但产权转换和经营自主化已经给其注入了新的内涵,使职代会依存的制度变得更具有资本的性质。③ 我国的职代会与发达国家的劳资协议机关之间有着一些相似性,最基本的一个共同点是在法律上为劳动者提供一些参与企业事务的权利,以此增加劳动生产率和保持劳动关系方面的安然无恙。实际上,职工代表大会作为职工民主参与的主要形式,其自身已经暗含着协调劳动关系的意旨。若将我国职工代表大会性质界定为劳资协议机关,不仅可以摆脱其浓厚的政治意识形态,更能开宗明义地表明其存在价值与目标。

至于未来的职工代表大会中是否需要吸纳一些企业的代表,笔者认为这是一个发展趋势。将企业代表纳入职工代表大会中,可以使得职工在商议事项时事先得知企业的态度,可以及时地根据双方的利益衡量来调整自己的方案与计划。同时,也为企业与职工提供了一个新的交流、协商、谈判的平台。但基于当前我国劳资矛盾较为严重、劳资力量对比较为悬殊的状况,立法者若贸然地规定在职代会中给予资方一席之位,将会引起职工对职代会的不信任感,使职代会的功效破产。因而,职代会的完善不是一蹴而就的,而应循序渐进。

---

① [韩]张允美:《中国职工代表大会制与职工参与模式的政治学分析》,载《北京行政学院学报》2003年第1期,第32页。

② 参见[日]奥岛孝康,白国栋译:《市场经济与职工参与——试论公司法学的构成》,载《外国法评议》1994年第3期,第47页。

③ 参见朱晓阳、陈佩华:《职工代表大会:职工利益的制度化表达渠道?》,载《开放时代》2003年第2期,第129页。

3.重新梳理职工代表大会的职权范围

按照《全民所有制工业企业法》第五十二条的规定,职代会的责任和权利有五项:第一,听取和审议厂长关于企业的经营方针、长远规划、年度计划、基本建设方案、重大技术改造方案、职工培训计划、留用资金分配和使用方案、承包和租赁经营责任制方案的报告,提出意见和建议。第二,审查同意或者否决企业的工资调整方案、奖金分配方案、劳动保护措施、奖惩办法以及其他重要的规章制度。第三,审议决定职工福利基金使用方案、职工住宅分配方案和其他有关职工生活福利的重大事项。第四,评议、监督企业各级行政领导干部,提出奖惩和任免的建议。第五,根据政府主管部门的决定选举厂长,报政府主管部门批准。由此可见,首先,国有企业职代会最大的权利是在福利和分配住房方面(分配住房的权利伴随着住房分配政策的变化与住宅商品化的出现,已经逐步变得没有意义)。其次,是与管理方共同决定工资和奖金分配的权利,同时职代会拥有否决权。再次,就企业经营发展的重大问题和事项方面而言,职代会能有的权利仅限于提出意见而已。但是职工有对领导进行民主评议、监督和民主选举权利。这里民主选举的权利主要是对候选领导的否决权。

在计划经济框架下,在公有制企业中,这五项职权是有其实现的土壤的。如果职代会真的能够实现法律赋予的权利的话,中国的公有制企业的职工享有的民主参与权利可能比任何资本主义制度下的都要多。但是现实中的职代会在实现权利方面却面临着极大的困难,随着企业改制的深化,管理权力的逐步扩大,许多企业因亏损而不得不大举裁员,绝大多数职代会仅仅是以一个正式的制度形式存在而已,职工代表大会制度流于形式,更何谈权利的实现?[①] 即使假设具备相应的条件能够使职工代表大会行使其职权,这其中的某些职权的合理性也是值得我们深思的:如劳动者的民主选举权,企业的领导(厂长或经理)可以说对企业的生存与发展具有重大意义,将企业的领导的选举权赋予给普通职工,体现了尊重职工意愿和利益的精神,但是他们只能在根据政府主管部门决定的候选人中选择企业领导人。笔者认为,此部分应增加职工的民主推荐权利,先由职工民主推荐候选人,再由主管部门确定候选人范围并应给出排除某职工推荐候选人参选的理由。

在市场经济条件下,允许劳动者参与企业事务主要是出于经济上的考虑,实

---

① 参见朱晓阳、陈佩华:《职工代表大会:职工利益的制度化表达渠道?》,载《开放时代》2003 年第 2 期,第 123 页。

现劳方与资方的利益和谐。在我国已经逐步完成了市场经济体制改革的情形下，借鉴西方发达国家的做法，不失为一条补充、完善职代会制度的捷径。当然，借鉴并不等于照搬，各国劳动者民主参与权的生成与变迁的历史已经告诉我们，各国劳动者民主参与制的内涵无不与其特殊的文化传统、经济背景、法制环境息息相关，更与其劳资关系的历史传统、劳资力量的现实对比等密不可分。

我们可以根据对企业决策由弱至强的影响力，将民主参与的形式划分为：信息沟通、咨询与磋商、共同决策。笔者认为，借鉴国外先进立法例、考虑我国当前职工的实际参与能力以及已有的职工代表大会立法，对直接涉及劳动者自身权益方面的事项，应给予职工较为广泛与深入的参与权，而对企业经营方面的事务则给予职工有限的参与权。具体为：第一，对于工作规则、作息时间、工资调整方案、劳动报酬的支付、奖金分配方案、劳动安全卫生、人事评鉴、裁员等直接关系到劳动者切身利益的部分，应给予劳动者审查同意或否决权（共同决策）；第二，对于生产计划、企业投资、机构设立、规章制度、财务预决算、非法定例假等与企业运营直接相关的部分，给予劳动者审议建议权（咨询与磋商）。当然，无论是共同决策还是咨询与磋商，都是以信息沟通为基础的。

4.增设职工代表大会制度的保障机制

1986年出台的《全民所有制工业企业职工代表大会条例》将职工代表大会的职权、职工代表的权利、义务以及组织制度规定的较为详细。但对违反职工代表大会设置要求和职权的行为，却缺乏相应的法律责任规定。欠缺法律制裁保障的法律制度，不仅是法律规则体系的重大漏洞，更为严重的是将导致制度在现实生活中的虚化。例如，企业未依法设置职工代表大会的法律后果如何？依法应当提交职工代表大会审议的事项而未提交审议的，又将如何？笔者认为，第一，对该设而不设职工代表会、不按规定召开职工代表大会或拒不执行职工代表大会决议、决定的企业要处以一定的罚款，经指出仍不设置的可停业整顿，最重的可以吊销营业执照，并应对直接负责的主管人员和其他直接责任人员课以一定民事责任或行政责任；第二，依法应当提交职工代表大会审议的事项而未提交审议的，企业就该事项作出的决定无效。另职工代表大会在其职权范围内依法决定的事项，非经职工代表大会同意不得变更，企业就该事项作出的决定无效。对直接负责的主管人员和其他直接责任人员给予一定民事责任或行政责任的处罚；第三，妨碍职工代表行使民主参与权利、打击、报复职工代表的，应承担民事责任，构成犯罪的，承担刑事责任。就当前立法来看，职工代表大会制度的保障机制仍是非常不完善的，笔者仅列举了几种情形，仍有为数不少的法律漏洞，对此，在今后的立法修订中，应穷尽法律的内部救济机制，而健全的制度才会促使劳动者民主参与权的实现。

(三)职工董事、监事制与职工代表大会制的衔接

我国公司职工董事、监事制是原来企业职工代表大会制的延伸和重塑。《公司法》对国有有限责任公司既要建立职代会制度，又要建立职工董事、监事制度，均做了明确规定。然而，这种"同治式"方式却可能导致职代会与公司治理机构中的股东会、董事会、监事会职权发生冲突，职代会的职权几乎被后者剥夺殆尽，实践中仅剩下发表意见的建议权。而《公司法》对它们之间的衔接并未作出明确的规定。

事实上，无论是当前立法对公有制公司必须设立职工董事、监事制与职工代表大会制的强制性规定，还是在可预期的将来，不再以所有制为区分标准，所有的公司都必须配置这两种制度，它们都反映出同一个立法理念，即维护劳动者权益、促进劳资合作、实现劳资"双赢"。因而，这两种制度内在具有一体性、关联性，在合理的外在权限划分下，它们就可以实现最佳配置。

随着现代公司制度的确立，我们若要实现公司自身所具有的高效经营的优势，首先就必须要尊重其"权力明晰、相互制衡"的公司治理结构。公司治理结构是现代公司法的核心，其精美的权力制衡机制是保障公司控制权正当行使与公司高效营运的源头与保障。我国进行国有企业的公司法改造，不仅有利于界定产权，更重要的是它有利于改善企业管理。因而，公司股东会、董事会与监事会的职权不应被职工代表大会所分割。对于职工代表大会的属性，如上文所述，笔者更倾向于将其界定为一种劳资协议机关，是劳动者参与企业经营的一种方式、途径，而非管理企业经营的机构。

就职工董事、监事个人与职工代表大会的关系而言，笔者认为，职工董事、监事是职工代表大会的"喉舌"，而职工代表大会是职工董事、监事的"司令与后盾"。由于职工董事、监事角色的双重性，他们不仅应如普通董事、监事一样接受股东们的监督，更应当基于其职工代表的身份来接受职工代表大会的指挥，包括选举、更换、罢免、述职、评议等，并在公司机关中如实、充分地表达职工代表大会的意见与建议，当职工董事、监事在履行职责过程中受到阻挠或自身权益受到侵害之时，职工代表大会能作为他们的坚实后盾，由其工作机构——工会通过谈判或诉讼的方式给予支持与维护。

三、工会制度的完善

工会是劳动者的群体组织,是劳动者谋求政治、经济地位的改善而团结在一起组成的群众性社会团体。《牛津法律大辞典》对工会的定义是"现代工业条件下雇佣工人自我保护的社团"。① 著名的工联主义者韦伯夫妇为工会下的定义是:"工会者,乃工人一种继续存在之团体,为维持或改善劳动生活状况而设者也"。② 在资本主义劳动立法初期,虽然承认个别劳动者的某些权利,但对于劳动者集体组织的行为是严令禁止的。然而,随着垄断资本的扩张,个别劳动权被强势资方所压制,劳动者逐渐认识到仅依靠个人的力量很难确保其劳动权利的实现,因而,工会运动风起云涌。资产阶级政府也逐渐认识到对于工会运动不能采用单纯的暴力手段,而应将其纳入到资产阶级法律规范之内。就劳动者的经营参与而言,劳动者为保障权利的真正实现,可以通过组织工会并参加工会活动的方式对本单位的生产管理工作进行监督和提出建议。

我国工会作为民主参与权主体是有其立法依据的:其一,《劳动法》第八条规定,劳动者可以依照法律规定,通过职工大会、职工代表大会或者其他形式,参与民主管理。该法条中所提及的"其他形式"应包含工会组织。其二,《工会法》第二条规定,我国工会组织最主要的职能是依法维护职工的合法权益;《工会法》第六条规定,工会依照法律规定通过职工代表大会或者其他形式,组织职工参与本单位的民主决策、民主管理和民主监督。这一规定赋予工会可代表和组织职工参与企业民主决策、管理和监督的权利。其三,《工会法》第十九条规定,企业、事业单位违反职工代表大会制度和其他民主管理制度,工会有权要求纠正,保障职工依法行使民主管理的权利。该条是对工会组织代表职工行使民主参与权的保障性权利的规定。然而,受计划经济的影响,我国的立法表述会使我国工会领袖们对自身的定位产生困惑。《中华人民共和国工会法》在强调"维护职工合法权益是工会的基本职责"的同时,又要求工会"协助人民政府开展工作,维护工人阶级领导的、以工农联盟为基础的人民民主专政的社会主义国家政权"。这表明工会一只手在代表劳动者维权的同时,另一只手在执行着政府的管理职能。因而,在实践工作中,工会的地位是尴尬的,其既是劳动者的代表又是政府的代表,它

---

① [英]戴维·M·沃克编,北京社会与科技发展研究所译:《牛津法律大辞典》,光明日报出版社 1987 年版,第 889 页。

② [英]韦伯夫妇:《英国工会运动史》,商务印书馆 1943 年版,第 1 页。转引自常凯:《劳权论——当代中国劳动关系的法律调整研究》,中国劳动社会保障出版社 2004 年版,第 131 页。

的这种身份定位,导致了其在代表劳动者行使民主参与权过程中难以真正从劳动者权益的角度去考虑问题。因此,首先应从立法上明确工会的独立地位——劳动者集体利益的代表。其次,工会的经费应当独立。现实生活中,曾经出现工会主席帮助资方同劳动者打官司的荒唐案例,相当多的私营企业的工会并不能真正为劳动者讲话的重要原因即为其经济上的不独立,工会经费主要来源为企业按一定比例向工会拨缴的款项,这必将导致雇主在经济上间接地控制工会。为保障工会的独立性,工会经费来源应主要依靠工会会员的会费,经费的收支情况应定期向会员大会公布,并接受会员大会的监督。再次,组织上的独立性。工会的工作重点应放在维护劳动者权益上,杜绝私营企业中由老板亲信担当工会干部的非法工会的组建,严格禁止雇主对工会进行支配性介入。

论票据代理的两种特殊形态

侯银萍[①]

摘　要：票据法是极具无因性、要式性和文义性等特殊性质的法律。票据法设置票据代理制度的目的在于更好地实现票据法重在流通，旨在保护社会交易安全。通常形态的票据代理应当是票据行为的有权代理，即票据行为人本人向代理人授予代理权，代理人依代理权而代替本人为票据行为时，由此在本人与相对方之间，产生票据权利义务关系。而实践中的票据代理的案件并不都是票据行为的有权代理。由于从事票据行为的当事人并不都熟悉法律尤其是票据法的规则，票据有权代理之外的其他形态也是屡见不鲜的。只有了解票据代理的各种形态，才能对票据代理有全面的认识和把握。本文主要探讨票据隐名代理制度与票据代行两种制度。

关键词：票据；隐名代理；票据代行

目　次：

一、问题的提出

代理制度是随着商业交易的频繁和交易规模的扩大而建立起来的。而且自其创制以来，其强大的生命力促进了商事活动的繁荣和经济的振兴。如今，代理制度已经在各国民商法中确立了不可替代的地位。票据行为属于法律行为的一

① 侯银萍，法经济学博士研究生，浙江工业大学法学院讲师，研究方向民商法学。

种，因此民法上关于代理的规定也可以适用于票据行为，票据行为由他人代理，从而形成了票据代理。依据通说民法与票据法是一般法与特别法的关系，但是我们知道票据法是极具无因性、要式性和文义性等特殊性质的法律，而且票据重在流通，旨在保护社会交易安全，票据法设置票据代理制度的目的在于更好地实现票据法的宗旨。

票据代理的成立需具备两个要件：一是形式要件，即须代理人载明为本人代理之旨，而签名于票据。二是实质要件，即本人与代理人之间须有代理权存在。对于形式要件，我国学者采用显名主义原则即必须在票据上明示本人之名义，才由本人负票据上责任，其立法意旨在于避免票据关系过于复杂。随着商事活动的快速发展，隐名代理已经成为一个不容忽视的问题，完全不承认隐名代理在当今是否还合适？我们可否借鉴商事代理中的隐名代理制度来完善票据代理制度？

我国《票据法》第五条规定："票据当事人可以委托其代理人在票据上签章，并应当在票据上表明其代理关系。没有代理权而以代理人名义在票据上签章的，应当由签章人承担票据责任；代理人超越代理权限的，应当就其超越权限的部分承担票据责任。"这是票据代理制度在票据法中的法律体现，显而易见，第五条仅仅包括了票据代理的两种形态，即票据有权代理和狭义票据无权代理。对于社会实践中大量存在的票据隐名代理和票据代行等票据代理的特殊形态，我国《票据法》则没有具体规定，这无形中给使用票据的当事人造成了潜在的威胁，给钻法律漏洞的不法分子以可乘之机，同时也造成了我国金融体系的混乱。可见我们有必要完整地梳理出票据代理的各种形态，以期对将来《票据法》在票据代理方面的修订有所帮助。本文欲对上述疑问加以分析探讨，以期对我国票据法的完善有所裨益。

通常形态的票据代理应当是票据行为的有权代理，亦即需要有票据行为人本人向代理人授予代理权，代理人依代理权而代替本人为票据行为时，由此在本人与相对方之间，产生票据权利义务关系，而对于本人来说，主要是产生了本人的票据义务。而实践中的票据代理的案件并不像我们想象的那样简单，都是票据行为的有权代理。恰恰相反，由于从事票据行为的当事人并不都熟悉法律尤其是票据法的规则，于是票据有权代理之外的其他形态也是屡见不鲜的。只有了解票据代理的各种形态，才能对票据代理有全面的认识和把握。比较常见的票据代理的形态有票据的隐名代理和票据表见代理；此外，随着商事活动的日益复杂，票据代理又出现了一种特殊的形态——票据代行。本文主要探讨票据隐名代理制度与票据代行制度。

二、票据隐名代理

(一)票据隐名代理的含义

票据是一种特殊的有价证券,它具有要式性、无因性、文义性等特殊性质,在一般情况下不允许引入外部证据,因此票据的一切证据都来源于票据本身。票据行为也就是票据上行为,所以,我国乃至世界上许多国家都规定作为票据行为的代理也必须在票据上进行,即实行严格的显名代理制度,不承认隐名代理的存在。然而,社会的发展致使许多新生事物的出现,对此我们不能视而不见,更不能因漠视它们的存在而使法律出现空白。

商事活动中经常会有这样的现象:B 公司是一规模很小的企业,其拥有的资产有限,因此其社会信誉也不是很高,B 公司和某一跨国公司 C 谈妥一笔1 000万的生意,B 公司作为买方需要开立一张金额为1 000万的票据,但是 C 公司很担心 B 公司的信用和实力,为了做成这笔买卖,B 公司借用了某一大型公司 A 的账户开立了这张票据给 C 公司。这种现象就是我们熟悉的“借用账户”现象。该现象中,A、B、C 三者的关系分别是:A 与 B 是代理关系,其中 A 是代理人,B 是被代理人;B 和 C 是买卖关系,也是开立该票据的原因关系;A 和 C 是票据关系,其中 A 是出票人,C 是票据收款人(如下图所示)。

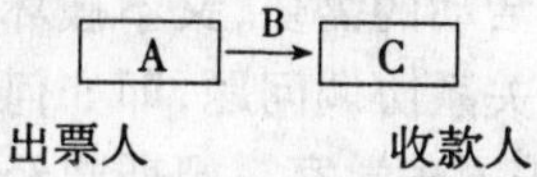

而 B 则不是票据当事人,在票据中也没有体现。依据票据法理论,由于 A 是出票人,A 应当承担票据责任,而 B 没有在票据上签章,所以 B 不用承担票据责任。假如该票据被 C 公司背书转让给 D,D 就成为票据的持票人,当 D 向付款银行请求付款未能实现时,D 很可能会向票据上显示的出票人 A 请求付款,那么 A 就要承担很大的风险。如果 D 明知是 B“借用账户”,D 可否向 B 要求付款呢?如果此时 A 和 C 没有支付能力,D 可否向 B 请求付款呢?这实际上就是隐名代理的问题。

隐名代理是指享有代理权的代理人,未载明为本人代理之旨,与第三人为票据行为而签名于票据,其法律后果由被代理人承担的代理制度。隐名代理是与显名代理相对应的制度,属于英美法系代理制度的主要分类。我国民事代理实行原则的显名主义,同时以隐名代理方式进行补充,商事代理中也承认隐名代理,而我国票据代理则不承认隐名代理。就前述案件而言,依据我国票据法规定的显名主义原则和票据法的基本原理“无签章则无票据责任”,B 未在票据上签章,B 就无需承担责任,因此,当 D 向 B 请求付款时,B 可以拒绝。而这样 A 就会因此严重受损，本应承担责任的B则逃之夭夭，这显然有悖于公平和诚实信用的原则。而若承认隐名代理，就可以平衡A和B之间的利益，A就不需要无谓地承担如此大的风险，对于B也不会不公平。实际上，隐名代理也涉及票据法规定与民法规定在特殊情况下如何适用的问题。隐名代理在我国虽不符合票据法的规定，但是不符合票据法规定的行为（如隐名代理）就一定是违法、无效的吗？可见，我们不能以不符合票据法规则就简单认定一行为无效，我们还应该考虑到它能否适用民法规则。例如，单纯交付是不符合票据法规则的一种交付方式，它仅仅不具有票据法上的转让效力，但是单纯交付仍然具有民法上的转让效力。而票据隐名代理实际上就是把票据债权等同于一般债权来处理，因此，案例中D对B享有的不是票据上债权，而是享有一般债权，只不过D需依据一般债权让与的规则通知C。可见，隐名代理符合商事活动迅捷、公平等特殊需要。

（二）票据隐名代理的可行性

《美国统一商法典》、《联合国统一票据法公约》基于隐名代理制度适用范围的不断扩大，均对显名代理作了改进，采取以显名主义为原则，隐名主义为例外的方式。隐名代理本来就是英美法系中的重要制度，我们知道英美法系与大陆法系在民事制度规则上有着很大的差异，甚至是冲突。因此，英美法系的国家作改进是很容易的。我国法律更接近大陆法系，我们如何借鉴他们的改进经验，引进隐名代理才能既适应商事活动的需要，又不破坏民法固有体系的完整性。这实际上就是“经验与逻辑”的关系协调问题，即如何处理社会实际需求与民法固有体系关系的问题。对此，美国法学家霍姆斯曾经说过：“法律的生命不在于逻辑，而在于经验。可感知的时代必要性、盛行的道德和政治理论、公共政策的直觉知识（无论是公开宣称的还是无意识的），甚至法官或其他同胞所共有的偏见，在确定人们所应依据的规则时，比演绎推理具有更大的作用。法律所体现的是一个民族经历的许多世纪的发展历史，因此不能把它当做一本只包括原则和定理的数学教科书来看待。”霍姆斯的这段名言精辟地揭示了由经验所支撑的价值思维，是给逻辑思维尤其演绎方法以生命的东西。当然，逻辑的完整、严谨同样是不容忽视的，这是由经验应当通过逻辑表现出来并发挥作用所决定的。事实上，无论古今中外，立法者都有两个立足点即社会实际和理性抽象。每一个法律条文都是针对社会实际问题而设置，每一个法律条文又都是行为规范的高度理性概括的结晶①。鉴于此，笔者以为，隐名代理制度宜采用在单行法规中即在票据法中予以规定的方式。可见，在我国票据隐名代理制度有其适用的空间，票

① 江平：《罗马法精神在中国的复兴》，载杨振山、斯奇巴尼主编：《罗马法·中国法与民法法典化》，法律出版社2001年版，第8页。

据隐名代理作为票据法显名主义原则的补充方式是可行的,即采取显名主义为原则,隐名主义作补充的票据代理原则。

三、票据代行

(一)票据代行的概念

代理人不以自己的名义,而直接以被代理人即本人的名义,在票据上签章,由此而为被代理人为票据行为,这可以认为是特殊形态的票据代理。对于特殊形态的票据代理,在票据法上并没有明确规定,但在实际票据活动中经常采用。特别是在公司、企业中,通常采用这一特殊代理形态,由有管理权限的法定代表人委托实际工作人员代理进行相应的票据行为。为使这一特殊形态的票据代理,区别于通常形态的票据代理,有人把该种形态票据代理称为“票据行为的代行”[①],或者称为“机关方式票据行为”[②]。因此,可以将这种特殊形态的票据代理,简称为票据代行[③]。在理论上,票据代行依被代行人即本人的主体性质不同可以分为自然人的票据代行和法人的票据代行;依代行人的作用不同又可分为固有的代行和代理的代行两种。所谓固有的代行是指他人遵照本人的指示,以“使者”的地位,传达或表示本人既已完成的意思表示。所谓代理的代行是指代行人在授权的范围内,以自己的决定直接以本人名义为意思表示。自然人的票据代行既可以是固有的代行也可以是代理的代行,而法人的票据代行则多为代理的代行。一般而言,法人的票据代行中,代行人是基于职务代理权而代理法人所为的行为。

票据代行作为票据代理的特殊形态,与票据代理有着极为密切的关系,同时两者又极易混淆。相对于票据代理而言,票据代行具有如下特殊之处:

第一,在票据签章上,票据代行的代行人仅签本人的姓名或盖本人的印章,并没有代行人的签章,即代行人是隐名的;而票据代理中是以代理人签章于票据之上为原则的。

第二,在法律关系上,票据代行有固有的代行和代理的代行两种分类,即代行人既可以充当使者或工具,也可以以自己的意思独立为代行行为;而票据代理中代理人与本人之间一般须有代理关系存在。

第三,在法律效果上,票据代行由于代行人以本人的名义进行票据签章,而无代行人自己的签章,因而不会发生无权代行和越权代行的问题。如果代行人

---

① 赵德枢:《论票据行为的代理、代表及代行》,载《政大法学评论》1993年6月,第118页。
② [日]铃木竹雄:《票据法·支票法》,有斐阁1989年版,第161页。
③ [日]铃木竹雄:《票据法·支票法》,有斐阁1989年版,第161页。

是在未经授权的情况下,直接以本人的名义进行票据签章,则应当构成票据的伪造;而票据代理则可能会发生无权代理和越权代理。

(二)票据代行的效力

票据代行在很大程度上表现为票据签章的代行。在进行票据代行时,究竟采用何种具体的签章方式才是有效的票据代行,即是采用签名代行的方式有效,还是采用盖章代行的方式有效。对于盖章的方式,在实际的操作过程中,无须由本人亲自完成,因而,票据代行一般采用盖章的方式,即由代行人代替本人在票据上加盖本人印章,这在理论界并无争议。而对于签名的方式,许多学者认为不能采用签名代行的方式进行票据代行,因而通说认为签名代行无效。然而票据行为毕竟是商事法律行为,虽然票据法具有严格的规范性,但是意思自治仍然是其基本原则,当票据代行确实是基于当事人的同意时,若再确定其为无效,则难免有违于当事人本人的真实意思;另外,如果票据代行的当事人是票据的出票人,那么由于形式上的无效就导致了后续的票据行为均无效,则不利于保护权利人的利益。我们知道,票据代理与票据伪造是两种具有不同法律效力的行为,票据伪造不利于票据的流通,是票据违法行为;而票据代理则有利于票据的安全和流通,是有效的票据行为。票据代行作为票据代理的特殊形态,仅仅不具备代理人签章这一形式要件,票据代行仍符合票据代理的本质特性,将其界定为合法的票据行为也能够体现票据法作为私法的灵活性。在现实生活中,票据伪造都可以不影响其他签章人的效力,更何况在票据代行的代行人与本人均明确的情况下,签名代行若影响其他签章人的效力,则未免过于严苛。因此,我们主张承认签名代行有效更利于票据的流通和保护权利人的利益。

有价证券所有权理论研究

——以证券作为"物"为基础

刘琳琳[①]

摘　要:我国关于有价证券基础理论的研究甚少,目前理论界是仅仅对某一种有价证券的单独研究,缺少整体性的考察,更缺少各有价证券之间有机联系的研究。本文旨在突破这样的研究现状,从有价证券本身出发,研究证券的本质、构建有价证券理论。证券所有权问题将是首先要触及的问题,本文仅是抛砖引玉,以期对有价证券理论建设有所裨益。

关键词:有价证券所有权;二元主义;一元主义

目　次:

有价证券所有权理论认为,证券持有人的权利是一种对证券"纸"的所有权与证券上表彰的权利紧密结合在一起的权利。[②] 19世纪,这个学说在德国具有支配地位,但是在同时代日本却很少有人提倡它,正好相反,有很多学者对这个理论进行批判,认为这是种本末倒置的学说。[③] 以票据为例,批判者认为,依票

---

① 刘琳琳,法学博士,大连理工大学人文社会科学院法律系讲师,研究方向为民商法学。

② [日]河本一郎:《有价证券法研究》,成文堂2000年版,第229页。

③ [日]伊泽孝平:《手形法·小切手法》,有斐阁1949年版,第174页;铃木竹雄、前田庸:《手形法·小切手法(新版)》,有斐阁1992年版,第149页。

据取得者的意思,不仅是取得票据的所有权,也是取得票据上表彰的权利,而后者才是主要的目的,前者只是处于一个附属的地位。票据本身的权利与票据表彰的权利是有区别的,前者适用物权理论,后者适用债权理论,而这种具有关联性的法律关系的结合,集中体现在票据这一张表彰债权的“纸”上;换言之,票据作为“物”的这种中间夹缝的地位是比较明显的。我们认为,法的概念也是技术的产物,而这种概念产生的原因是为了说明某种现象。那么,为什么会产生对证券“纸”的所有权概念,这个概念对于整个有价证券理论的构成又具有什么意义?本文借助被誉为“有价证券之父”的票据为线索,考察有价证券所有权理论的构成,以期对我国有价证券基本理论的研究有所裨益。

一、有价证券所有权理论的核心思想——二元主义学说

(一)所有权理论产生的过程

有价证券所有权理论是由德国学者 Savigny 提出的,在他的理论产生之前,通过学者们对见票即付证券的研究中可以看到,都是围绕证券的持有人即债权人展开的。在德国学者 Kuntze 古老的学说中列举了德国从 16 世纪中叶到 18 世纪的大部分学说,这些学说中大部分认为持有人如若提起诉讼,必须提交能够证明自己是债权人的证明。可是到了 19 世纪,这个问题演变成对持有人能否以自己的名义进行诉讼,即原告是否适格的争论。肯定说认为,见票即付证券的持有人提起诉讼,不以持有证券之外的权利证明为必要, 根据证券发行人对持有人的支付的约束,持有人就是债权人。通过考察 Kuntze 学说的发展史,19 世纪前半叶的多数学说,都是建立在持有人即当事人适格的基础之上论证的。根据持有人是债权人的理论,诉讼法上,持有人能够以自己的名义提起诉讼;实体法上,持有人是债权人能够很好地解释债务者免责、第三人善意取得、抗辩切断等异常的场合。19 世纪前半叶的持有人就是债权人学说,是一种朴素的学说。而 Savigny 思考的问题是证券上的债权人究竟是什么人,他认为是证券“纸”的所有权人,将证券本身作为“物”来对待,即证券“纸”的所有权人就是证券债权人,于是 Savigny 关于有价证券的所有权学说树立起来。但是这马上遭到德国学者 Heinrich Thöl 和 Kuntze 的批判,[①] 这之后产生了 Kuntze 关于占有人为债权人的学说,从这之后的学说发展史中看到,Savigny 有价证券所有权理论从产生开始就一直遭到批判, 为此,我们在下文对有价证券所有权理论的产生进行深入的了解。

Savigny 对见票即付证券的效力问题的考察,是从所有权和债权的一般比较

① [日]河本一郎:《有价证券法研究》,成文堂 2000 年版,第 232 页。

开始的。所有权是能够依自由的意志而转让,能够依据记载的文字进行流通。这样,先前的所有权和新的所有权人格都可以存续下来,但是新的人格与先前的人格是完全分离的,这一点,债权和所有权是不同的。基于同样的目的,德国学者 Zession 认为,债权转让可以通过更改形式或是追求请求权的方式实现,也就是委托他人提起诉讼,结合委托和被委托人之间的协定,为自己保留债务人给付给委托人的对象。但是后一种方法,跟所有权转让有一点不同,就是先前债权人的人格和新的债权人的人格是无法分离的。在普通的日常交易中,债权的处理是比较容易的,但是发达集团性的交易是与快速的企业经营结合在一起的,债权转让的效力不可能波及较远地方。于是,上述所有权转让的优点是若想得到证券债权,必须做出新的形式。为了研究这个课题的性质,Savigny 指出 Zession 的观点存在两个难题:第一,债务者可以承继对前者抗辩的对抗;第二,主张债权的最后受让人必须证明 Zession 所说的中间关系的存在。于是,Savigny 探索债权交易的新形式,单纯口头形式很难确定债权,利用证书就成了一种常态。证书是有体物,占有客体就取得所有权,利用作为物的证书,开辟了从债务者处取得债权的新途径,于是,从作为表彰债权的"物"——证券上,能够看到债权的流通过程。

那么,一个最简单的方法是允许证券的占有人追及证券上表彰的全部债权。但是 Savigny 否认这一点,如果那样的话,就会有违法占有者滥用的危险,这样就会产生债务者向全部持有人负给付义务的结果,这样看来,债务者的意图是必须将全部的持有人作为债权者,这样的法律效果是有效还是无效?从普通法的立场来看,这种与不特定人的契约债权是无效的(从抽象的角度看,对全部持有人的给付义务的法律行为必须是无效的)。可是,商人阶层为了交易的方便,思考能否有与上述这种形式相类似的法律行为。出于这样的考虑,前述 Zession 的观点中的难题是可以克服的。Savigny 首先列举了见票即付的票据和海上保险证券,进一步引申出具有公法性、集团性的见票即付的证券即国债、抵押证券、公司债券,在这个证券群中,有集团性对个别性、代替性与非代替性的差别。在罗马法中,无论对那一类型的证券,Zession 认为诸学说中的困难点不在于证券性的债权,而是在于持有人是谁,在持有人名下作什么样的理解,也就是在与不特定人的契约中寻找无记名债券成立的根据。与其说票据与个人人格不相结合,不如说存在一种基于一般性质结合的特殊形式,那么见票即付的证券就是顺应商人的要求而出现的,这里所说的一般性质就是对证券"纸"的一定的关系,因此,见票即付证券不能根据特定个人的主张,即成立证券关系的人的主张,而要根据债权证书——证券本身来看。

以上就是 Savigny 对见票即付证券本质的阐述,证券债权者的权利并非像其他债权是与特定人结合在一起的,证券性债权是与这张纸即证券的结合,因此全面理解“谁是持有人”这样的问题，就是说明债权与纸结合的关系问题，理解这一点就是理解了法律意义上的持有人问题。Savigny 对两个极端的见解进行了批评，基于这个论证展开了自己的学说。首先，第一个主张是纸的所有人就是真正的债权人，因此，权利行使的前提是取得所有权的证明。但是实际上，多数人在到期日请求支付时，并不考虑证明各自的所有权，这是一个矛盾点。其次，事实上的占有是债权者拥有权利的依据，但是完全贯彻这种观点，就必须承认一个后果，即小偷将证券偷入手中的瞬间，就成为真正的债权人，这是不合适的，因此要探讨这两个极端见解真正的中介。沿着这个道理推进，Savigny 指出，这个中介就是对当事人利害关系的平衡考量，也就是说，债权者有两个相互矛盾的利益。首先，能够轻易地确实让与自己的债权，并且避开 Zession 指出的困难的利益。其次，是对违反其意思而丧失占有时所产生的损害，能够得到保护的利益，使债务者能够免受二重支付请求的危险。为了调和这些利益的理论，Savigny 提出应该把纸的所有权人视为真正的债权人，并且，事实上的占有常常是与所有权的推定结合在一起的，这个所有权的推定有两重意义：从占有者的角度看，如果权利被提出异议之后，在诉讼中只要他人的权利不能被证实，就能行使作为所有者的全部权利；从债务者的角度看，债务者有不问何人而无条件向事实上的占有人支付的权利，并依这样的支付立即免责。

（二）所有权理论带来的益处

以上论述了 Savigny 所有权理论的成立，但是我们想知道的却是这个理论能够带来什么样的利益。[①] 我们将兴趣集中在法的概念视为技术的场合上，从 Savigny 的论述中考察这一点。第一，让与。证券上的债权者是对纸的所有权人，权利的转让不以 Zession 指出的形式为必要，在证券上不能得知先前的权利者的人格（Zession 也是不可能知道的），因为权利的转移以同所有权的转让完全相同的方法进行，尤其是不必受先权利人的人格而提出的抗辩的对抗，所有权理论带来的好处之一就在于此。Savigny 将个人特定的债权人完全忽略，而将债权人与持有人这一抽象性的概念结合在一起，根据这一点，Savigny 发现了除更改之外新的转让方法，也就是发现了能将物权转让的优点带给债权交易的新方法，但是他并非认可能够将这一点直接让与给债权，可以说是通过迂回的方法赋予债权具有物权交易形态的利益。第二，返还请求权。既然证券作为一种物，即被认为是独立的所有权客体，与其他的物一样当然适用所有权返还请求权理论。并且，从罗马法的立场来看，真正的所有人对全部的占有人（即使这个占有人是善意），也能够无对价补偿而行使返还请求权。但是这种无条件的动产的返还请

① ［日］河本一郎：《有价证券法研究》，成文堂 2000 年版，第 252 页。

求权,并不妥当。为此,新的立法带来了一个与之不同的原则,即所谓的"以手护手"原则。这个原则当然不应当视为返还请求权的一般性排除,因为这个原则不适用于不基于意思而丧失占有,只适用于基于所有权者的意思委托他人保管物的场合。但是根据这个原则,返还请求权的限制在不同的场合范围是不一样的,在大部分的场合都可以不问物的委托的种类而适用,与此相对,也有只限于所有权人把自己的利益的物委托他人的场合。可是无论怎样,在限制返还请求权的场合,也可以没有限制的适用无记名证券,这是所有权的第二个好处。总之,证券作为"纸"也就是"物"是独立所有权的对象,纸的所有权人就是债权者。因为作为纸的证券能够适用物的返还请求权理论,以及对这个请求权限制的原则,这样就为"纸"的善意取得提供了可能性,使得所有权者当然就是债权者,基于这点,无记名债权的善意取得才有根据。从 Zession 的理论来看,为证券上表彰的权利的善意取得理论提供根据是不可能的。所有权理论的一个根源在于善意取得理论,即寻找违反意思丧失占有的证券的返还请求权以及对此进行限制的根据,因为仅仅从纸上不能产生出请求权概念,也不能得出债权的概念,所以要承认对"纸"的所有权这个概念,就连否认所有权理论的 Kuntze 在论述证券的返还请求权时,也要利用对纸的所有权这一概念。总之,Savigny 认为,证券上的债权与纸的所有权是结合在一起的,人和纸结成的一定关系(物权要素)决定了债权者的地位(债权要素), 这被称为二元主义学说(Dualismus)。①

二、对有价证券所有权理论的批判——一元主义学说

通过以上的分析,可以了解 Savigny 的理论,在他的理论中将对纸的关系区分为单纯的占有和善意的占有,两者是有差别的,区分的结果就是,是否可以行使返还请求权及是否对之有限制,这是一般性二元主义学说的依据。但是在当时,对这个理论有着尖锐的批判,这以 Heinrich Thöl 和 Kuntze 为代表,他们否认纸的所有权存在,认为证券表彰的权利是债权,作为表彰债权的"纸"仅仅是为体现债权,而不能作为一种独立的权利对象,这被称为一元主义学说。

(一)Heinrich Thöl 的批判

Thöl 对所有权理论批判的根本点在于,"纸"是专门为了债权而存在的,债权却不因"纸"的存在而存在,基于这一点,债权人并不是依纸的所有权而成为债权人。考虑这种可能性,可以从以下两点分析:第一,所有权理论提倡的债权与纸上的所有权是不能分离的,这是以两者同属于一个人为前提的,纸是专门为了债权的存在而具有价值,离开债权的存在单独看纸的所有权是毫无价值的,只有在

① [日]河本一郎:《有价证券法研究》,成文堂 2000 年版,第 247 页。

很少的场合纸和债权的分离才具有价值,即债权者之外的人得到纸的所有权的场合。从这一点上看,纸的所有权从属于债权,但是反之则不是。第二,纸的所有权和债权是能够分离的,这以纸的所有权归属与债权人之外的其他人为前提。与其说纸的所有权必然常常是债权人没有什么根据,不如说债权人由债权法特有的根据决定的,所有权是依物权法特有的原则决定。总之,纸的所有权人应该就是债权人这样的理论不予支持。

(二)Kuntze 的批判

Kuntze 的批判分以下三点:

第一,权利移转的过程并不是之后的证券所有人依据什么样的前提取得纸上表彰债权的问题,而应该是这个债权是怎样变动的问题。有人认为见票即付证券既是金钱又是商品,[①] 作为有体物适用的原则也应全部适用这个证券;另一些人认为,这样的证券是单纯的债权和纸的结合体,物权法的原则可以直接适用债权附着的纸,而无视这种债权变动的特殊姿态。这样作为法的构成不可避免存在一个空隙。站在二元主义立场上承认的债权要素,单纯地说,证券的所有者、占有者、持有者都尽可能的是全部的债权人,这在理论上是不可能成立的。因为证券上的债权必须具有相续性,在理论上也必须明确主张这种相续性。总之,Savigny 思考的内容是,证券上表彰的债权不是保持同一性的转移,随着取代纸的所有权人的变化,基于各自所有权人的许诺,不断反复进行着债权的重新成立重新消灭的关联的过程。然而,通过流通过程连接起来的债权已经看不到关联性的存在,这个关联性的欠缺就是 Kuntze 批判的地方,我们认为这个批判是正当的,也许是因为在二元主义立场上,仅承认相对于物权要素的债权要素,但却无视流通层面的债权要素,这样发展理论确实有不当之处。

第二,与前述 Thöl 的批判采用的相同的依据,不应该把仅仅是为债权服务而作成的纸作为独立的权利的对象,如前所述,这是所有权理论一个很大的弱点。

第三,Kuntze 具有决定性的批判点在于,他认为所有权理论应该是随着证券的占有而将所有权的推定与债权者的推定相结合。要严格解释推定概念,不要将这个理解扩张到拟制的领域。由于流通中很容易产生二重支付的危险,为了加强对债务者的保护,除了破坏债权法的基础就没有其他的方法。Kuntze 的伴随推定理论的所有权说成了学者攻击的对象,因为单纯的推定并不排除反证的可能性,于是有两种场合引起广泛的思考:一个是持有人请求支付而债务人主张反证成功的场合;另一个是债务人向持有人支付之后,第三人出现,主张自己是

① [日]小桥一郎:《商法集Ⅱ(商行为·手形)》(1),成文堂 1983 年版,第 61 页。

真正的所有人，并且做出了证明。假设这两种场合采用 Kuntze 的占有推定所有权说，那么见票即付的持有人主张权利往往是不安的，出示的证券如果是盗赃或是违反他人意思而脱离占有的证券，除了时效取得作为例外的场合，出示人并没有取得所有权，如果有人提出反证，出示人就不是债权人。

然而当今，在铁路交易和货运交易中有价证券丢失的情况很多，由于这种证券的急速流通，几乎在任何场合对无记名证券的返还请求权都受到实体法上的限制，因此 Savigny 并不承认对无记名证券有返还请求权。他认为，占有者与所有权的推定的结合是充分且必要的，而上述这种不基于自己意思而丧失占有的场合实属例外。但日本的河本一郎先生认为这样的批判是不当的。① 如果对 Kuntze 主张的推定说必然允许反证，这恐怕会有滥用的可能，如果允许反证，持有人多少会有些不便。但是为了保护真正的权利者，包括善意取得者，不包括恶意取得的无权利人，出示人尽管是真正的权利人，债务者提出反证哪怕是伪证，只要没有正当的理由，出示人都可以基于不法行为即债务不履行，请求损害赔偿。当然，反证成立的话，也可以保护真正的权利人的利益，这种保护是很充分的。综上，Kuntze 认为既然是占有者不管是善意还是恶意都把他们看成是权利人，这样见解是很极端的。

Kuntze 的批判中如果最精彩的思想是严格贯彻推定说，那么并没有得出债务人向出示人支付后免责根据。为了研究免责的根据，当时的学说如 Kuntze 给出的解释是，要寻找发行人和证券受领人之间默示缔结的附随契约。Savigny 同时也找到了这个所谓的附随契约，他认为证券发行的同时，依据向持有人支付就可以得到免责，这是被出票人认可的。而这一点只有在结合了证券占有的权利推定时才免责，对单纯占有的支付并不免责。对 Savigny 这种观点，Kuntze 批评得很贴切，他认为这个附随契约是对不特定人的契约，这种契约是否有效另当别论，必须说根据这个契约形成的全部法律关系都是技巧性的。为了确立无记名证券制度一味地增加大量的原则，而这些原则并没有内在本质的联系，也就不能成为共同法的核心。从考虑免责的根据中，可以看出 Kuntze 的占有者就是债权人的观点确实有些过头。但是可以了解的是，当时的学者对解释债权人依对证券单纯占有的持有人的支付，可以免责的理由是煞费苦心的。在这之后，Savigny 的所有权理论为了说明免责现象，终于从权利概念中分离出善意者信赖的基础，进而构成了权利外观理论。这个探索的过程，与构成真正的动产善意取得制度相关理论的法律思想轨迹是统一的。无论如何，由 Savigny 树立起来的所有权说，经过长时期的发展取得了支配性的地位。

---

① [日]河本一郎：《有价证券法研究》，成文堂 2000 年版，第 250 页。

三、有价证券所有权理论的价值——从一元主义学说中的解放

在德国,通说承认证券上所有权的概念,而在日本昭和初期,通说也承认票据上所有权的物权关系。但是之后,通说又否定了票据所有权的成立,票据债权采用了一元构成理论。承认票据所有权的意义在于,站在票据所有权的立场上,能够超出原来票据理论构成的预想并带来很大的影响,尤其是对背书理论的影响。以往的理论都是从票据债权转让的方面理解背书的本质,而现在将票据的流通,如第一次的交付作为票据所有权的转移来把握,那么伴随着所有权的转移,证券上票据行为的效力才发生。这样就能够从一元主义的论断(相对人取得的票据关系是票据债权的取得)中解放出来了。①

(一)理论层面的价值

1.创造说与所有权理论

有价证券所有权理论是(特别是在像票据、债券这样表彰债权的有价证券理论)与单独行为说尤其是创造说相联系的一种表示证券本身的理论。有价证券理论或者说票据理论,都在探讨证券上的债务是如何成立的。单独行为说中的创造说认为,证券上表彰的债务,不是依债务人一方受领证券的意思表示而成立,而是依据证券作成就已经成立的了。② 因此,从债务者角度看,证券上表彰债务的成立除了证券作成之外,没有其他任何要求了。所以,证券作成之后,证券不以作成人的意思而投入流通,作成人负担债务就很容易理解。这种作成行为的意思表示不是向特定人而是向将来所有的票据取得者做出的,因此,各个票据取得者对所有的票据债务人取得了独立的原始的权利,即后者的权利不是继承前者的权利,这样就很容易说明抗辩切断和善意取得等制度。如果从债权人承继的角度说明这些现象,至少在19世纪中期还是很难的。

上述内容是创造说理论的本意,但是它认为债务负担的根据在于证券的作成而不需要单方面受领的意思表示,这样的理论并不能当然地得出谁是权利人的结论,究其原因是因为创造说几乎只认为,债务人负担债务除了作成证券以外,没有要求其他的行为。但是要说明这是一种什么样的债权债务关系,至少是一种法律关系的话,必须有债务人这个与债权人相对立的人格存在,在这个前提满足之前根本谈不上债权债务的问题。这个难点是创造说无法解决的,因为只作成证券并不能产生债权关系,为了成立债权关系,债权人的出现是必要的。所以,从分析权利人是什么人出发,创造说有三种见解:第一,债权人是所有的证券

---

① [日]长谷川雄一:《有价证券法通》,成文堂2000年版,第92页。

② [日]铃木竹雄、前田庸:《手形法·小切手法(新版)》,有斐阁1992年版,第144页。

占有者;第二,债权人是善意占有者;第三;债权人是证券的所有者。第一种观点,必须承认盗窃者也是债权人,第二种观点是以例外的情况作为债权人,忽略了大多数的场合,特别不能说明通过善意取得后转为恶意占有者的地位。于是,第三种学说即所有权理论就成了通说。

创造说以权利者为基准,在采用所有权理论作为积极的理由的时候指出一点,即权利人行使有价证券权利的时候,必须提交证券、处分证券。能自由处分证券的人首次主张证券上权利的时候,把证券上的债权和证券的所有权都作为自己的权利自由处分,这样的人才是有价证券的债权人。这一点是主张所有权理论的契约说学者也认可的,但不同的是,证券所有权这个概念,是为了确定通过不需要受领意思的单方行为而应当取得权利的人而使用的基准概念。

总之,从与所有权理论相联系的创造说的立场来看,债务人对证券的所有权人不需要单方面的受领就做出了债务负担的意思表示(所有权人不仅包括从权利人处取得证券的人,还包括从无权利人处善意取得证券的人),这种意思表示必须是为使第三人取得所有权而成立债权债务关系作出的。因此取得证券所有权的人就各自独立地取得证券上表彰的权利,由此就可以回避一些问题,如违反债务人意思而流通的证券的债务负担的说明、债权承继相关的疑难问题(抗辩切断、善意取得)等。要将这些问题统一起来作简单说明的创造说,它自身并不包含决定债权人的要素,它是为了这样的目的而与证券所有权理论联系在一起。[①]

2.契约说与所有权理论

以创造说为基础的所有权理论发挥的作用如上所述,可以思考以契约说为基础所有权理论是否有存在的价值?契约说认为证券债务的发生源于证券债务人与证券权利人缔结了契约。契约的成立,对于证券债务人而言,应作成证券并交付证券,属于要约;对于证券债权人而言,应受领证券,属于承诺。[②] 同时具备要约与承诺,证券行为才完成,才产生证券上的法律关系。由于契约的成立当然是以对方当事人的确定为前提的,因此与创造说不同,没有必要探讨决定债权人的基准问题。支持契约说的大部分学者主张证券债权和证券所有权是不可分离、紧密联系的,如票据不转让就不能转让票据债权,证券债权从属于证券所有权。契约说学者主张这点的理由是什么?以票据为例,他们认为,权利的行使必须依据票据,特别是在票据债务的偿还时,票据必须兑换交付,即行使票据债权的时候处分票据本身,也就是票据的回赎。这种处分不是一时的交付,而是将票据的所有权必须转让给债务人。对于这种意义上的交付,债权人必须对证券具

---

① [日]河本一郎:《有价证券法研究》,成文堂 2000 年版,第 260 页。

② [日]铃木竹雄、前田庸:《手形法·小切手法(新版)》,有斐阁 1992 年版,第 144 页。

有所有权或者是能够产生处分权的物权(如票据质权),因此,移转证券上的权利必须移转证券的所有权。

持所有权理论的契约说学者认为,所有权理论可以解释有价证券的善意取得制度,证券债权并不依债权法的原则而是依物权法的原则取得的,也就承认了可以从无权利人手中善意取得权利。于是他们提出了一个完美的比喻“证券债权从属于证券所有权”,大概可以这样理解,债务人对已取得证券所有权的人负担的是另一个独立的债务。契约说归根结底思考的就是证券债权的善意取得问题,现代法的思想是证券债权的善意取得从属于证券所有权,这就意味着证券债权与证券物权是从属于同一原则而取得的。

(二)实务层面的价值

1.票据的善意取得

探讨票据丧失后,第三者善意取得票据的法律构成,按日本目前的通说是排斥物权的成立,那么只能理解为第三者的善意取得,是债权的善意取得。可是,对物的暂时性支配是以取得本权为前提,按日本通说的立场,基于善意取得的成立,丧失票据的人的票据权利转移给善意取得人。但是根据除权判决,善意取得人的这个权利消灭,丧失票据的人的权利又恢复了。于是根据程序法上的除权判决的效果,使得实体法上消灭的权利又复活,这样不顾善意取得的成立,不消灭丧失票据的人的权利的理解,是不合适的。按照所有权理论的观点,善意取得者取得的票据权利与丧失票据者丧失的票据权利是有区别的,善意取得者取得的是票据上的物权关系,这被称为证券的物权归属,善意取得者能治愈前者无权利的瑕疵进而取得证券关系,[①] 从这点来看,承认证券上的所有权能够完满的解释票据善意取得制度。

2.隐蔽委托收款背书票据的取回

隐蔽委托收款背书中,委托人是票据的背书人,受托人是票据的被背书人,事实上背书人并没有让与票据的处分权,这种背书作为委托收款背书的特殊形式也是一种形式背书。然而,由于这种委托收款的意思并没有表现在票据之上,想要取回票据是很困难的,这就产生了信托让与说和资格说两种理论的对立,[②] 如果采用票据所有权理论,这样的对立就不再存在。委托人即背书人可以基于所有权取回票据,特别是在被委托人破产的时候可以行使破产法上的取回权。当然,这要以证明委托收款的事实为必要,不过这个证明对于委托人来说是很容

① [日]长谷川雄一:《手形·株论集》,成文堂1997年版,第34页。

② [日]铃木竹雄、前田庸:《手形法·小切手法(新版)》,有斐阁1992年版,第291页。

易就办到的。

3.票据质押背书

票据债权一元性理论认为,设质背书具有转让背书即债权让与的本质,为此我们必须理解对票据债权设定质权的行为本意。票据质押背书使背书失去了背书本来的品格,票据上产生了票据行为成立的物权变动的观念。[①] 但是作为物权行为的票据行为这样的概念并不存在,票据关系是请求支付票据金额的单纯的法律关系,票据上债权质的设立也并不是票据行为涵盖的目的,这就有必要从票据债权的一元论中解放出来,认可票据所有权概念。在票据的所有权上设立质权,依对质权的行使,物上代位受领票据金额的方法并不是没有道理。

尤其在隐蔽的设质背书中,当被担保的债权消灭,在隐蔽设质背书的被背书人拒绝返还票据,而背书人强行请求返还的场合之下,日本通说的立场是主张设质人即背书人请求返还。这样一来就要从原因关系中抽象出与票据无因性相反的理论,也就得出这样一个结论:由于票据质权的消灭,背书人可以根据票据所有权请求返还票据,持有人自己涂销设质背书。但是,票据重在流通,既然第三人善意取得成立了,拥有的票据权利仅仅由于原因债务的消灭而被回收的话,作为流通证券并且是有价证券,这种理解又违反了票据理论的基本构成。所以,当第三人善意取得票据的时候,如前所述,所有权理论中对票据所有权返还请求权的限制原则发挥了作用。

① [日]长谷川雄一:《有价证券法通通》,成文堂2000年版,第93页。

论民法的价值实现

——以抽象身份与具体身份的紧张与冲突关系为视角

申伟[①]

摘　要：在民法价值实现的过程中，人的参与是不可能缺少的。近代民法确立了抽象人的形象，使民法确定产权归属和实现财富增长的价值得以实现。但现代社会经济和社会的高速发展，出现了贫富差距过大等一系列问题，使抽象人背后的具体身份越来越受到关注。大量社会经济法律出现。进而民法制度设计中难免会出现抽象身份和具体身份的紧张关系，因此，有必要以这两种身份的紧张与冲突关系为视角来分析民法如何实现民法关注民生，实现多数人的财富普遍增长这一价值。

关键词：民法的价值；产权归属；抽象身份；具体身份

目　次：

在财产关系领域，民法肩负着三大价值。第一，确定财产的归属，即产权的明确；第二，实现财富的增长；第三，在财产增长的同时，关注民生，调节财富分配，实现大多数人财富的普遍增长。近代民法确立了抽象人的框架，星野英一教授指出："对此，如由笔者给予若干发挥的话，则近代私法中的人之地位可以归纳为如下几点：承认所有人的法律人格完全平等，由此所肯认的法律人格是可自由意思自由地成为与自己有关的私法关系的立法者，但它却是不考虑知识、社会经济方面的力量之差异的抽象性的人；并且，在其背后的是，在理性、意思方面强而智的人像。"[②] 这样的人其实也就是被忽视了具体身份而以抽象身份存在的人。近代民法抽象的人像设计，使民法确定产权归属，财富增长的价值实现成为可

---

① 申伟，法学硕士，现工作于大庆市高新技术开发区检察院。

② [日]星野英一著．王闯译：《私法中的人》，中国法制出版社 2004 年版。

能。但民法不但要引导人们同贫穷斗争还要同贫富差距斗争。梅因提出了从身份到契约的公式。近代民法树立了平等抽象人的镜像,但经济的发展又使具体身份得到了民法关注,本文以身份为视角来分析民法价值的实现问题。民法的第一个价值实现,以物权领域为例,物权法律制度不考虑抽象人背后的具体身份,只是通过对抽象人占有的财产给予肯定,确定财产归属使民法确定产权归属的价值得到实现,从而为财富增长提供保障。要想获得财富增长,就不可避免地进行民事交易。梅因提出了从身份到契约的公式。人摆脱身份的依附性,通过抽象人的身份进行平等的交易,适应了经济发展的需要,财富因此得到增长,民法通过建立抽象平等人的交易框架,实现了财富增长的价值。但财富增长的同时,贫富差距产生,抽象的身份很难解决社会中更多的民事交易以及民生疾苦的一系列问题。因为,现代社会的发展使人们进行民事活动时不得不考虑其财产的占有量和其他一些社会关系。人们不可能只是以抽象的身份而不考虑人具体的财产占有量和其他社会关系进行民事活动。一部分人财产增长的同时,大量人的财富增长受到了限制。抽象的身份与具体的身份出现了紧张与冲突关系。大量为具体身份制定的社会经济法律制度出现。民法对弱者具体身份态度如何?如何实现民法关注民生,调节财富分配,实现多数人财富普遍增长?这一价值目标能否在人类社会中得到实现?正是本文要讨论的问题。

一、民法确定产权归属和财富增长价值的实现

在民法的权利体系中,可以分为人身权和财产权两大部分。在这些财产权利的实现过程中,民法的价值得以体现。并且权利有着不同的实现方式,民法就有不同的价值。具体到财产领域,如想了解民法的价值,就不得不对民事法律关系中的具体身份和抽象身份进行分析。如果不具备民法上的抽象身份,财产的归属、流转、增加就无法进行。在某种情况下,如果没有抽象身份,财产的分配与调剂也就不可能进行。我们还可以看到这样一种现象,在物权领域中,财产如何获得,具体身份上的差异,物权法律制度既视而不见又不给予解决。而具体身份差异和财产取得的原因,物权法没有对此给予关注。物权等法律制度只是肯定了抽象人对财产的占有,而对这些财产取得的原因和财产占有者的身份则不在考虑之列。在物权领域为了维护社会的稳定,财产的稳定,增强人们的财富进取心,必须借助于抽象的人而使具体的人具体之原因获得的财产合法化。如果在物权领域进行财产分配,承认人的具体身份,则人心惶惶,谁敢获取财富,稳定最为重要。抽象的身份的民法设计,起到了稳定财产,增强人们财富进取心的目的。

在物权领域,在确定财产的归属的时候,财产的取得原因被忽略和隐藏了这

有两个层面的含义:第一,物权法等确定物的归属的法律,对所有权取得的正当性问题没有说明。以土地为例,国家取得土地所有权并没有原因,自然人成为抛弃物合法的主人也没有正当的原因。国家,抛弃物的占有者被法律规定为权利的主体。借助于抽象的身份合法的占有财产。主体基于身份而取得所有权,且被推定为土地所有者正当,因为是国家身份从而被推定为土地所有者,在法律规定之前在所不同。这是所有权取得正当性的法定说。(1)先占说,所有权发生乃由于先占,但问题是,土地可先占,建造之房如何先占,此时正当性并未解决。(2)劳动说,所有权取得乃劳动之结果。如房屋建造,但土地如何取得?(3)需要说,所有权乃根据人之需要,欲望大的则可获取多,此乃有失公正。可见,在物权法领域,由于所有权取得正当性的原因非常复杂,法定说更为可取。法定说乃由于法律推定了主体身份。抽象的身份掩盖了财产的取得原因,并且以抽象身份占有财产。另外,还有人性说,认为所有权取得乃由于人性,人们互相尊重产权,从而定纷止争。[①] 第二个层面,无论物权取得的原因,只要其具备形式上的合法性,就受到法律的平等保护。物权领域只看到了抽象人的身份,而不关注抽象人背后的具体身份。

抽象人的制度设计实现了民法促进财富增长的这一价值。梅因在其著作中指出:“罗马自然法和市民法的主要不同之处在于它个人的重视,它对人类文明的贡献就在于把个人从古代社会的权威中解放出来。”[②] 近代民法在合同领域体现了这一点,人们借助抽象身份进行民事交易获得财产。法律设计了平等抽象的身份进行民事交易的框架。过去那种不平等的人身依附关系框架下的交易被民法否定。每个人都是强而智的抽象人得到了近代民法的肯定。在摆脱了旧的封建不平等的民事关系后,新的抽象人的交易框架适应了经济发展的需要。人们可以根据自己意志自由地进行民事交易。我国合同法第二条规定,本法所称的合同是平等主体之间自然人,法人,其他组织之间设立、变更、终止民事权利义务的协议。这里法律规定进行民事交易的主体,就是抽象人的制度设计,其背后的具体身份,具体的人的财产状况和其他一些情况就不在法律考虑之列了。可以说民法实现财富增长的价值归功于抽象人的制度设计。

二、民法价值实现中的两种身份的冲突,紧张关系

在实现确定产权归属和财富增长价值的同时,民法关注民生,调节财富的分配,也就是大多数人都能够获得财富的增长的价值理应受到关注。正如前面所

① [日]冈村司:《民法与社会主义》,中国政法大学出版社 2003 年版。
② [英]亨利·梅因:《古代法》,商务印书馆 1996 版。

述，民法的前两个价值已经在现代社会中得到了实现，通过对抽象平等的人的肯定，不但使人类摆脱了人与人之间的依附性，更确立了产权归属，实现了财富的增长。但随着社会的发展，贫富差距进入了民法的视野，人们在通过抽象身份占有财富的同时，财产的占有量出现了差异，进而在这个前提下，人们占有财富量的差异越来越大。可见，在民法领域可定人的身份差异是一把双刃剑，它能增长财富，但同时又给一部分人带来疾苦和不公正。正如拉德布鲁赫所说的，"只有弄清每一个人的社会性差异及其社会单位的强弱，才可能通过法律予以照顾即保护社会弱者，限制社会强者。如此，在自由主义平等思想的基础上使分配正义合理化；在自由的基础上建立了社会主义平均化的思想；在交换正义的基础上使分配正义合理化；在自由的基础上加之以组织化的社会助力尤其是国家的帮助。"①

依近代民事法律制度的设计初衷来看，抽象人是智而强的，有根据自己意志自由的进行民事活动的权利。这在早期对推翻封建制度，建立资本主义经济制度无疑有重大意义。通过确定产权归属，财富得到了增长。然而抽象人的制度设计的确实现了民法的价值，但是在实现者二种价值的同时，财富的占有量出现了差距，并且悬殊。很多具体的人表面上拥有抽象民法上自由意志人的身份，但其财产占有量的弱小使其被排斥出了某种交易之外。抽象人的制度设计对很多生活中具体的人成为虚幻。进而民法设计的抽象人和现实生活中的具体人出现了紧张和冲突关系。现代一些国家的民法都在关注具体人的问题。强调从契约到身份的回归。大量的经济社会法律制度为具体的人而设计。这其实就是对如何实现关注民生，调节财富分配，实现多数人财产普遍增长的民法价值的关注，就是对如何弥补抽象人制度设计和现实生活中具体人的紧张冲突关系做的努力。正是由于两种身份的冲突紧张关系使得民法如何关注民生疾苦，调节财富分配，实现多数人的财富普遍增长成为必要。例如，合同法中规定了抽象平等主体的交易规则。比如平等主体之间关于用二元钱去买一个笔记本。这样的交易，在合同法的调整中非常常见。但是在某些特定领域，由于千千万万个抽象的人背后具体身份所支配财产量的稀少，使之不能成为某些特定领域中交易的一方，只有很少人能够进行这种交易。比如并不是每个抽象的民事主体都能够进行一辆宝马车的交易，更多的抽象人被排斥在了宝马车的交易之外。或者就买一件衣服这样的小东西而言，具体人财富量的不同，决定了他们会选择不同的交易。可见，尽管民法提供了抽象主体交易的框架，但由于财富占有量的差异或是更大的差异，使抽象的身份成了虚幻。使民法不得不关注具体的身份。这也就

① [德]拉德布鲁赫著，沈景一译：《法哲学》，法律出版社2005版。

是说具体身份和抽象身份出现了紧张与冲突的关系。第一,就具体的交易而言,由于具体人的不同,财富占有量的不同。大量的民法赋予抽象平等地位的交易主体进入不了特定交易领域。此时,民法提供的抽象平等主体的交易框架对他们来说就是虚幻的。贫富差异显然是其中的一个原因,当然,适当的财产占有差距是合理的。但过大的差距后果是造成人们获得财富的平等机会被践踏。这一问题能否得到解决?现代民法的态度如何?第二,具体身份占有财产量的不同,使生活中用二元钱买一个笔记本已不再成为交易的主流。少量的财产占有者通常会成为交易中的弱者。比如,雇主下面的雇员,卖者的相对方买者。小企业相对于大企业的弱势,公共大企业和其他小企业。这更是远远超越了普通民事合同框架,抽象的身份在此受到某种程度上的架空,具体的身份得到凸显。

三、民法价值的实现

民法价值的实现始终是围绕人及财产的关系展开的。那么民法对一个什么样人的态度和制度设计直接关系到财产的取得及其增长。民法价值的实现的前提是人生存的问题。自由的前提是人的生存问题,人的生存需要两个条件:一是人格,二是财产,无人格之人无异于动物,而无财产,人则沦为乞丐,不能体面的生活。作为民法的制度核心,则一是规定人之人格,二是规定人之财产取得以及财产取得的正当性。而自由的价值理念也充分体现在人格,所有权和契约这些民法制度中。① 现代民法通过制定大量的经济社会法律来保护弱而具体的人,调节财富的分配。其实质也就是控制贫富差距。但这些措施并没有回答民法能否实现调节分配,使大多数人的财富都获得增长。有很多人对贫富差距持悲观论调。笔者认为这些问题都源于民法价值根基也就是资源的稀缺性与非稀缺性之间的矛盾。现在看来资源是稀缺的,并且也正是由于这一点,人们才有财富进取心,财富也才能得到增长。从某种角度来说,正是由于资源是稀缺的,谈论民法的价值才有意义。但是我们也要肯定,人类的科技进步和不断创造力使资源又是无限的。资源的稀缺导致了贫富差距乃至于加大,但资源本身的无限性最终会使贫富差距得到解决,从而实现调节财富分配,大多数人的财富普遍增长这一民法价值得到实现。从而使抽象人与具体人的冲突得到缓解。随着社会的进一步发展,具体弱的人会变得更加智而强,抽象人的交易框架会仍旧是成为民事活动中交易的主流框架。战后日本的发展,新加坡的发展,说明了资源的稀缺与否在于人们的创造力和对科技的态度。石油危机的度过也说明了这一点。美国

① 李少伟,王延川:《价值与制度的贯通现代民法文化研究纲要—兼论我国民法典的制定》,载《河北法学》2007年第8期。

国际知识产权联盟在《美国经济中的版权产业:1999年报告》中指出,1997年美国版权产业净产值为3 484亿美元,占美国国内生产总值的4.3%。在1977到1997年间,核心版权产业的国内生产总值平均年增长率达到6.3%,是同期美国国民生产总值年增长率为2.7%在这20年间,美国版权产业就业人口翻了一番,达到380万人,占美国就业人口总数的2.9%,平均年增长率达到4.8%,而同期美国经济就业人口平均年增长率为1.6%。到2001年,美国的核心版权产业为国民经济贡献了5 351亿美元左右,约占国内总产值的5.24%,美国新英格兰地区2001年6月提出了《创意经济计划:新英格兰创意经济投资蓝皮书》,纽约将城市精神确定为"高度的融合力",可见,资源的有限与否,和一个国家对科技和创造力的态度是紧密相关的。资源的有限与否是和科技的发展紧密相关的。① 笔者认为,现代民法体系之外的大量经济社会法的出现是合理的,但其会随着时间的发展而萎缩。尽管世界上有些国家把大量的这样的法律编入民法典,但笔者认为实属不必,抽象人设计的民法框架对民法来说依然适用。民法对具体人的关注只是暂时的权宜之计,经济法等融入民法典中会造成体系上的冲突,也不符合未来社会的发展方向。

民法的发展要顺应社会的发展,并且不断变化。民法在实现三大价值的时候应有的态度是从制度层面上为财富的普遍增长服务,调节财富的不均,使人们在获得资源的面前是平等的。民法抽象人的设计应该是强而智的,在理想状态下,抽象人和具体人在财产占有量上,获得资源机会上应该是一样的,至少不会相差过大。比如,每个抽象人的财产占有量相差不悬殊,使抽象人都能自由的选择自己的交易对象和交易领域,而不因为财产占有量小,而被排斥在某个交易领域之外。另外,在雇主与雇员之间,如果二者之间背后的财富占有量相差不悬殊,也就不会出现雇主利用其财富占有量的优势剥削雇员。在理想状态下也就没有必要在民法中,设计关注具体身份的法律制度。因为此时民法设计的强而智的抽象人与实际民事活动中的具体人不发生冲突。因为具体的人也是强而智的。人与人之间的财富占有量相差并不悬殊。当民法将其定格为抽象人的时候,他在民事交易中并不会成为弱者。但是,当每个具体人的财产占有量相差悬殊的时候,具体人与抽象人就出现可紧张和冲突关系。民法在抽象人的框架下也不得不关注具体人的疾苦。于是具体的身份在更多的法律中被重视,甚至某些国家的民法典本身就直接对具体身份给予关注。

通过以上的分析我们可以看到,民法确定财产归属的价值是实现财富增长价值的前提。而当财富得到增长的价值实现过程中,如何实现关注民生,实现多

---

① 上海科技报网,http://www.stcsm.gov.cn/Detail/Detail.aspx? tbno = 202&id = 67905

数人的财富普遍增长又是现代民法不得不面对的问题。民法设计了抽象人的制度,使前两个价值得到实现。但抽象人的制度设计与实际生活中具体人的现实情况是冲突的。具体人与抽象人出现了紧张冲突关系。大量经济社会法律因此而出现。笔者认为大量经济社会法律的出现能很好地关注具体人,和民法关注民生,调节分配,实现财富普遍增长的价值相符。然而,随着人类创造力的增强,科技的发展,解决具体人贫而弱的问题不在于民法设计的一系列经济社会法律,而在于人类获得资源能力的增强。正如前边所分析的,资源是无限的,从而使每个具体人都能成为强而智者提供了可能。最终,抽象人的制度设计不会和具体的现实生活中的人出现紧张和冲突关系。因为抽象的人是为强而智的人设计的,而现实生活中的人也的确如此。随着人类社会的发展,大量的经济社会法律将会消亡或者它们不再是关注弱势人的法律制度。进而笔者认为,资源是无限的,当人类创造力和科技的发展使得人类大量的资源被创造,人与人之间的财富占有量相差不会悬殊,抽象人的民法设计与生活中的具体人的民事交易相符,民法关注民生调节分配,实现财富普遍增长的价值是一定能在人类社会实现的。当然,需要说明的是,这一价值的实现,民法本身是不能够完成的,大量经济社会法律的设计只是权宜之计。最终要靠人类创造力和社会科技的发展。民法要为人类创造力和科技的发展提供制度支持,为每个人都能平等地拥有获取资源的机会与能力提供法律保障。

浅析中国农村宅基地使用权流转制度

孙亚楠[①]

摘　要:随着我国在社会主义市场经济的轨道上越走越远,农村中逐渐出现诸多严峻的现实问题,其中一个突出的热点即是宅基地使用权制度。农村宅基地使用权的利用也是我国土地管理中的热点和难点问题,诸如宅基地使用权登记管理混乱、法律规范少等。在新的形势下农村宅基地使用权应当有所创新,构建新型的合理适度的农村宅基地使用权流转制度势在必行。

关键词:宅基地使用权; 流转制度; 农村

目　次:

土地是农民生存之根本,土地资源的稀缺性使得掌握集体土地所有权这一巨大财富的农民由形式上的“富人”成为实质上的“贫弱群体”,成为我国经济发展环节上的“瓶颈”。正确地认识和利用农村集体土地使用权,尤其是土地承包

① 孙亚楠,哈尔滨工业大学硕士研究生,研究方向为国际法学、民商法学。

经营权和宅基地使用权，迫在眉睫。在此，笔者借《物权法》生效之际，以宅基地使用权为契机，针对相关问题进行分析研究。

一、宅基地使用权的界定以及特征

农村宅基地使用权是指自然人(主要是农村村民)依法享有的，在集体所有的土地上下建造、保有房屋及附属设施的权利[①]。作为一项具有福利性质与社会保障功能的权利，其具有以下特征：(1)权利主体的限定性，即农村宅基地使用权主体只能是农村集体组织的成员，城镇居民、非农村集体组织成员不能享有该项权利。(2)权利行使的限定性，包括两个方面：第一，宅基地使用人有权在宅基地上营造建筑物和其他附着物，但不能够将宅基地用于投资建厂或其他营利目的。第二，现有农村宅基地使用权不能够单独流转，只能跟随住房产权的转移而变动。(3)权限的无偿性。由于农村宅基地使用权具有农村社会保障的作用，因此，农村集体组织成员申请宅基地所花费的成本几乎为零。(4)农村宅基地使用权具有长期性。农村宅基地使用权以农户为单位，不因户主的更替或者某个家庭成员的死亡而失去原来的宅基地使用权，由于房屋可以继承，所以宅基地使用权实质上也可以随其继承[②]。

二、我国农村宅基地使用权制度的现状

关于农村宅基地使用权流转的规定散见于一些法律、行政法规中。《中华人民共和国土地管理法》规定，宅基地属于集体所有，不能转让、买卖、出租和抵押。第六十二条规定："农村村民出卖、出租住房后，再申请宅基地的，不予批准。"1999年《国务院办公厅关于加强土地转让管理严禁炒卖土地的通知》一文中明确规定，农民的住宅不得向城市居民出售，也不得批准城市居民占用农民集体土地建住宅，有关部门不得为违法建造和购买的住宅发放土地使用证和房产证。《担保法》第三十七条规定："下列财产不得抵押：……(二)耕地、宅基地、自留地、自留山等集体所有的土地使用权，但本法第三十四条第(五)项、第三十六条第三款规定的除外。"由此可以看出国家是明显禁止宅基地使用权流转的。2007年新颁布的《中华人民共和国物权法》在第十三章专门对宅基地使用权作了规定，但只有四个条文，相对比较简单。从第一百五十三条(宅基地使用权的取得、行使和转让，适用土地管理法等法律和国家有关规定)、第一百五十五条(已经登记的宅基地使用权转让或者消灭的，应当及时办理变更登记或者注销登记)的规

① 江平、费安玲：《中国物权法教程》，知识产权出版社2008年版，第353页。

② 谢玉娟：《中国农村土地权利制度专题研究》，西南财经大学出版社，2009年版，第79页。

定来看,《物权法》并未完全禁止宅基地使用权的流转。立法上的混乱使得宅基地使用权在社会实践中陷入了困境,出现了一系列亟待解决的问题。

(一)大量宅基地被闲置,"空心村"、空置住宅现象普遍

随着我农村经济的进一步发展以及城市化进程的不断推进,现在每年有大量的农村居民涌入城市中,特别是数量庞大的农民工。他们有的在城市安家落户,购买了房屋,或者大多时间居住在市区,很少回农村住房中居住。但由于宅基地价值的存在,使得农村居民不愿放弃原房屋及宅基地。而且,虽然宅基地权利人在外地,但是本人身份并未脱离集体组织,集体组织也无权收回宅基地,大量农村房屋搁置在社区中,"空心村"现象逐渐浮现出来。[①] 大量的旧房旧地无法得到利用,新宅基地却不断申请,耕地被用于开发为住房用地的现象十分普遍。土地利用率低下,不仅浪费了社会资源,而且也不利于农村人口流动和农村经济的市场化。

(二)宅基地隐形市场日趋活跃,私下交易不断

由于农村经济发展和产业结构的进一步调整,越来越多的农村家庭在从事非农生产、扩大产业规模或调整产业结构时,都遇到资金短缺问题。[②] 而作为农民拥有的最重要的资本之一的宅基地,因为现行法律规定不能入市,难以在市场中获得融资。另一方面,现行房价处于高位,迫使城市居民将目光投向交通、医疗、卫生、购物等日益完善的城乡结合部、小城镇的房屋。此一类房屋,即"小产权房"多建于农村宅基地上,由于没有缴纳土地出让金以及相关税费,成本很低。其房价与同地区城市房屋价格相比,十分便宜。一方拥有货币资本,但缺乏土地;另一方空有土地,但不能合法转化为货币资本。因此,在经济利益的驱动下,农民与市民需求互补,宅基地买卖、出租、抵押等形式的流转大量存在,形成了以自发流转为特征的农村宅基地隐形市场。由于农民住宅价格低廉,农民所获得流转收益,仅是房屋的买卖或者出租的收益,而宅基地使用权几乎无偿使用。集体组织作为宅基地所有权人,也未能在宅基地使用权的流转过程中获得流转收益。缺乏公正、公开的合法交易市场,不利于农村集体组织和农民利益。

(三)农村宅基地交易不稳定,纠纷不断

现有法律法规对于农村宅基地使用权流转的规定杂乱无序、体系模糊,加之农村宅基地使用权及其附随房产的登记属于任意事项,使得农村宅基地交易存在不稳定,纠纷不断。这主要体现在:(1)当有关的宅基地、房屋碰到征地、拆迁

---

① 张子任、李淑慧:《农村宅基地使用权流转法律问题探析》,载《中国司法》,第103页。

② 秦昆:《关于农村宅基地使用权流转的法律思考》,载《经济与法》2008年第8期,第28页。

补偿时，由于缺乏宅基地使用权和农村房屋的强制登记制度，转让方凭建房申请表和审批机关的审批文件，仍向有关拆迁部门主张征地的补偿费用，纠纷由此而生。(2)由于缺乏宅基地使用权强制登记制度，农村房屋无法办理房屋过户登记手续。房屋的归属名义上归受让人所有，但实际上由于宅基地使用权并没有转移，房地归于两主体所有，一旦就房屋产权产生争议，纠纷不断。

农村宅基地流转已经是一个在实践中不断发生和发展着的客观事实。尤其在城乡结合部等快速城市化的地区，农村宅基地使用权和住房的出租、转让和抵押更是十分活跃，但受困于不得用于抵押和不得向城镇居民出售等法律规定的限制，实践中出现的这些问题不仅严重影响了交易的安全，而且也在某种程度上干扰了市场秩序，其潜存的隐患不容忽视。“如果我国法律还一味禁止宅基地使用权转让，或者严格限制只能转让给本集体成员，必然会使这方面的法律规定形同虚设，法律与现实生活脱节”。[①] 因此，对农村宅基地使用权流转只能疏不能堵。

三、农村宅基地使用权流转的可行性分析

(一)农村宅基地使用权的双重属性要求

农村宅基地使用权一直兼具生存保障和物权性双重属性。[②] 同时，其生存保障性主要体现在取得环节上，而无权属性则主要体现在具体的适用过程中。然而，纵观我国的相关立法，大多数更多突出了宅基地使用权的生存保障性，忽视了其物权属性，最典型的就是一户只能申请一处宅基地，禁止城镇居民购买农村住宅的规定。这种制度设计虽可确保我国农民有一个安身立命之所，但同时也削弱了宅基地使用权的财产价值和牺牲了农民迁徙的自由。尤其是在改革开放30年后的今天，农村面临的主要矛盾已不再是农民的生存问题，而是如何致富和缩小城乡差距的问题。因此在充分实现宅基地使用权的生存保障性的前提下，也即在权利取得后的利用环节上，则应以宅基地使用权的物权性质为基础，按照传统的私权理念制定权利的利用规则，以促进权利自由灵活的流动。[③] 即宅基地使用权一经成立，应成为一项独立的物权，具备物权的各项权能，权利人有权自由处分。而最能体现这一理念的就是宅基地使用权的自由流转。

(二)制度经济学为宅基地使用权的流转提供了理论依据

诺斯指出，制度变迁的诱因在于经济主体期望获得潜在的利润，即希望在制

① 李满枝：《物权法下宅基地使用权的转让》，载《广西政法管理干部学院学报》2006年第1期，第9页。

② 徐凤真：《关于完善宅基地使用权的若干思考》，载《理论学刊》2010年第1期，第66页。

③ 刘俊：《农村宅基地使用权制度研究》，载《西南民族大学学报》2007年第3期，第54页。

度变迁中获得在已有制度中无法获得的潜在利润。[①] 与建国初宅基地使用权无偿均分的环境相比,我国现阶段经济社会发生了很大变化。市场经济条件下土地的价值在市场流通中得到实现,单纯地想通过法律的限制性规定来实现某种目的已经是不可能的。因为利益的驱动会使得某些主体突破法律的界限来实现自己的目的,法律的作用应该是维护交易安全,而不是限制交易。所以,制度经济学告诉我们,加快宅基地使用权的流转是切实可行的。

四、建立宅基地使用权流转的具体措施

综上所述,建立农村宅基地使用权流转法律制度是历史发展的必然,是时代发展和进步的要求。目前有关禁止农村宅基地使用权流转以及不能出租、出卖、抵押、入股或以其他形式转让的规定已经不适应市场经济发展的需要了。必须在法律中明确建立农村宅基地使用权流转制度,同时应着重强化以下几个方面。

(一)实行有偿使用和无偿使用二元模式

正如上文所述,农村宅基地承担着保障农民权利、维护社会秩序的社会保障功能,是一种客观存在,农民基于其身份而无偿获得一处宅基地这样的制度设计,正可以体现其福利性和社会保障功能。[②] 这一点在现在仍然有很大的现实意义,尤其是在偏远贫困地区。然而,针对现实中出现的第二处宅基地以及宅基地流转的情形,不能一概否定,而应当予以规范。因此,建立有偿、无偿二元模式非常必要。具体来说,对于"一户一处"应当是无偿的,但允许农民有偿取得第二处宅基地;农民转让或出租房屋时,其宅基地使用权也随之转移。一方面,他应向村集体经济组织缴纳一定比例的场地使用费;另一方面,他若再次申请宅基地,则应缴纳宅基地使用费。符合法定条件的城镇居民可以在农村购置宅基地,但应向村集体经济组织交纳宅基地使用费。针对那些通过继承或赠与取得农村宅基地使用权的,若受益人为村集体经济组织成员且符合宅基地申请条件的,则为无偿使用;否则必须向村集体经济组织交纳宅基地使用费。[③]

一句话,就是只对多占、超占的宅基地的使用进行收费。这样,既体现了其生存保障性,又能够约束居民多占、超占宅基地行为,进而节约土地资源,促进宅基地的有效利用,避免占用耕地。

---

① 翟金棉、田韶华:《我国农村宅基地使用权流转的法律困境及制度重构》,载《法制在线》,第154页。

② 秦昆:《关于农村宅基地使用权流转的法律思考》,载《法学研究》2008年第8期,第9页。

③ 胡廷松,汪琴:《论农村宅基地使用权流转制度》,载《内蒙古农业大学学报》2007年第4期,第34页。

(二) 完善宅基地使用权流转的收益分配制度

根据公平原则,农民如果将宅基地使用权单独或连同房屋一起流转,所得收益应该在农民、集体和国家之间进行合理的分配。无论是农民是以无偿方式取得宅基地使用权,还是在将来以其他方式取得的宅基地使用权,均可自由流转,只是取得方式不同,流转的收益会不同。当农民以无偿方式取得的宅基地使用权,一旦将其流转,村集体则凭所有者身份分享一部分土地收益,该部分收益可用来进行村庄建设,以改善村民的居住环境。当农民以出让方式取得的宅基地使用权,此时农民已经按照市场价格支付了土地使用费,当然可以单独或连同房屋一同流转,其收益归农民所有。另外,作为农民的私有财产,房屋转让的收益归农民单独享有。

(三) 明晰产权建立农村宅基地使用权的登记制度

宅基地使用权进行流转的必要前提就是要明晰产权,故应完善农村宅基地使用权的登记制度,依法明确农村宅基地使用权的主体,以保障宅基地使用权主体的法定权益和宅基地使用权的交易秩序。当下,统一的不动产登记制度在我国尚未建立,不动产登记呈现城乡二元结构,城里采取登记生效主义模式,农村采取登记对抗主义模式。[①] 农民可以自由选择是否登记,这样导致了农民多占、超占宅基地现象,也引发了许多农民房的交易纠纷。为配合城乡一体化建设,应该实行全国范围内的统一不动产登记制度,农村宅基地使用权应和城市商品房土地使用采取相同的登记模式,即登记生效主义模式,农民取得或变更宅基地使用权的必须到登记部门登记,农民依法改变农村宅基地权属关系或用途的,也应及时办理农村宅基地使用权变更登记手续。宅基地使用权的登记机关,应与其他不动产登记机关一致,鉴于目前我国尚未建立统一的不动产登记制度,建议暂由县级以上土地管理部门作为登记机关。

(四)加强相关配套制度的建设

宅基地使用权流转制度的建设不是孤立存在的,它只是农村土地制度中的一个重要组成部分。它是否能够得以成功实施还要得益于相关配套制度的具体建设情况。一方面,培育和发展农村土地流转市场,促进宅基地规范流转的顺利开展。建立专门的农村土地流转交易场所,县(区)乡可建立土地流转托管中心或服务中心,行政村可以村委会为依托,建立土地托管站,专门收集、提供土地供需信息,发布土地流转市场价格等,为土地流转搭建平台。另一方面,要加强村

---

① 杨文杰、张映:《论完善农村宅基地使用权流转制度的制度设计》,载《商业文化》2009 年第 10 期,第 154 页。

镇规划，强化农村宅基地的有效利用村庄规划是村庄建设的基础。规划制定的科学合理，建筑物才能布局合理，也才能有效防止重复建设和宅基地浪费。因此，要大力加强村庄规划的科学性和可行性，根据村庄发展情况和人口增长趋势，确定村庄的规模和布局，力求集中节约，充分利用原有空闲地、老宅基地以及废弃地，严格限制占用耕地建设住宅，以强化对农村宅基地的有效利用。

总之，建立农村宅基地使用权的流转制度，是适应社会发展需要的重大举措。该制度的建立是解决当前农村土地利用问题的关键环节，同时它更牵涉到我国城乡一体化建设的进程中关于民生的一系列重大问题，直接关系着整个社会的稳定和发展。更重要的是，宅基地流转制度的建立是其物权属性的重大体现，有着深厚的理论基础，同时也具备着充分的社会支持。因此，下一步，国家的相关部门应该深入地思考相关问题，争取早日实现宅基地使用权的流转，更加完善我国的土地管理制度，加速中国城乡一体化进程的步伐。

保险法中告知义务制度的流变

王雪杉①

摘　要：保险法上的告知义务是最大诚信原则法制化的重要要表现之一，是保险法中的一项重要制度。对保险法中告知义务制度流变的研究，不仅有利于明确其发展脉络，更为其履行标准等问题的研究奠定基础。本文首先介绍告知义务制度的起源；其次介绍告知义务制度的立法例；最后介绍告知义务演化中法观念的变迁，即告知方式从自动主义到被动主义的转向，危险范围确定方式从约定主义到法定主义的转向，危险控制模式从客观主义到主观主义的转向，告知限制方式从无限主义到有限主义的转向。

关键词：保险法；告知义务；诚实信用

目　次：

在生活和学术讨论中，"制度"一词是被人经常在不同意义上使用的概念。

---

① 王雪杉，法学博士，现工作于黑龙江省高级人民法院。

因此，制度也是一个需要分析的概念。它有时指“容纳人们的组织或机构”或“相对稳定的规范或行为模式”，有时也在综合了上述两种意义上被使用。而制度法学认为，“制度性事实”这个关键性概念赋予制度以特征，决定其存在着发展。制度性事实即作为人类实践活动或其结果的事实。[①] 一般来说，告知义务的存在形式既包括调整关于告知义务的法律规则，也包括关于告知义务的观念、合同当事人履行告知义务的具体行为以及行为人在告知义务的法律规则指引下对相应行为的实际影响。其中，既涉及告知义务的合理性问题，也涵盖了告知义务的规则技术问题和实践效果问题。在此，我们讨论的告知义务制度中的“制度”主要指关于告知义务的法律规则体系，也就是关于告知义务的法律规则的研究。

一、告知义务制度的起源

学术界一般认为，保险起源于14世纪的威尼斯、热那亚等商业城市。在远古的希腊、罗马时代的地中海由冒险借贷(foenus nauticun)渐渐转化为海上保险而形成的。[②] 随着地中海沿岸商业的发展，海上保险也从意大利、法国、西班牙的地中海沿岸港口传入了英国。[③] 传说是商人郎伯特把海上保险传播到了伦敦，但商人具体是在何时把海上保险传播到伦敦的，却没有一个明确的说法。根据保险单上的记录，最迟也应该是在16世纪初。[④] 这样，起源于意大利的保险经过14、15世纪的漫长岁月被传入了英国，由此可见英国的海上保险在很大程度上受到了地中海及北大西洋沿岸港口海上保险业惯例的影响。

(一)诚信契约性与保险单

世界上最古老的海上保险条例，是意大利热那亚在1369年由Gabriele Adorno发布的条例。[⑤] 当时，在损害事故发生后给付保险金的过程中，某些保险人认为保险合同与教会法相抵触，是违法合同，因而拒绝履行其债务。所以在本条例中对上述债务人规定了重额罚金，强制其履行保险合同上的债务，非常明确地认可了保险合同的有效性。根据这个条例，1393年及1394年佛罗伦萨制定的条例中也同样认可了保险合同的有效性。[⑥]

假如这的确是一个历史史实的话，那么，在海上保险诞生后，这是第一次就

---

① 张文显:《二十世纪西方法哲学思潮研究》，法律出版社1996年版，第306页，第310页。

② [日]木村荣一:《海上保险》，千叶书房1986年，第1页。

③ [日]木村荣一、庭田范秋编:《保险概论》，有斐阁1990年版，第34～35页。

④ [日]木村荣一、庭田范秋编:《保险概论》，有斐阁1990年版，第19页。

⑤ [日]近见正彦:《海上保险史研究——十四、十五世纪地中海时代的海上保险条例与其契约法理》，有斐阁1997年版，第11页。

⑥ [日]近见正彦:《海上保险史研究——十四、十五世纪地中海时代的海上保险条例与其契约法理》，有斐阁1997年版，第61～62页。

"保险人的诚信"作出规定。这个诚信是否应当针对合同当事人双方,在以后关于保险合同的诚信契约性质的争论中,一直是一个悬而未决的问题。[①]

在日内瓦1420年左右的条例中,对在现代保险理论中也通用的重要基本原则做了成文规定。在这个条例中规定,船舶及货物在得到了损害发生的信息后,或者成功到达目的地后,双方当事人签订的保险合同为无效合同。因此,投保人在知晓保险事故发生后,趁保险人不知晓该事实而订立保险合同欺诈保险金时,以及保险人在知晓船舶成功到达目的港后,趁投保人不知晓该事实而订立保险合同,在没有任何风险的情况下收取保险费时,均被认为是无效合同。这个规定明文规定了"保险合同在订立时必须要有风险存在"这样一个保险理论上的基本原则,也是一个意在确保投保人及保险人双方的"诚信"规定,这与现代日本《商法典》第642条中规定的"在订立保险合同时,当事人一方或被保险人在知晓了不会发生事故后所订立的合同为无效合同"的内容相符合,与我国《保险法》第5条规定的"保险活动当事人行使权利、履行义务应当遵循诚实信用原则"及该法第12条第2款中规定的"投保人对保险标的没有保险利益的,保险合同无效"的内容也相符合。

上述"诚信契约性质"在保险单中又是如何规定的呢?其具体体现为,告知义务是一个"保险合同固有的法则"。[②] 因此,在订立保险合同时,投保人应仔细了解保险单上所记载的内容。

综上除了本文陈述了片段性的保险条例,还有很多正式的法规存在。但是投保人或被保险人对于风险测定中的重要事实,有告知保险人的义务的法律、法规,尚未出台。当时只是在保险单上记载了保险人的权利,即保险人在判断将要承担的风险的大小时,可以就是否要求投保人申告重要事实作出判断。[③] 1379年发行的世界上最古老的保险单上,已经记载了投保人、起运港、目的港、保险标的及船舶的相关事项,[④] 这些至今仍然是投保单及保险单上被记载的风险测定中的重要事实。当保险单上所记载的内容与实际不相符合时,当时是如何进行制裁的、制裁内容如何还没有一个定论。但从中还是可以了解到这样的史实,在保险诞生初期,保险人就已经意识到风险测定时必须知悉重要事实的重要性,并让投保人进行申告。

(二)告知义务的缘起

西班牙的巴塞罗那条例确立了保险法中诸多主要原则。在巴塞罗那1435

① [日]石山卓磨:《英国保险法中的最高信义义务》,成文堂1990年版,第535页。
② [日]大森忠夫:《保险契约的法的构造》,有斐阁1965年版,第180页。
③ [日]加藤由作:《Reatz欧洲海上保险法史》,严松堂书店1994年版,第232页。
④ [日]木村荣一:《Lloyd's保险证券生成史》,海文堂1980年版,第3页。

年制定了第一个条例后到15世纪为止,相继制定了8个保险条例,其中最重要的是1435年制定的条例。这个条例由20个条款组成,现代海上保险法就是由该条例发展而来的。该条例的制定宗旨是:"防止本市在船舶及小船舶、商品、物品及财务的保险中的欺诈、恶意行为,消除保险上的疑义及议论,保护投保人及保险人的利益。"①

特别值得注意的是1435年条例中的第9条,这是现代告知义务的一个起源条文。在该条例第9条中规定,被保险人或其他个人,其保险标的为其自身所有物,不允许任何一个外国人享有该物,必须在保险单上签名。这不仅仅是巴塞罗那市为了发展海运业而禁止外国船舶及货物参加保险推出的产业政策,也是防止因难以取得外国船舶信息构成的欺诈行为,从而起到保护保险人的作用。②

这个规定在巴塞罗那市其后的条例中都有被采用,并增加了其他告知事项。在1458年的条例的第6条中,对保险标的要求在保险单上记载数量、重量、价格及风险价,同时要求投保人宣誓在其他地区不参加保险及以后也不参加。如果在其他地区加入了保险,必须马上通知保险人,并在保险单上记载保险地区及保险金额,如果没有及时申告则被认为是欺诈行为,该保险合同无效。③

巴塞罗那条例后来在逐渐修改、补充中趋向成熟,最终在1484年结出了丰硕的果实。该条例不仅在巴塞罗那市,而且在其他地区也被采用,成为当时地中海地区的一般法规。④ 巴塞罗那条例也获得了地中海商人的商事惯例法(Lawmerchant, Lexmercatoria)的地位。地中海沿岸的商事惯例法后来传入大西洋各个港口,最迟在16世纪初传入了英国。

二、告知义务制度的立法例

(一)英国保险法上的告知义务规则

1.告知义务制度的缘起

1766年,具有里程碑意义的卡特诉鲍曼(Carter v. Boehm)一案被毫无争议地

① [日]近见正彦:《海上保险史研究——十四、十五世纪地中海时代的海上保险条例与其契约法理》,有斐阁1997年版,第108~133页。

② [日]近见正彦:《海上保险史研究——十四、十五世纪地中海时代的海上保险条例与其契约法理》,有斐阁1997年版,第238~240页。

③ [日]近见正彦:《海上保险史研究——十四、十五世纪地中海时代的海上保险条例与其契约法理》,有斐阁1997年版,第184~185页。

④ [日]近见正彦:《海上保险史研究——十四、十五世纪地中海时代的海上保险条例与其契约法理》,有斐阁1997年版,第145页。

认定为告知义务制度的最初渊源。[1] 该案中,保险人承保的是苏门答腊岛上的马尔伯勒堡垒在一年内被敌军占领的危险。当这座堡垒(实际上是一个正在建设中的定居点)被法国人占领后,堡垒的长官提出了保险金给付请求。保险人却以被保险人对其隐瞒了如下事实作为抗辩:(1)没有披露堡垒的状况和条件;(2)没有披露法国人可能在该岛的海岸线上解救他们的盟友这一客观事实;(3)法国人在过去的一年曾威胁过该堡垒。此案的主审大法官曼斯菲尔德(Mansfield)提出:"保险合同是射幸合同,评价风险的特定情况大都只有被保险人知道,保险人信赖被保险人的陈述,相信被保险人没有保留所知道的任何情况,从而诱使保险人确信某一情况不存在,并以此为背景作出错误的风险评估。"[2] 他同时认为,"未告知是一种欺诈,因此保险单是无效的。尽管此种未告知是出于过失,并无任何欺诈的意图,但保险人受到了引诱,因为现实中的风险毕竟不同于推断的风险。"[3] 作为告知义务制度(亦有学者认为是最大诚信原则)的最初缔造者,曼斯菲尔德大法官的上述言辞构成了告知义务制度最为原始,但又是最为权威的论断,并将最大诚信原则确立为英国保险法告知义务的基础性原则。[4] 随着曼斯菲尔德大法官判决中所形成的最大诚信原则不断深入人心,在18世纪的英国法院中,逐渐形成了最大诚信原则的初步内涵,即:(1)诚信原则不仅要求真实的陈述,还要求自动披露重要事实;(2)该原则的适用不以义务人有欺诈的故意或明知为必要条件(因此出于错误的陈述和出于无知的隐瞒也是错误的);(3)误述或隐瞒和损失之间不必然具有因果关系。

2.1906年英国《海上保险法》——英国成文法下的告知义务制度

英国法的英美法系传统导致其在很长的一段时间里,当事人之间的保险法律关系仅仅通过合同约定、判例法和习惯法进行调整。直至1756年曼斯菲尔德担任首席大法官之后,根据欧陆海事条件以及国际惯例,编纂了"海上保险法草案";后又经钱伯斯先生在"曼氏草案"的基础上,经过对2 000多个案例的整理、

---

① [英]鲁本·汉森:《保险合同的特殊性质》,载《现代法律评论》1984年第9期,第505~521页;转引自樊启荣:《保险契约告知义务制度论》,中国政法大学出版社2004年版,第89页。

② [英]鲁本·汉森:《保险合同的特殊性质》,载《现代法律评论》1984年第9期,第505~521页;转引自樊启荣:《保险契约告知义务制度论》,中国政法大学出版社2004年版,第89页。

③ 曼斯菲尔德大法官最后作出了有利于原告即被保险人的判决,他认为披露的义务仅限于被保险人的专有知识范围内的重要事实,而堡垒的长官并不负有披露保险人抗辩中所提到的那些事实。城堡的情况并非只有长官个人知道;对此情况保险人应当已经进行了调查。法国人因为不能解救他们的盟友而可能发动进攻仅是一种推测;前一年曾受过威胁的事实与本保险无关,并且如果明确提出这一事项,该事项也应当是降低危险的事项。只有现实的威胁应当被披露。该长官已经诚实地行事,并且实际上认为进攻是不大可能的。

④ 曹兴权:《保险缔约信息义务制度研究》,中国检察出版社2004年版,第117页。

总结和补充，最终制定了英国1906年《海上保险法》(以下简称 MIA)。[①] 该法后被各国广泛借鉴和采用，并被奉为现代海上保险法的"圣经"。

MIA 第17条至第20条通过概括与列举相结合的方式系统地对告知义务制度作出了规定，其中该法第17条规定："海上保险合同是建立在最大诚信基础上成立的合同，如果合同任何一方不遵守最大诚信，另一方即可宣布合同无效。"该条将最大诚信原则作为告知义务制度的基础性原则，并对之后的法律条文产生指导意义。该法第18条至第20条这三个条文则对告知义务制度的具体内容进行了规范。该法第18条规定："被保险人的告知义务。(1)除本条的规定外，在签订合同前，被保险人必须向保险人告知其所知晓的一切重要情况。被保险人视为知道在通常业务过程中所应知晓的每一情况。如果被保险人未履行该项告知义务，保险人即可宣布合同无效。(2)影响谨慎的保险人确定保险费或影响其决定是否接受承保的每一情况，被视为重要情况。(3)如保险人未问及，对下列情况，被保险人无需告知：第一，任何减少风险的情况；第二，保险人知道或被认为应该知道的情况；保险人应该知晓众所周知的事情，以及他在通常业务中应该知晓的一般情况；第三，保险人不要求被保险人告知的情况；第四，由于明文或默示的保证条款，被保险人无需告知的事项。(4)在每一案件中，未告知的任何特别情况是否重要，是一个事实问题。(5)'情况'一语包括送给被保险人的通知和其收到的消息。"该法第19条规定："投保代理人的告知义务。如由代理人为被保险人投保，除按前款规定无需告知的事项外，对下列事项，代理人必须向保险人告知：第一，他所知道的每一重要情况，投保代理人视为知晓其在通常业务中应知晓或被保险人已通知他的情况；第二，被保险人有义务告知的每一重要情况，除非被保险人获知该项情况甚晚，无法及时通知代理人。"该法第20条规定："磋商合同时的陈述义务。(1)合同磋商期间及合同签订前，被保险人或其代理人向保险人作出的每项重要陈述，都必须是真实的。如果不真实，保险人可宣告合同无效。(2)影响谨慎的保险人确定保险费或影响其决定是否接受承保的每一陈述，被视为是重要陈述。(3)陈述可以是事实，也可是一种期望或信念。(4)事实陈述是真实的，如果它实质上是准确的，换言之，如其陈述的情况与真实情况之间有差异，谨慎的保险人不会认为是重要的。(5)期望或信念的陈述是真实的，如果被保险人是依诚信作出的。(6)陈述在合同签订前可以撤销和更正。(7)在每一案件中，任何特别陈述是否重要，是一个事实问题。"

1906年英国《海上保险法》将被保险人的如实告知义务和不为虚假陈述义务作为告知义务制度的基本内容，并引入了"谨慎的保险人"及"重要事实"等核

---

① 樊启荣：《保险契约告知义务制度论》，中国政法大学出版社2004年版，第99页。

心概念对告知义务制度进行阐释。在这里需要特别提出的是，对于违反告知义务的救济手段，MIA 使用了“可以宣告合同无效(the contract may be avoided by the other party)”的措辞，而不是“使保险单无效”，也就是说，一方违反告知义务并不会使合同自动地失去效力，而是赋予相对方撤销合同的权利。另外，虽然在曼斯菲尔德大法官的判决中，告知义务主要存在于保险合同成立之前，但从 MIA 第 17 条的规定中来看，这一义务存在于合同订立之前及合同履行阶段。这一结论在 Lambert v. Co-operative Insurance Society Ltd. 一案中得到了进一步的确认。[①] 该案中，一名妇人在续保她与丈夫的珠宝时，未披露其最近因合谋盗窃被判刑 15 个月的事实。法院认为，保险公司有权以该妇人未披露重要事实为由撤销合同。从法院对该案的判决中，我们至少可以得到两点信息：第一，告知义务的履行义务期间不限于合同订立之前，也就是说，被保险人并非在合同订立之前履行告知义务后，其义务即告终止，该项义务可能继续存在。第二，对于是否违反告知义务的判断标准一般不包含主观因素。就该案而言，原告可能确实没有预料到未披露的是重要事实，但这并不要紧——只要谨慎的保险人认为这可能是一重要事实，且有证据表明保险人并不知晓这一事实，那么保险人将不再承担续保义务。

曼斯菲尔德大法官的判决和 1906 年英国《海上保险法》共同勾勒出这样一种合同类型——最大诚信合同(Contract of the Utmost Good Faith)，这一合同又被称为最大善意合同、完全坦白合同等，而保险合同则是这类合同的最典型代表。[②] 在这一类合同中存在完全揭示所有重要事实的义务。在保险合同中，投保人向保险人揭示所有重要事实的义务产生于下述事实：许多有关情况只有投保人知道，因此如果保险人不知道这些情况，他就不可能获得正确估计自己应承担的风险所必要的事实。随着现代社会的发展，保险人往往能够通过要求被保险人填写一份申请表(其中罗列了各种宽泛的信息)来保护自己的利益。普通的消费者可能有正当的理由认为，如果他提供了特别要求的信息，他便履行了自己的法律义务。但遗憾的是，实际情况并非如此，投保人的告知义务并未得到丝毫的减轻或免除，他仍然必须揭示其所知道的任何重要的事实，即使他没有意识到该事实的重要性。这一义务不仅在最初订立保险合同时适用，而且在续订保险合同时也适用(这一原则已在 Lambert 案中得到了进一步的确认)。[③]

---

① [英]约翰·史密斯爵士，张昕译：《合同法》(第 4 版)，法律出版社 2004 年版，第 140 页。

② 参见杨桢：《英美契约法论》，北京大学出版社 2000 年版，第 233 页。

③ [英]P.S.阿狄亚，赵旭东等译：《合同法导论》(第 5 版)，法律出版社 2002 年版，第 271 页。

3.告知义务制度的新发展

星海案(The"Star Sea")[①]和大陆商人案(The"Merchandian Continent")[②]被认为赋予了告知义务制度新的生机和活力。在星海案中,希腊船主基于海事保险单而向保险人请求支付其因火灾造成的船舶全损的保险金额,但保险人提出了两点抗辩理由:(1)基于 MIA 第 39 条(5)的规定,被保险人如果知悉沉船原本处于不适航的状态,那么保险人将免除给付保险金的义务。该案中,保险人宣称船舶所有人由于自身知识的缺陷,使其没有发现船舶的烟道挡板存在缺陷——发动机机房没有被密封,导致防火系统存在严重缺陷并且不能正常工作。(2)保险人的代理律师 Kastora 称,船舶所有人违反了 MIA 第 17 条的规定,并没有告知保险人该船舶曾经发生过火灾这一情况。该案初审法官特克(Tuckey)支持了保险人的第一项抗辩主张,但认为保险人的第二项抗辩事由无论从法律上还是事实上都没有合理的依据。并且,特克法官明确指出:(1)告知义务不限于合同订立之前的阶段;(2)一方违反告知义务时,另一方的唯一救济手段仅为宣告合同无效,不能主张损害赔偿。[③] 上诉法院(The Court of Appeal)修正了特克法官关于船舶不适航的判决,驳回了保险人基于 MIA 第 17 条的上诉理由,判决船舶所有人一方胜诉。该案最终上诉至上议院(The House of Lords),并由上议院首席大法官赫伯豪斯(Hobhouse)勋爵维持了上诉法院的判决。赫伯豪斯法官认为:(1)最大诚信原则(告知义务)并不限于海上保险领域,而是适用于各种形式的保险,并且是合同双方都应遵守的原则。(2)作为公平交易的法律原则,最大诚信原则不应随着保险合同的缔结而终止。(3)最大诚信原则并不是合同的默示条款,而是一项法律原则。一方违反这一原则,未履行如实告知义务时,另一方可以溯及既往地使合同无效,但不能要求损害赔偿。如果需要调整合同双方当事人经济地位的平衡,其所依据的应该是赔偿法(the Law of Restitution),而并非合同法(the Law of Contract)。(4)合同订立之前的告知义务与合同订立之后的告知义务存在明显的不同:如果认为在合同订立之前,被保险人应当积极地将所有的重要情况(知道的或者应当知道的)告知保险人,并据此将这一义务扩大为"保险人在合同订立之后,仍负有告知保险人感兴趣的和可能影响保险人行为的事实的义务"则是错误的。法院始终坚持不应将被保险人的告知义务作为保险人恶意行事的工

---

① Manifest Shipping Co. Ltd. v. Uni - Polaris Insurance Co. Ltd, [1995] 1Lloyd's Rep. 651, By Jan Woloniecki, The Duty of Utmost Good Faith inInsurance Law: Where Is It in the 21st Century, P64~65.

② K/S Merc - Scandia XXXXII v. Lloyd's Underwriters, [2001] EWCA Civ1275 (Court of Appeal, 31 July 2001), By Jan Woloniecki, The Duty ofUtmost Good Faith in Insurance Law: Where Is It in the 21st Century, P66.

③ 葛延珉:《英国海上保险法最大诚信原则的发展概况》,载《大连海事大学学报》(社会科学版)2004年第1期,第16页。

具。在合同订立之后,对保险人而言,宣告合同无效是一种有价值的救济方式,这使得保险人可以免除对所发生的保险事故承担赔偿责任,而对于被保险人来说,宣告合同无效对他没有任何利益。因此,赫伯豪斯勋爵认为,除非保险人能够证明被保险人的索赔是欺诈性的,否则不能依据 MIA 第 17 条规定的最大诚信原则进行抗辩。

在大陆商人案中,原告一方是船舶所有人,该船舶于 1988 年在特立尼达岛的造船厂进行维修,由于工程师在维修过程中的过失行为,使该船舶发动机发生了爆炸,导致船舶遭受严重破坏并丧失了使用价值。原告一方基于此项事由提起索赔之讼,并和被告造船厂协议由英国法院受理此案。由于本案的被告随后进入了破产清算程序,原告将对被告负有保险责任的保险公司作为第三人追加进入诉讼程序,该保险公司提出了两点抗辩理由:(1)原被告所签订的协议管辖文件是伪造的;(2)由于被保险人没有向保险人一方"完全告知(fully advised)"可能发生使保险人进入诉讼程序的事实,则其不具备签订保险单(在这里可以被认为是合同的一种形式)的基础性条件(the general conditions of the policy);[①] 或者说因违反了告知义务使得该保险单无效。艾肯斯法官(Aikens J.)遵从了 Rix J. in Royal Boskalis Westminster NV v. Mountain 案以及星海案中上诉法院的判决。[②] 他认为,除非满足下列条件:(1)被保险人要求保险人变更其"投机行为"或"龌龊行为";(2)被保险人依据保单提起诉讼。否则,在保险合同订立之后,告知义务制度将不被适用。本案中,被保险人一方并不存在涉及保险单的欺诈性索赔,从而构成重要事实的欺诈性误述。对于保险人一方提出的伪造文件的抗辩事由,法院认为该事由与本案保险单的签订是否存在欺诈性陈述并无任何实质性联系,因此,保险人不得基于 MIA 第 17 条的规定而获得宣告保险单无效的权利。艾肯斯法官同时认为,"合同约定要求被保险人向保险人履行'完全告知义务'的条款是一个无名条款(Innominate Term),如果保险人以被保险人违反该条款为由而拒绝赔偿,保险人必须证明违反该条款产生了严重的后果。"[③]保险人不服艾肯斯法官的判决,以"MIA 第 17 条的规定应适用整个合同期间,被保险人任何违反告知义务的行为(包括欺诈),都使得保险人可以宣告保险合同无效"为由提起上诉。上诉法院的隆摩尔(Longmore)法官认为:"关于告知义务制度在保险合同缔结之后的适用问题上,一直存在着争论……人们认为,合同订立之前如果存在误述(Misrepresentation)或未告知(Non - disclosure)等违反告知义务的行为时,合

① [英]P.S.阿狄亚著,赵旭东等译:《合同法导论》(第 5 版)法律出版社 2002 年版,第 268 ~ 269 页。
② Jan Woloniecki, The Duty of Utmost Good Faith in Insurance Law: Where Is It in the 21st Century, P67.
③ Jan Woloniecki, The Duty of Utmost Good Faith in Insurance Law: Where Is It in the 21st Century, P69.

同的相对方被赋予了宣告合同无效的权利,这一论断是毫无争议的。但保险人一方主张合同无效时,必须证明以下两点内容:(1)被保险人未告知或者误述的事实对于谨慎的保险人评估风险是重要的事实;(2)谨慎的保险人受此诱导承保了风险。"对于合同订立之后告知义务的适用情况,隆摩尔法官认为:"告知义务的适用范围不限于艾肯斯法官所列举的:(1)类似于合同订立前的情况;(2)欺诈性索赔的情况。其适用标准为:(1)对事实的欺诈性误述对保险人主要责任的承担产生影响;(2)该欺诈行为或欺诈行为所产生的结果将可能导致保险人终止该合同(terminate the contract)。也就是说,在合同订立后,如果存在重要事实的欺诈性误述,保险人一方则有权终止合同;相反,也仅在被保险人对于重要事实进行了欺诈性误述时,保险人方可享有终止合同的权利。"隆摩尔法官否决了艾肯斯法官关于"在合同订立后,最大诚信只在个别情况下适用"的观点,并将 MIA 第 17 条确立的告知义务定义为一种持续性义务。①

依据星海案和大陆商人案的法院判决,我们认为,当前英国保险法上的告知义务制度有了进一步发展:(1)MIA 中关于告知义务制度的规范既适用于海上保险合同,也适用于其他保险合同类型,包括再保险合同。同时,告知义务既存在于合同订立之前(先合同义务),也存在于合同存续状态之中(后合同义务);但这两项义务的性质和内容是不尽相同的。(2)在合同成立之前,当事人具有披露所有有关风险的事实的绝对义务,并且绝对禁止误述。普通法下,对于违反告知义务唯一救济手段只有宣告合同无效,损害赔偿不被认为是有效的救济手段。(3)在保险合同或再保险合同的履行阶段并不存在普遍性告知义务,也不存在请求保险人或再保险人恶意理赔的损害赔偿问题。合同履行阶段,当事人的持续性义务主要指(但不限于此):第一,类似于先合同义务的内容,例如关于风险的变化的告知义务;第二,被保险人禁止进行欺诈性索赔。(4)在合同订立之后,如果保险人可以证明以下两点事由,则可以宣告合同无效:第一,被保险人的欺诈行为与保险人依据保险合同最终承担的责任有关;第二,被保险人的违约行为使得保险人有权解除合同。②

(二)德国保险法上的告知义务规则

1. Malss 的客观主义说

德国学者马尔斯(Malss)以意思合致说为告知义务的立法根据,该说以客观主义为内容,其所著《对于保险法中若干问题之探讨》中提到保险契约之要素为危险,为使契约发生效力,于订立契约时,当事人需精密地确定之,例如保险事故

① 参见樊启荣:《保险契约告知义务制度论》,中国政法大学出版社 2004 年版,第 84 页。

② Jan Woloniecki, The Duty of Utmost Good Faith in Insurance Law; Where Is It in the 21st Century, P70.

之种类、标的物之种类及危险效果之填补义务之范围等,关于标的物之危险可能性及危险效果须由要保人告知,承保人无法揣测也。告知义务之基础,乃在于为达到确定保险契约要素之目的,所为意思之合致,否则契约即不成立,故违反告知义务,即发生契约消灭之效果,与故意、过失之法则无关;亦即告知义务违反之效果,乃独立的发生,而不问要保人之善意或责任故意、过失、或不实告知、隐匿与事故发生之因果关系。① 采用此观点的学者有 Pöhls, Pauli, Kübel, Lewis 等。尤以 Lewis 在其著作《保险法教科书》中对此有进一层的说明"于订立保险契约时,对于所有危险之要素及保险契约之标的物,当事人间之意思须为合致,若依危险团体观察,危险之要素等,当事人间不一致,保险人即不为订立契约之考虑时,保险人不受保险契约之约束由关于危险本质之要素为客观的不实告知时亦同。"② 1861 年德国旧商法第 813 条有关保险契约告知义务的规定就采用了 Malss 的观点,该条款第一款规定"订立保险契约时,要保人对于重要事实为不实告知者,保险人免除契约上的责任;但保险人知其不实时,不在此限。"同条第 2 款规定"前项规定,对于要保人的告知是否出于错误或故意、过失,在所不问。"

2. 否定 Malss 客观主义的保险条款

依客观主义的观点,如果投保人违反告知义务,其效果为保险契约当然无效,而不考虑其主观心理状态的故意或过失。这对于在善意的情况下违反,有失公平。尤其是对保险知识匮乏的人,显然过于苛刻,因此当时保险界仍然有反对保险条款中客观事实的倾向,仅限于在海上保险上使用,"鉴于海上保险的特性,契约当事人均当具有相当的保险知识;而生命保险,为保险社会大众,故不问恶意、过失,而凡一切重要事实未予告知,或其说告知者与客观事实不符,即谓保险契约无效"。③

在德国保险公司协会 1875 年颁行的《示范条款》中,第 9 条规定"订立保险契约时,要保人对于保险人决定订立与否有影响之事实,为不实告知或隐匿者,保险人免其责任,而要保人已支付的保险费归属于保险人;于此情形的不实告知或不完全表示,系出于错误、过失或恶意与否,在所不问。但有下列限制:(1)保险人为前项主张是,如果要保人能就其不实告知或不完全表示,举证出诸有可恕的错误者,保险人除就已收保险费中扣除保险金的 2%,以为营业费的补偿外,

① [日]田中耕太郎:《告知义务に於ける客观主义》,载《法学协会杂志》第 58 卷第 10 号,1940 年,第 3~4 页。

② [日]田中耕太郎:《告知义务に於ける客观主义》,载《法学协会杂志》第 58 卷第 10 号,1940 年,第 4 页。

③ [日]田中耕太郎:《告知义务に於ける客观主义》,载《法学协会杂志》第 58 卷第 10 号,1940 年,第 7 页。

其余金额应予返还。(2)保险契约订立后,经过5年者,保险人不能免其责任;但有欺诈行为,不在此限。

上述规定就是立法上客观主义的严苛效果以缓和之计,特设此等例外,以适应保险义务上的需要。换言之,"要保人之保险知识有限,何者对危险估计具有重要性,鲜有判断能力,倘不问其错误是否由于过失所致,一概认定为义务之违反,未免不合情理;且由于保险公司剧烈竞争的结果,不免将其条款放宽,基于此点,遂于寿险中设有所谓'不可争条款'之规定"。①

3.主观主义说

针对保险业者渐次否定客观主义的趋向,德国理论界遂加以探讨与反思。对此德国学者 Rudiger 总结道:"保险人对于告知义务违反之主张,除要保人为客观的不实告知外,尚须考虑其主观的心理状态。""从而倘对保险人之询问不实之回答,系基于故意或过失所致的,要保人丧失保险契约之请求权。"②

此种从客观主义转变为根据当事人心理状态的不同情形,而予以不同法律效果的主观主义,颇符合近代法律行为理论的发展。近代私法学说,强调法律行为的个别化评价,保险合同属私法领域,自应受私法原则支配。在告知义务制度中强调主观的心理因素,适合于伦理的要求和诚实信用原则。基于此,告知义务的主观主义在各国立法例中极为盛行。

关于告知义务的主观主义,虽然同一般私法的个别化评价与具体的合同关系中诚实信用的要求相符,但极端地强调个别化,其结果反而违反了保险制度的精神。例如,何者为重要事实,认定相当困难,因而产生无数纷争;又如投保人的故意或重大过失,为其内部心理状态,无法有外部判断,故往往因举证而对于故意违反告知义务者,无法解除契约。故1908年德国《保险契约法》虽摒弃了旧商法的客观主义,而采取了主观主义,但为防止主观主义保护善意违反告知义务人的规定为人所滥用,遂于该法第16条第3项第17项规定:"保险人知其不告知(或不实告知)的事实,或非基于要保人之过失而未告知(或不实告知)时,不得解除契约。"亦即要保人如欲阻碍保险人的行使解除权,须就其无过失负举证责任③。

(三)法国保险法上的告知义务规则

告知义务制度成文法的始作俑者,当推法国1681年颁布的《海事条例》

① [日]三浦义道:《告知义务论》,严松堂1925年版,第75页。
② [日]三浦义道:《告知义务论》,严松堂1925年版,第80页。
③ [日]田中耕太郎:《告知义务に於ける客观主义》,载《法学协会杂志》第58卷第10号,1940年,第9~10页。

(L'ordonnance Sur La marine)。但直到19世纪初,告知义务制度立法才正式开始步入抽象化与系统化的成文法化时期。这一变动前提和基础是在于,保险业经过近200年的发展,已发生了深刻的变化;从海上保险发展到陆上保险,进而从财产保险扩展到人身保险,从英国推广到欧洲,进而发展到日本等其他国家,与此同时,承保范围扩大,危险类型增多,保险人承保技术从幼稚逐渐成熟与定型,这些为保险法的法典化奠定了经济前提与技术基础。伴随保险法的法典化运动,告知义务制度也走向抽象化与系统化的成文法轨道。

1808年法国颁行《商法典》(Code de commerce)。该法典第10章(第332条至396条)为海上保险的规定(大部分承袭1681年《海事条例》),其中第348条规定了告知义务制度,即"要保人就所有重要事实隐匿或不实告知,致保险契约与载货证券不一致,而妨碍保险人为危险判断或变更危险种类时,保险契约无效"。至于陆上保险,仅于1804年《民法典》第1964条揭示保险契约为"射幸契约"之一。此外,在民法典与商法典中,对其均未加任何规定。究其原因,似因在19世纪之初法国尚未完全采纳陆上保险,从而契约当事人仅依靠债权法的一般规定,自由决定其内容。①

法国在1902年由法国商务大臣 Trouillot 完成保险契约法起草(除海上保险外)工作,但未公布。1924年法国劳动大臣 Justin Godart 在上述草案基础上起草新草案。该草案于1925年通过,1930年颁行《保险契约法》,其中第15条以下为告知义务制度的规定,其主要特色在于吸收了德国的主观主义告知义务制度。

(四)日本保险法上的告知义务规则

根据日本《商法典》第644条第1项与第678条第1项的规定,在订立保险合同时,投保人因恶意或重大过失不告知重要事实,或就重要事实告知不如实时,保险人可以解除合同。但是,保险人已知该事实或因过失不告知时,不在此限定内。② 认可告知义务的根据在日本也是因学说不同而有不同的理解。日本的学说大致包括,风险测定学说(技术学说)、射幸合同学说(善意合同学说)、订立过失学说和平衡理念的特殊发现学说。而射幸合同学说、订立过失学说及平衡理念的特殊发现学说并没有排斥风险测定学说(技术学说)。

1.风险测定学说(技术学说)

这是一个专门说明保险制度的技术构造,特别是一个对风险测定技术进行说明的学说。坚持该学说的学者们认为,为了合理运用保险制度,以保险事故发生的可能性的统计计算为基础,根据多数合同的综合平均化的风险来平衡应支

---

① [日]大森忠夫:《法兰西商法(1) 保险契约法》,有斐阁1956年版,第2页。

② 根据日本《商法典》第678条第1项的规定,包含保险人。

付的保险费金额与可享受的保险金额之间的关系。保险人根据各个合同测定风险概率,从而决定是否签订合同及应受领的保险金额。为了测定风险率的事实,本来应由保险人自己负责调查,但事实上保险人不可能调查全部事实。假如调查了所有事实,这也会造成流失大量的时间及经费,因此并不合理。为此法律上规定了投保人应告知选择风险的事实。①

具体而言,在风险测定学说中,强调在保险中风险团体(保险团体)的形成是一个前提条件,这个风险团体为了其利益必须排斥不良风险。但是这个强调排斥不良风险团体的见解,要求违反告知义务的要件是投保人的"恶意或重大过失",却不能说明其效果在于不是宣布合同的无效而在于产生合同解除权。从排除不良风险的观点来看,不在于当事者的主观意念,合同本身当然应视为其无效。因此以制度论为理由来说明告知义务的根据是很困难的。

在大多数学说中为了迎合这样的制度论根据,认为在告知义务中存在着合同法的根据。这就是射幸合同学说(善意合同学说)与订立过失学说。

2.射幸合同学说(善意合同学说)

这个学说认为,保险合同的射　合同性或善意合同性直接引导了告知义务制度。即在射幸合同中,一般以偶然事实成否作为决定的本质,所以要求当事人对左右偶然性事实的认识,或左右行动的自由应相互采用对双方公正的态度,不应为了使自身处于有利地位而采用不正当手段,从而认可告知义务。② 但针对这个见解,出现了以下疑问点。第一,假如以射幸合同性、善意合同性为基础的特殊本质出发要求取得合同当事人之间的平衡,那么不应只是投保人,对保险人也应规定同样的义务,但事实上保险人没有这样的义务。第二,若以射幸合同性为根据,那么所有的射幸合同都应认可告知义务。并且在射幸合同学说(善意合同学说)中,有根据保险合同内容的特性的见解。这说明射幸合同学说(善意合同学说)并没有直接引导告知义务,在射幸合同有根据特殊合同的内容的特殊性质的见解。③

也就是说,因为射幸合同没有意识到左右事实的偶然性,使得没有预定的给付义务的发生。据此,在那些约定排除保险人的告知义务发生的合同中,就不会产生对那些因没有认识到事实而约定射幸给付的约定者产生特别不利的影响。例如,在以给付得奖者奖金为目的的射幸合同中,假如有限定得奖者人数或限定颁奖金额总数时,在众多的申请者中有某些隐匿了事实的,那么针对其他申请者

① [日]西岛梅治:《保险法》(第3版),悠悠社1998年,第41页。
② [日]大森忠夫:《保险契约法的构造》,有斐阁1952年,第125页。
③ [日]仓泽康一朗:《保险契约法法理》,庆英通信1975年版,第273页。

就会产生不公正，针对合同双方当事人没有触及平衡原则。因此，以这些给付约定为基础的射幸合同就不会出现告知义务的制度问题。针对这些只要符合给付条件的，不管是谁，只要是在有给付约定的射幸合同的情况下，因事实的隐匿会造成约定者的计算错误，会给给付者方带来不公正的利益。因此，必须直接触及当事人之间的平衡原则。保险合同实际上是有这样给付约束的射幸合同，告知义务制度是必要的。

3. 订立过失学说

日本保险法学者石田满认为，在认可保险合同中的射幸契约性基础上，告知义务作为合同订立上的过失法理，实际上是保险法中的特殊化。[①]合同订立上的过失是指，在合同的订立过程中，假如由于一方的过失使得另一方受到损失时，认可其赔偿责任。在保险中，投保人对保险人履行支付保险费及告知义务，这样就可以免去合同订立中的过失，使合同有效。

但这种学说仍存在一个问题。合同订立中的过失是指，因当事人一方的过失而不能再持续法律行为时，认可信义上的违反义务的赔偿责任。在保险合同中并不是因为投保人不能持续法律行为，而是违反告知义务使得合同无效。

4. 平衡理念的特殊发现学说

这是一个必须从合同法理与保险技术两方面来考察告知义务的根据而形成的学说。投保人把保险人不知悉的影响事故发生的事实作了虚假告知，以致保险人误测了事故的发生率。为维护保险人的利益排除上述不良告知的发生，法律上认可了保险人的合同解除权与保险费的享有权理论。该学说是以合同法理与保险技术为依据来考察告知义务的，对合同解除权与保险费的享有权也作了说明。同时当违反告知义务行为发生时，保险人可以根据法律赋予的权利，让投保人认识到告知的强制性。这个学说也说明了履行告知义务是阻止保险合同解除的前提条件，可以保持论理的整合性，到目前为止，这是所有学说中解释告知义务根据最合适的学说。

三、告知义务演化中法观念的变迁

(一)告知方式从自动主义到被动主义的转向

1. "自动告知"模式

自动申告主义主张，告知义务人除了对保险人所提出的书面询问的事项应据实告知外，对于保险人未以书面询问但足以影响危险估计的事项，如为告知义

① [日]石田满:《保险契约法的基本问题》，一粒社 1997 年版，第 128 页。

务人所知的，亦有自动告知的义务。这种立法模式出现在保险制度发展的初期，那时海上保险的各保险人几乎完全依赖投保人或被保险人的告知才能获知保险标的有关风险状况。因此，告知一般采用投保人"自动告知制度"。在这种制度下，告知义务人除对于保险人询问的事项应据实回答外，对于保险人未询问但足以影响危险估计之事项，如为告知义务人所知的，也有自动告知的义务。也就是说，投保人或被保险人在订立合同之前应将其知道或应该知道的一切重要事项告知保险人。

2."询问告知"模式

"询问告知"模式主张，告知义务人仅对于保险人所提出的书面询问事项负有告知义务，保险人未以书面询问的事项，不论是否以口头询问，告知义务人均不负告知义务。随着科学技术手段的提高和保险业的发展，保险人积累了丰富的经验。他们知悉各类保险中的"重要事项"，并以询问的形式要求投保人或被保险人作相应的告知，这就是所谓的"询问主义"。在该种立法模式下，告知义务人仅对保险人所询问的事项负有告知义务，对于保险人未询问的事项，则一般不负告知义务。

3.演化方向

从上面的论述中可以看出，在"自动告知主义"(有时也被称做自动申告主义)和"询问告知主义"的立法模式下，告知义务人所告知的范围是有很大差别的。关于这两种告知模式，我们认为后者更具有合理性。一方面，"自动申告主义"是早期海上保险时代的产物。其立法基础在于保险人在获取危险信息方面对于被保险人的完全依赖性。当事人于缔结保险合同之际，所保船舶或货物与合同订立所在地之间往往远隔重洋，保险标的之实际情况如何，颇难获知。因此被保险人须负完全的告知义务。时至今日，随着保险技术的进步，保险人危险评估的经验和手段日益丰富，信息严重不对称的局面已经改观，保险人对投保方的依赖程度大大减轻。因此，立法在危险估计的责任分配方面发生了嬗变，"自动申告主义"已经不适应对价平衡的要求。另一方面，要求作为普通大众的投保人在缔约时对影响危险评估的"重大事项"作出准确的判断较为困难。"何者为重大事项非保险专家不可知，尤其对要保人而言，身为'外行人'，如何善尽诚信，倾其所知，知无不言，实比登天还难"。[①] 而保险人作为危险管理之人，理应负"善良管理人的注意义务"，让其负"重要事实"的确定与选择之责应在情理之中。

我国《保险法》第 17 条就询问方式究竟采取口头形式还是书面形式，未作任

① 江朝国:《保险法论文集》(第 1 集)，瑞兴图书股份有限公司 1993 年版，第 162 页。

何规定，也没有在立法上确定告知义务的“询问告知”模式。但是，由于“询问告知主义”的立法模式不仅是节约交易成本的立法技术的体现，同时也是在“平衡双方当事人利益”这一理念指导下立法的结果。因为我国正处在保险发展初期，投保人作为“外行人”对何为重要事项茫然不知，要求其遵守诚信原则，达到倾其所知，知无不言，言无不尽，有相当大的难度。这样的状况决定了告知义务人目前尚不具备承担自动告知的能力。相较而言，保险人拥有雄厚的专业知识，在何为重要事实的判断上具有丰富的经验。为防止双方当事人信息的不对称、平衡双方当事人的利益，理应采用“询问告知主义”。在该立法模式下，告知义务人仅对保险人所询问的事项负有告知义务。另外，就我国目前的保险实务上看，亦均以询问表为汇集危险估计上重要事实资料的主要方法。因此，解释上应认为询问表记载之事项，推定其具有重要性；而询问表未记载的事项，应推定其对保险人的危险估计无重要性。[①] 投保人只需对询问表上所列的事项如实告知即可。

(二)危险范围确定方式从约定主义到法定主义的转向

1.约定主义模式

所谓危险范围的约定主义模式主要是指英美保险法应用“保证条款”法理对危险增加的调整。

保险合同尽管是一种特别合同(specific contracts)，在某些方面具有区别一般合同(general contracts)的特殊性质，但它在本质上仍然属于民事合同。如前所述，普通法系合同法根据效力属性和补救方法的不同，在法理上通常将合同条款区别为条件条款和保证条款(或担保条款)两种类型。保险合同中的保证条款和条件条款在法律思维方式和内容上借用了一般合同法对其所赋予的法律意义，但区别亦很大。首先，保险合同中的保证条款在法律效果上等同于条件，投保方违反保证条款，将产生合同终止或解除的法律效果。[②]其次，保险合同中的保证经常与条件相提并用，不作区分。保证通常表现为实体法上的术语，在保险合同实务中，条件通常称为保证。而条件通常表现为学理上的概念，用于帮助分析保证所具有的法律意义。最后，保险合同中的保证和条件是专门为投保方设定的合同义务，保险人不适用保证和条件。而在一般合同法中，保证和条件对合同双

---

① 桂裕：《保险法论》，三民书局 1981 年版，第 173 页。

② 1906 年英国《海上保险法》专设有保证一章，包含有第 33 条至第 41 条共计 9 个条文。条件只用于辅助阐释保证法律效果的概念工具，其中第 33 条(3)规定了违反保证将产生保险人免除保险责任的一般法律效果，其原文如下：33(3)A warranty, as above defined, is a condition which must be exactly complied with, whether it be material to the risk or not. If it be not so complied with, subject to any express provision in the policy, the insurer is discharged from liability as from the date of the breach of warranty, but without prejudice to any liability incurred by him before that date.

方当事人是平等对待的，对双方当事人均得适用。英美著名保险法专家Mac Gillivary和Ivamy等也认为英美保险合同中的保证和条件的含义相通并用。①

由于在合同订立之时，保险人不仅可以通过在合同中设定“事实确认保证条款”来锁定合同成立时承保危险的程度和范围，同时保险人还可以借助“允诺履行保证条款”达成进一步防范和控制保险合同成立生效后承保危险增加的目的。而保证条款具有这一法律功能是由保险法对其所赋予的特殊法律含义和法律效果这两个方面来实现的。

保证在保险法上意味着，投保人或被保险人对保险人所作的一种允诺，并保证此允诺得到履行；允诺的内容包括以保证的形式肯定或否定某些特定事实的存在；在保险期间内保证做或克制不做某些特别约定的事情，或者保证保险标的在保险期间内保持某种约定的状态，或者保证兑现某些约定的条件。②据此，保险法中的保证具有两方面含义，或者说可将其分为两种类型保证。一是被保险人以保证的形式肯定或否定与保险标的危险估计有关的某些特别事实的存在，比如人寿保险合同中的被保险人“健康”事实保证条款；财产火灾保险中被承保的房屋“混砖结构保证条款”，这些属于“事实确认性保证”（affirmative warranty），是被保险人在订立合同时对某些静态事实的确认，属于保险合同成立时投保方据实告知义务范围。二是被保险人承诺履行某些特定行为或保证保险标的在保险期间内保持某种约定的状态，或者承诺不为某些特定行为。前者如对承保的房屋安装报警装置并保证使其总是处于正常工作状态；后者如海上保险中禁止绕航或超出约定航行海域的保证，还有不得改变保险标的用途的保证，如日常生活用车改为营运性质的用车；也可以是保证完成约定的条件，如在规定期限内通知保险事故发生和提出损失证明文件等，这些属于“允诺履行性保证”（promissory warranty）。

允诺履行性保证的作用在于为投保方设保证履行特定行为或保证不为特定行为的合同义务。这些特定行为通常与保险标的危险增加有密切关系。在合同保证条款中对这些特定行为的防范和控制做出特别约定，也就达到了防范和控制未来承担危险期间发生危险增加的情况，如果义务人不为保证履行的特定行为或为保证不为的特定行为就构成保证的违反，保险人完全可以借此终止或解除合同，并从保证违反之时起不再负担保险责任，因而使保险标的危险增加的情

---

① Ray Hodgin, Insurance Law, London: Cavendish Publishing Limited, 1998, P.318 – 319.

② 1906年英国《海上保险法》第33条（1）对保证的法律含义作了专门的定义，其原文如下：33（1）A warranty, in the following sections relating to warranties, means a promissory warranty, that is to say, a warranty by which the assured undertakes that some particular thing shall or shall not be done, or that some condition shall be fulfilled, or where by the affirms or negatives the existence of a particular state of facts.

况变化对保险人不产生影响。

允诺履行性保证条款设定的合同义务，被保险人必须严格履行(strict compliance)，稍有违反，即使违反之处与保险事故发生没有任何关系，则自违反事实发生之时起保险合同即失去效力。

1837年Shaw v. Robberds案是保险人通过保证条款控制保险期间危险增加的典型判例。原告为其一幢建筑物向保险人(被告)投保火险，保险单记载该建筑物用于储藏和烘烤粮食，保险单一个条款同时规定建筑物改变用途须报请保险人背书和批注。如果被保险人申明的用途不实，或者未经保险人批注许可擅自改变用途的，保险合同失效。后来一艘运送橡树皮的驳船在附近海上沉没。原告允许橡树皮的所有人在该建筑物里烘烤橡树皮，在烘烤过程中发生火灾。据查，烘烤橡树皮的危险大于用于烘烤粮食，并且被保险人改变用途的行为未报请保险人批注。保险人以被保险人违反保证条款为由主张合同失效，法庭支持该保险人的主张。①

后来，应用保证条款防范和控制危险增加不像以前那样刚性和僵化，而将保证条款赋予一定相对灵活和富有弹性的调整内容。除非某些保证事项绝对不能改变，多数有关控制危险增加的保证条款同时规定，如果被保险人预先通知保险人保证事项将发生改变并同意按保险人通常业务标准加收保险费，则保险合同在该危险增加的情形下保险合同继续有效。但如果被保险人预先未通知，而违反保证条款约定事项的，则自违反之时起保险合同失效。1983年伦敦海上保险人协会编纂的《协会船舶定期保险条款》第3条"违反保证"(Breach of Warranty)规定："当任何有关货物、航线、船位、拖带、救助服务或开航日期的保证被违反时，若被保险人知悉后立即通知保险人，并同意修改承保条款和加付所需的保险费，则本保险仍然有效。"在1983年协会新保险条款施行后，1985年英国一则著名的保险判例的判决结果及其理由分析是对上述保证条款的法律功能的很好注释。在Black king shipping Corp. and Wayang(Panama)S. A. v. Mark Tanald Massie一案，②有一条叫"Litsion Pride"的油船去波斯湾，那时是两伊战争的时候，伊拉克的飞机专门打油船，多艘油船被导弹击沉。这样，波斯湾是高度危险的海域，油船去波斯湾就要在保险单中安排一条特别约定的续保保证条款(held covered)，续保后波斯湾海域的航行就纳入保险范围内。依据续保保证条款的规定，油船到波斯湾海域的续保除了须支付很高的额外保险费外，船东须预先通知保险公司，这是续保成立的先决条件(reasonable notice as a condition precedent)。在"Litsion

① Shaw v. Robberds (1867)6 Ad &El 75.

② Black King Shipping Cop. And Wayang(Panama)S. A. v. Mark Tanald Massie(1985)1 Lloyd's Rep, P437.

Pride"案中,由于去波斯湾须多支付很高的保费(几十万美元),船东心存侥幸,不准备支付续保波斯湾海域的几十万美元保险费。这样,该船被派往波斯湾,船东没有通知保险公司,须付保险公司几十万美元的加保费就可以省下了。但船东运气不好,该船1982年8月2日进入霍尔木兹海峡,8月9日就被伊拉克飞机的导弹打中了,这条船全损。可船东没有预先通知保险公司,从而后果严重,等于破坏了保证而无权索赔。船东就寄封平邮信出去,信上写的日期是8月2日,不过保险公司是8月12日才收到的,信似乎在途花费了10天。保险公司说,以前我和船公司业务往来都用传真,信这次怎么用平邮寄给我呢?希腊船东说,我一知悉油船要进入波斯湾海域就写信通知你方,所以已经"续保"(held covered)。那为什么用平邮寄送通知呢?保险公司马上就想到船东大概习惯了倒签提单,信大概也是倒签时间(Backdated),这信可能是在知晓船被击沉之后才马上寄出的,不过信的日期还是写8月2日,就是进入霍尔木兹海峡的日期。结果保险公司拒赔,船东就去打官司。法官当然有些不相信船东,因为平时联络都是用传真,这次却寄平信而且10天才寄到,就判定保险人胜诉。总之,违反保证一旦发生或会发生,船东想续保就一定要马上通知保险公司,这是一个"先决条件"。①

因此,根据约定主义模式,保险人确定保险范围的理论基础来自于意思自治,无论其表现为双方当事人对已知风险范围的一致确认,还是表现为一方当事人对未知风险的单方承诺与保证,约定主义模式均将保险人承保的风险范围的确认视作意思自治理论在保险领域的进一步贯彻。

2.法定主义模式

所谓危险范围的法定主义模式主要是指大陆法系以情势变更法理为基础对危险增加施行的调整方式。

就保险合同订立后保险责任期间内危险增加的防范和控制来说,英美保险法采取合同保证条款方式对任何可能引起危险增加的情形和效果做出预先约定,此为以法律行为(约定)主义为主的规范模式。而大陆法系法典化和逻辑演绎为主的法律思维方式决定,其保险法设定抽象和富于弹性的条款对危险增加的法律效果进行规范。该种模式的主要特征在于:首先,它以抽象的情势变更原则为其理论基础,涉及危险增加的法律界定、危险增加达于何种程度引起情势变更、危险增加的不同原因以及如何区别对待、危险增加的一般法律效果。其次,以情势变更原则为依据对因危险增加所产生的保险合同权利义务关系的变动及其调整是一种带有强制性质的法定主义调整方法。考虑到投保方的弱势地位和保险保障维持的需要,这种法定的调整内容和方法,对于投保方是法定的最低限

① 杨宜良、汪鹏南:《英国海上保险条款详论》,大连海事大学出版社1996年版,第37~38页。

度待遇。尽管出于合同自由和意思自治的本质，双方当事人可以在合同订立时预先设定合同条款对危险增加的情形和法律效果做出约定，但这种约定对于投保方不得严于或高于保险法以情势变更原则为基础所设定的法定主义调整限度。最后，基于合同自由和意思自治的本质，双方当事人可以预先在保险合同条款中对危险增加的情形及其法律效果做出约定，但这种约定受制于保险法中的法定主义的调整限度，对于投保方高于或严于法定主义的约定，因违反强制性规范而无效。

由于在保险期间，危险显著增加必然会导致保险人与投保方在合同中的利益关系严重失衡，从而促使双方权利义务分配有重新调整的必要。而在大陆法系，调整此种情形的主要法律根据即是情势变更原则。为了进一步了解情势变更原则对保险范围确定的影响，我们有必要对情势变更法理作进一步探讨。

(1)情势变更原则的产生和演变

所谓情势变更原则，是指合同有效成立后，因不可归责于双方当事人的原因发生情势变更，致合同的基础动摇或丧失，若继续维持合同的原有效力，将显失公平，此时允许当事人请求变更或解除合同。① 情势变更原则是对“合同必须严守”原则的变动，它赋予合同当事人在特定条件下可以不遵守原合同的权利。“合同必须严守”是自罗马法以来一直奉行的基本准则。合同成立后，无论出现何种客观情况的异常变动，都不应影响合同的法律效力。所以，学者们对情势变更原则是否起源于罗马法存在着不同的看法，但大多数学者认为，断定罗马法存在情势变更原则的根据尚不充分。②

从中世纪开始，因合同基础条件的变化而引起的权利义务失衡状况是否需要法律来调整的问题重新进入自然法学派法学家的视野。12至13世纪注释法学派曾提出在《尤帝法学阶梯》中存在一项法律原则——即假定每一个合同包含一个默示条款：即缔约时作为合同基础的客观情况应继续存在。一旦这种情况不再存在，准予变更或解除合同，称为情势变更条款。注释法学派的这一观点受到自然法学派学者的重视，如自然法学派代表人物格劳秀斯认为，合同义务的履行，如果变得过于艰难而不可忍受时，无论是基于人的一般本性，或是在比较人、事与法律关系的目的之后认为是正当的，则可使该义务归于消灭。受自然法学派思想的影响，巴伐利亚1756年颁布的民法典第4编、1794年普鲁士《普通法》第378条和1811年奥地利《民法典》第936条规定出了情势变更的条款。③

---

① 马俊驹、余延满：《民法原论》（上册），法律出版社1998年版，第586～587页。

② 王利明：《违约责任论》，中国政法大学出版社2000年版，第367页。

③ 李永军：《合同法原理》，中国人民公安大学出版社1999年版，第522～523页。

到了18世纪后期，情势变更原则的滥用危及法律秩序的稳定。随着历史法学派和分析法学派的兴起，重视合同严守原则和法律秩序的稳定，情势变更原则受到严厉的批评，丧失其重要性，以至于1804年的法国《民法典》和1900年德国《民法典》都舍弃情势变更原则而坚持了“合同必须严守”原则。① 后来，两次世界大战结束时德国经济陷入困境，货物奇缺、物价暴涨、货币大幅度贬值，导致许多合同的履行异常艰难，或按原合同约定的条件履行会导致双方当事人的权利义务显失公平的情形。德国法院和法学家于是重新开始审视历史上学者们关于情势变更的学说，创设了德国的“法律行为基础”理论和制度，赋予法院直接干预合同关系的“公平裁量权”。也就是，在因订立合同时的基础条件发生了不可归责于双方当事人的剧烈变化，以致合同履行异常艰难时，法官可以依据债务人的申请，行使该“公平裁量权”，直接作出减少给付或者延期给付的判决。“法律行为基础”理论和制度成为后来德国法院处理民事事务上一切情势变更问题的法律依据。它所持的关于确认受情势变更影响的一方当事人享有合同变更权的态度，对其他国家和地区关于情势变更原则的立法产生了极大的影响。

目前，许多大陆法系国家和地区的民法规定了具有普遍适用性质的情势变更原则。例如，1977年匈牙利《民法典》第241条规定：“在合同签订后发生情势变更致使一方当事人的实质性合法利益受到损害，并影响到双方当事人之间的持久的法律关系，该当事人可以请求法院变更合同。”1999年修订后的我国台湾地区“民法典”在第227条中增加“契约成立后，情势变更，非当时所能预料，而依其原有效果显失公平者，法院应依职权公平衡量为增减给付，或变更其他原有效果之判决”的规定。1968年的南斯拉夫债法第133条和1995年俄罗斯《民法典》第451条都先后确认了合同的情势变更原则。②

(2)情势变更原则的理论根据

一般认为，大陆法系有五种学说构成了情势变更原则的法理根据，包括情势不变默示约款说、法国的不可预见说、德国的法律行为基础说、法律制度说和诚信衡平说。③

一个有拘束力的合同在情势发生变更时，有什么正当化的理由可以适用这样一个原则去变更合同的内容，甚至解除合同。情势不变默示约款说、法国的不可预见说和德国的法律行为基础说这三种学说从某种意义上说在本质上是一致

---

① 马俊驹、余延满：《民法原论》(上册)，法律出版社1998年版，第586页。

② 张淳：《立法与理论：情势变更原则中的合同变更权》，载《南京林业大学学报》(人文社会科学版)2001年第4期，第21页。

③ 崔建远：《新合同法原理与案例评释》(上册)，吉林大学出版社1999年版，第257~261页；林诚二：《民法理论与问题研究》，中国政法大学出版社2000年版，第22~26页。

的。均认为,合同双方当事人在缔约时对合同成立的基础条件实际上有一种共识,即合同的顺利履行有待于这种基础条件维持不变或二者不会显著改变。一旦情势变更,(1)默示约款说认为,双方当事人不言自明的约款对处理这种情况早已有了安排,任何一方遇到这种情况,均可以根据具体情形去变更或解除合同。[①] (2)法国的不可预见说认为,如果当事人缔约时预见到情势变化,当初就不会或以其他条件订立合同,现在情势发生意料外的变化,当事人的合同义务亦须作相应的调整。不可预见说具有相当的任意性特征,不如默示约款说的说服力。即使在法国,该理论也未成为通说,没有得到法国民商法院和最高法院的采纳。法国法院一般也不轻易以情势变更为理由去直接干预合同关系。[②] (3)德国的法律行为基础说认为,当事人的合意为什么在缔约时以特有的内容和方式达成,是因为存在一个达成合意的基础。这个基础是纯观念上的基础或现实有形的社会、经济条件基础。德国的法律行为基础说据此分为主观的法律行为基础说和客观的法律行为基础说。德国法学家奥特曼创立法律行为基础说时所持的观点是主观的法律行为基础说。[③] 以所谓当事人共同观念上的基础作为合意行为的基础,显然有相当大的主观性和任意性,受到学者们的批评。德国法学家拉伦茨在主张区分主观的法律行为基础和客观的法律行为基础的分析框架下,提出"修正的法律行为基础说",[④] 而客观的法律行为基础就是指合同缔约时的社会、经济等客观外部条件。由此可见,上述三种学说都是纯粹的法解释和适用技术,其差别在于解释的角度不同。在历史地位上,默示约款说和不可预见说近乎于停留在纯粹的理论层面上,几乎没有发挥过规范作用。而德国的法律行为基础说进入了法律,上升为制度,其影响巨大。后来,正因为情势变更原则变成了法律世界中一种普遍适用的制度,有学者甚至提出,情势变更原则之所以具有赋予法院直接变更或解除合同的权力,是因为它是法律规定的一种特别的法律制度,这就是法律制度说。法律制度说使情势变更原则的正当性不需要其他理由,显然这种学说既无新意,也不具建设性。

我们认为,诚信衡平说与前面四种学说不同,它不是从法的解释和适用的技

---

① 这是最早的关于情势变更法则的学说,12、13 世纪的注释法学派在其著作《尤帝法学阶梯注解》中提出古罗马私法存在一种法的原理,即每一个合同中均包含一个默示约款,双方的该默示约款假定缔约时作为合同基础的那些客观条件应继续存在,一旦那些客观条件因剧烈变化不再存在,导致合同权利义务的分配显著失衡,应准许变更或解除合同。参见崔建远主编:《新合同法原理与案例评释》(上册),吉林大学出版社 1999 年版,第 257 页。

② 崔建远:《新合同法原理与案例评释》(上册),吉林大学出版社 1999 年版,第 258 页。

③ 奥特曼认为,"法律行为之基础,并非法律行为之要件,亦非意思表示,而系对于该等意思表示基础之一种观念,此种观念,不仅相对人须认识其重要,且须未提出异议,在多数场合,更须彼此有共同之认识始可"。参见林诚二:《民法理论与问题研究》,中国政法大学出版社 2000 年版,第 23 页。

④ 崔建远:《新合同法原理与案例评释》(上册),吉林大学出版社 1999 年版,第 259 页。

术层面去解释在一个传统上奉行“合同严守原则”的法的世界里，为什么准许情势变更原则去“破坏”合同严守原则，而是应用价值判断和利益衡量的方法去解释情势变更原则有正当理由突破合同严守原则。当合同的基础环境发生剧烈的变化，履行异常艰难，继续按原合同的内容履行合同，将有悖于交易上的诚实信用理念，履行的结果将导致显失公平的结局时，为维护交易上的诚实信用和公平的秩序价值，法律实有“出手”干预的必要。诚信衡平说切中了问题的要害，在情势变更的情况下，法律为什么要干预私法自治，是因为交易诚信的失落和显失公平的结果撼动了法律的良知，维护交易中的诚信和公平是情势变更原则的使命，也是它存在的正当化理由，诚信衡平说应该是最有说服力的学说。

我国《合同法》没有确立情势变更原则，法学界对此存在热烈的争论，不管怎样，情势变更原则对我们理解和适用合同法具有方法论上的启发意义。

(3)情势变更原则的适用条件及法律效果

情势变更原则虽然具有根据情势的变化而衡平当事人失衡的权利义务的功能，但它毕竟是对合同严守原则的变通或否定。所以，为了防止对它的滥用而导致原有诚信衡平之宗旨的丧失，大陆法系国家在适用这一原则时均持谨慎的态度。其适用一般应严格满足以下条件：

第一，在客观上，具有情势变更的客观事实。所谓情势，乃泛指一切作为法律行为成立基础或环境的客观事实。法律行为的发生，是以该情势的存在或继续为背景的。所谓变更，是指情势在客观上发生了异常变动。情势变更在客观上导致合同基础的动摇或丧失。

第二，当事人对情势变更之发生在主观上没有过错。只有当情势变更的发生是因不可归责于双方当事人的事由引起，并且在客观上具有“不可预知性”时，才能适用情势变更原则。如果情势的变更是由当事人自己的行为造成的，则由当事人自己承担损失。如果情势变更的发生在客观上具有“可预知性”，则由当事人自己承担该风险，而不可申请适用情势变更原则。

第三，在时间上，情势变更须发生在合同生效以后至合同履行终止之前。情势变更须发生在合同履行期间，当事人才能主张适用该原则。如果合同履行完毕，该合同关系已经消灭，则不涉及情势变更问题。

第四，在结果上，须因情势变更而致使合同的完全履行将对一方当事人造成重大影响，即当事人之间的权利义务显失公平。这是适用情势变更原则的实质条件，适用这一原则的目的就在于救济一方当事人因情势变更所遭受的交易上显失公平的结果。

适用情势变更原则，其目的和效果是使受到不利影响的一方取得变更或解除合同的权利。如果双方对此发生争议，应提交法院或仲裁机构裁判。法院或仲裁机构对以情势变更为由而主张的合同变更或解除的请求，通常持一种非常审慎和严格的立场，即使请求成立，在合同变更和解除之间，优先适用合同变更，并且合同的变更也以适当为原则。

由于情势变更原则在保险法中适用的前提必须是客观环境的改变已经影响到双方权利义务分配的基础。因此，为避免情势变更原则的滥用，必须对其进行一定的限定。而就目前来看，限定的主要手段是对情势变更引起的后果进行限定，即要求情势变更必须引起危险的增加。所谓危险增加，是指保险标的原危险状况在保险期间发生显著的持续增加。该增加在缔约时未予估计并作为计算保险费率的基础，继续履行原合同，对于保险人显失公平。因此，此种危险增加在法律上必须具有如下特征。

第一，此种危险的增加必须具有一定的显著性。只有在危险增加使保险合同之基础发生了根本变化或动摇，原合同下的权利享有和义务负担失去了平衡，继续按原合同之约定维持合同效力，将产生显失公平的后果情况下，法律才有必要对原合同关系进行纠正和补救。显然，所谓危险增加，非微小或一般的危险增加，而应为危险增加的量变达到某一质变程度，方可构成法律或合同基础所不能容忍的质变状态。就保险实务而言，伴随保险精算的科学性和技术性的发展，各种类别的保险标的在不同状态下的危险等级及其相应费率已形成比较成熟的"一般保险惯例"。按"一般保险惯例"，当下的保险标的危险发生显著增加，达于应适用更高级别的保险费率标准时，我们认为达到使原保险合同基础发生具有法律意义上的情势变更状态，不对原合同关系进行调整和纠正有违于合同正义。因此，危险增加达于应当适用更高级别的保险费率，即产生了具有法律评价意义和特定法律效果上的危险增加，同时也是判定具有法律评价意义上危险增加的标准和依据。就比较法观察，各国或各地区保险立法例，莫不以危险显著增加作为具有法律意义的规范对象。有的立法例，比如意大利、我国台湾地区和澳门地区等，明定以危险增加达于应当适用更高级别的保险费率作为判定危险增加显著的基准。[①] 有的立法例，比如日本，虽未明定应适用较高级别的保险费率作为判定具有法律评价意义上的危险增加，但使用危险增加之"显著"这一限定词。[②] 显然，我们应对其作同一意义的解释，否则，"显著"一词的意旨就不具有任何法律意义。

---

① 意大利《民法典》第1898条第1款规定："在情况发生新变化并在契约为保险人所了解时，保险人会做出不同意保险或在增加保险费的条件下同意保险的决定，则投保人有义务将风险增大的变化立即通知保险人。"我国台湾地区《保险法》第59条亦规定具有法律评价意义的危险增加为"其危险迭于在增加保险费或终止契约之程度者"。

② 日本《商法典》第656条和第657条。

第二,此种风险的增加必须具有一定的持续性。所谓的持续性,是从时间观念上观察,危险显著增加的状态处于连续性而至少存在一段时间。持续性是相对于时间上的"一过性"而言的,它是指危险状况显著增加发生之后立即促成了保险事故发生,这属于"保险事故发生之促成",其效果依有关常规状态下保险事故发生的规定来确定,并非此处讨论的危险增加课题所指称的对象。① 比如,在汽车行驶过程中,刹车突然发生故障或失灵而酿成事故,即属于保险事故发生或保险事故发生之促成的问题。

在缔约时,保险人经估计而承担的危险与投保人支付的保险费(率)是对价关系。未曾估计性,即发生在保险期间的危险增加是保险人于缔约当时所未曾估计或预料的情况。若危险增加的情况曾为保险人预料并予以估计,则不能认为是危险增加,因这并未影响双方之对价平衡关系。例如,于人寿保险,被保险人因疾病或年老而死亡,其疾病或年老之发生为缔约当时估计所及,故不得因患重病或年老死亡而主张危险增加之效果。危险增加的情形是否在缔约时由保险人曾予以估计之判断,须衡量该保险费(率)之种类性质及其保险计算之基础。例如,于渔船保险场合,其保险费之计算多以作业渔船区域为据,若超越该承保之保险渔区,即属危险增加。②

3.发展趋势

虽然就两种风险确认模式的理论基础来看,出于对个人自治能力或公平原则的不同态度,约定主义选择了意思自治作为其理论基础,而法定主义选择了以公平原则为基础的情势变更原则作为其理论基础,两者在风险范围的确认方面亦存在一定的差别,而且就两种制度的实际效果来看也均能实现对保险人及被保险人的均衡保护,但是,就目前来看,法定主义模式具有一定的发展优势,具体表现如下:

首先,从保险业的行业发展来看,目前已经与保险业的初创阶段大为不同,无论是从保险公司的规模还是其经济实力,保险公司均已是今非昔比。

其次,由于保险业的不断发展,导致其专业性逐渐加强,不仅保险合同均为保险公司提供格式合同,甚至绝大多数保险条款需要经过保险公司的解释才能为一般投保人所了解,因此,保险公司享有越来越多的信息优势。

最后,从约定主义与法定主义的价值选择上来看,约定主义虽然强调不同主体之间主体地位的平等,但是,其在一定程度上还是忽视了不同主体之间意思能力存在的客观差异,而法定主义从投保人与保险人在权利义务上的公平性角度

① 江朝国:《保险法论文集》(第2集),瑞兴图书股份有限公司1997年版,第186页。
② 江朝国:《保险法论文集》(第2集),瑞兴图书股份有限公司1997年版,第187页。

出发对双方权利义务进行一定的调节,从而能够在一定程度上弥补约定主义的缺陷。

由于一味强调保险人与投保人之间的意思自治,很有可能导致对投保人不公平的法律后果,因此,在目前保险业已得到充分发展的前提下,越来越多的国家从公平角度出发,通过法律规定对双方的权利义务做出一定的平衡。

(三)危险控制模式从客观主义到主观主义的转向

由于大陆法系保险法系采概括式的法定主义调整方法,因而,调整对象的类型化就成为其设计调整模式的逻辑起点。危险增加总是基于某一特定原因形成,其中,有些原因是由行为人(投保方)的主观意识及其活动引起的,而有些原因未必与投保方主观意识有联络,这就引起了规范模式的分歧。

法律上的主观和客观涉及对行为人的主观过错判断和不同的法律效果评价。在保险合同中,承保危险增加受责难的对象总是被保险人或投保人。依据投保方对危险增加是否存有过错及其程度,细分危险增加的类型,予以差别化的调整,是法律调整技术性和成熟性的体现。危险显著增加致保险合同基础发生了情势变更,使投保方和保险人于保险合同中的权利义务关系发生了不公平的失衡状态。它本质上为一客观法律事件,依法定主义的调整方法,法律事件的成就将产生相应法律效果。有的立法例,比如意大利民法对危险增加的原因不作区分,只依危险显著增加这一法律事件的客观属性,规定相应的法律效果。依据意大利《民法典》第 1898 条的规定,危险增加达于应增加保险费时,投保方自知悉危险增加后,应立即通知保险人,保险人有权立即解除合同,但解除效果须于 15 日后生效,以便投保方有时间另行安排和购买保险。如果危险增加达于不符合保险人承保条件而拒绝承保时,保险人解除合同的效果立即生效。[①] 此为纯以危险增加事件的客观性质为依据,而不考虑增加所涉及的主观过错因素,而对危险增加做出一体化调整的规范模式。我国大陆保险法亦采此模式。

多数立法例体现了区分基于不同原因导致的危险增加类型,并加以区别调整的规范模式。日本《商法典》根据投保方对于危险增加的发生是否具有“可归责性”,采取差别化的调整方法。如果危险显著增加是因可归责于投保方的事由

① 意大利《民法典》第 1989 条第 3 款规定的中文译文如下:“如暴风险的增大会产生假如保险人在缔约时知道这一变化便会不同意保险的结果,保险人的解除将立即有效;如果风险的增大会产生保险人要求较大数额的保险费的结果,则在 15 日后有效。”参见意大利《民法典》,费安玲、丁玫译,中国政法大学出版社 1997 年版,第 453 页。

引起的,保险合同自动丧失效力,[①] 学理上称为主观危险增加。反之,非因可归责于投保方的事由引起危险显著增加,保险人取得合同解除权,[②] 学理上称为客观危险增加。我国台湾地区《保险法》以危险增加与投保方行为之间是否有关系,区分主观或客观危险增加。投保方行为引起的,为主观危险增加,反之,与投保方行为无关的其他原因引起的危险增加,为客观危险增加。[③]我们认为,主观和客观的区分取决于投保方对于危险增加的促成所持的意识状态,并且这种意识状态能够通过一定的外在客观化的方法加以识别和判定。如投保方意识、亦应当预见到某种因素能引起危险增加,为主观危险增加。反之,如投保方不能意识、亦不应当预见到某种因素能引起危险增加,为客观危险增加。因此,对于主观危险增加而言,这种意识状态包括两个方面:一方面投保方在主观上能意识、亦应当预见到其行为能引起危险增加;另一方面投保方的行为在客观上促成了危险增加。两者必须均具备才构成主观危险增加。据此,尽管我国台湾地区《保险法》根据危险增加与投保方行为之间的关系,意图区分主观危险增加和客观危险增加,但实难达成此立法目的。例如,汽车的发动机或刹车正陷入一种不良状态中,如一个中等程度的合理人通常无法认识或预见到这种不良状态,汽车驾驶者因没有意识到汽车处于不良状态而继续行驶酿成车祸事故。尽管汽车的危险增加与投保方的行为有关,但客观上他或她不能,亦不应认识到,仍应属于客观危险增加,因为投保方主观上无归责性可言。这样,达到了贯彻立法上区分主观危险增加和客观危险增加的立法规范意旨。

我们认为,在法律上区分主观和客观的法律精神在于宣示行为本身不具有可罚性,可归责的是行为背后的主观过错。在本文论域内,我们并不探讨投保方因过错要承担某种民事责任(如侵权责任)的问题,而在于探讨投保方因某种过错的行为将承担失权抑或解除合同的法律效果。既然如此,对主观和客观的界定也应当遵循传统关于过错分析的法理。对于人的认识或预见能力,历来有主观标准说(subjective view)和客观标准说 (objective view)之争。主观说认为,应以行为人自身实际具有的认识能力作为认定其认识或预见能力的标准。由于生活中每个人的主观能力各异,很难有一个客观和统一的判断标准,因而在实践中难

---

① 日本《商法典》第656条和第657条第1款中文译文分别如下:"在保险期间内,危险因可归责于投保人或被保险人的事由而显著变化或增加时,保险契约丧失效力。""在保险期间内,危险非因可归责于投保人或被保险人的事由而显著变化或增加时,保险人可以解除契约 。但是,其排除只对将来发生效力。"参见日本《商法典》,王书江、殷建平译,煤炭工业出版社1994年版,第235页。

② 日本《商法典》第657条第1款的规定。

③ 我国台湾地区《保险法》第59条第2款和第3款规定如下:"危险增加,由于要保人或被保险人之行为所致,其危险达于应增加保险费或终止契约之程度者,要保人或被保险人应先通知保险人。危险增加,不由于要保人或被保险人之行为所致者,要保人或被保险人应于知道后10日内通知保险人。"

以操作。客观说认为,应以一个社会上通常可期待的一般合理人(average reasonable mall)应具有的认识能力作为判定当下行为人认识能力的标准。客观说正因为具有一个客观化的可操作的判断标准,历来成为多数说,而主观说属于少数说。①

危险显著增加将产生不利于投保方的法律效果,法律区分主观危险增加和客观危险增加,目的在于,在客观危险增加情形下,投保方应取得某种优待的法律效果。依据日本《商法典》第656条和第657条的规定,危险显著增加的原因可归责于投保方时,从危险增加事件成就之时起保险合同自动丧失效力或解除;而在客观危险增加情形下,保险合同并非立即自动终止,投保方知悉后应当立即通知保险人,保险人接受通知或通过其他途径知悉危险增加后,有权立即解除合同,如未立即解除合同,视为弃权而承认合同继续有效。②

德国《保险契约法》与日本《商法典》相同,依主、客观危险增加的不同而异其法律效果。对于可归责于投保方的主观危险增加,投保方于知悉后应立即履行通知义务,保险人接获通知后有权终止合同,并立即生效,对于终止合同前发生的保险事故,保险人亦免负保险给付义务;对于非可归责于投保方的危险增加,保险人终止合同的效力于1个月后生效,也就是说,其终止合同后的1个月期间内,保险合同尚不失其效力,投保人得于此期间另订保险合同,以免失去保障。③

当然,目前除意大利对危险增加未作区分采一体化的调整模式外,还有我国澳门地区,对引起危险增加的原因不作区分,唯以危险显著增加这一客观法律事件作为设计其调整规范的依据。我国澳门《商法典》不问危险增加的原因是否可归责于投保方,只要危险达于显著增加,即赋予如下相同法律效果:投保方应负通知义务,保险人取得增加保险费的提议权或保险合同解除权,发生保险事故时保险人按比例减少保险给付金。④

尽管我国澳门《商法典》未对危险增加类型做出区分,但对投保方应负通知义务设置了主观要件,并基于对主观要件的不同法律评价而对保险人的合同解

① Jeffrey W. Stemple, Interpretation of Insurance Contracts, Boston: Little, Brown and Company, 1994, P142-143.

② 日本《商法典》第657条第3项规定:"保险人接受前款通知或知悉危险变更增加后,如未立即解除契约,视为承认契约。"

③ 江朝国:《保险法论文集》(第2集),瑞兴图书股份有限公司1997年版,第202~204页。

④ 我国澳门《商法典》第979条(风险之增大)规定:"(1)投保人应于知悉风险增大后8日内或约定之其他期限内,以完整及明确方式将一切于合同生效期间发生或知悉之风险增加之情况通知保险人。(2)保险人有权于知悉风险增大之日起1个月内按知悉风险增大时适用之价目表提议增加保险费。(3)如约定新保险费,应自风险增大时起计算新保险费。(4)投保人如拒绝增加保险费,或于收到增加保险费建议之日起1个月内不回复,保险人有权于15日内提出解除合同,但合同之解除于通知后第15日生效。(5)保险人有权收取到期之保险费,包括直至就合同之解除做出通知时之保险期间之保险费。"

除权做出了限制,尤其对于碰巧发生保险事故时的处理做出了特别安排。依据我国澳门《商法典》第 980 条的规定,危险显著增加时,投保方应负的通知义务是以其“知悉”为前提条件。不仅如此,即使投保方知悉危险显著增加情势,但非出于重大过失而未实际履行通知义务的,也就是法律所指的非出于恶意而未通知的,投保方亦不承担违反通知义务的不利法律后果。碰巧发生保险事故的,保险人按比例原则公平减少保险人的保险金给付。①

(四)告知限制方式从无限主义到有限主义的转向

关于告知义务的范围,各国立法采取了不同的准则。概括起来,其主要有两种:无限主义和有限主义。传统保险立法采用无限告知主义,学理上将其表述为“一种主动性义务,即自愿地向对方充分而准确地告知有关保险标的之所有重要事实(Material fact),无论被问到与否”。② 也就是说,“要保人应为告知者,不问自己确知与否,皆须尽量告知保险人,并须与客观存在之真实事项相符”。③ 在无限告知主义制度下,投保人的告知义务不以保险人书面询问之重要事项为限,对于未为书面询问的事项亦负有告知义务。采用此例的有英国、美国、日本、意大利等国。依据该原则,告知义务人负担的告知义务是无限的,不局限于保险人在投保单中所作的提问。无限告知主义对告知义务人要求过于苛刻,所以采用该原则的国家,在保险实践中已逐步放宽对告知义务人的要求,或谋求对法律进行改革,以实现告知义务人和保险人之间的公平。

与无限告知主义相对的是有限告知主义,也称“询问回答主义”,即保险人书面询问事项都必须告知,而书面询问以外的事项,投保人没有义务告知。④ 有限告知目前为世界大多数国家立法所采用。

在曼斯菲尔德建立告知主义理论后,英国法一直采用无限告知主义的方式。英国 1906 年《海上保险法》第 18 条规定:“投保人应在订立合同时将他所知道或者在正常商业活动中所应当知道的任何重大事实告知保险人。”但是,由于在无限告知义务原则下,投保人或被保险人不仅应如实回答投保单中的询问,对投保单外的有关事项,仍然有告知义务。而在采用询问回答主义时,投保人只对投保单中的询问做出回答,对投保单以外的任何事项,只要保险人未提出询问,就无

① 我国澳门《商法典》第 980 条(风险增大之不声明及不正确声明)规定如下:“(1)如对风险之增大之不声明或不正确声明系出于投保人之恶意,发生保险事故时,保险人无义务作出给付。(2)如对风险之增大之不声明或不正确声明并非出于投保人之恶意,于约定新保险费或解除合同前发生保险事故时,保险人之给付应根据已支付之保险费与风险增大后应支付之保险费间之差额按比例减少。”意大利《民法典》第 1898 条亦规定有类似的“比例原则”。

② [英]约翰·T·斯蒂尔著,孟兴国译:《保险的原则与实践》,中国金融出版社 1992 年版,第 24 页。

③ 张国健:《保险法》,三民书局 1968 年版,第 107 页。

④ 邓成明:《中外保险法律制度研究》,知识产权出版社 2004 年版,第 61 页。

告知义务，因此，这两种立法例对投保人或被保险人来说意义差别巨大。随着时代的变迁，保险业的蓬勃发展，无限告知逐渐被其他国家所抛弃，美国在20世纪20至30年代改变了立场，法院认为没询问的事实被推定为不重要。澳大利亚1984年《保险契约法》采用了书面询问主义，瑞士创设了询问表制度。

告知主义已经从严格的规定投保人无限告知转变到注意保护投保人利益的有限告知。有限告知比无限告知宽松，立法选择了有限告知的立法模式主要是因为无限告知到有限告知的转变显示了告知义务正随着时代的发展而发展。历史前进了四个世纪，今天的保险人和曼斯菲尔德时代处于绝对弱势的保险人相比，早已今非昔比了。随着科技发展，保险格式合同的确立，保险人相对于投保人优势非常明显，所以告知义务逐渐发生了转变，立法的趋势是逐渐向注意保护投保人利益方向发展。

票据权利善意取得的构成要件

刘海英 祖霞[①]

摘 要:由于大陆法系各国关于票据权利善意取得的规定是从反面解释而来,而且条文较少,因此有必要对其从理论上进行探讨,以指导票据法的实践。在本文中,笔者比较分析了关于票据权利善意取得构成要件的各种学说,并论证了五要件说合理性。在此基础上,对五要件说的具体内容进行了探讨。

关键词:票据权利;处分权;善意;对价

目 次:

一、关于票据权利善意取得构成要件的不同学说

正是由于票据权利的善意取得制度有效地保护了善意持票人的利益,削弱了对原票据权利人的保护,是为了实现票据法立法目的而做出的取舍,所以,只有在符合法律规定的善意取得构成要件时,才承认持票人的票据权利。但对于票据权利善意取得构成要件的具体内容,学者们有不同的观点。

---

① 刘海英,法学硕士,现工作于哈尔滨市地税局南岗分局。祖霞,现工作于哈尔滨道外区人民法院。

曾世雄先生和梁宇贤先生认为,构成票据权利善意取得需要具备以下四项要件:(1)让与人无处分票据之权利;(2)依票据法规定之转让方法转让票据;(3)受让人无恶意或重大过失;(4)对价相当。①

于莹教授认为,票据权利善意取得的构成要件共有五项,(1)受让人必须是从无权利人处取得票据;(2)受让人必须是依票据法规定的转让方法取得票据;(3)票据上的背书必须连续;(4)受让人必须为善意;(5)受让人在取得票据时,必须给付对价。②

赵威先生认为票据权利善意取得的构成要件也是五项,(1)必须是从无处分权人处取得票据;(2)必须是依票据法规定的转让方法取得票据;(3)必须是基于善意而取得票据;(4)必须是付出对价而取得票据;(5)必须是取得形式完整的票据。③

吕来明先生也认为票据权利善意取得的构成要件包括五项,(1)受让人从无处分权人处取得票据;(2)受让人按照票据法规定的转让方式取得票据;(3)受让人善意或无重大过失;(4)受让人支付了对价;(5)转让方为形式上的合法持票人及实际转让人。④

郭泽华先生则认为,票据权利善意取得的构成要件包括六项,(1)善意取得票据权利必须符合票据法规定的转让方式;(2)须从无权利人处取得票据;(3)受让人取得之票据须在形式上完整,且符合法律定式;(4)必须有票据丧失占有的事实;(5)票据受让人取得票据须无恶意及重大过失;(6)无对价或不以相当对价取得票据的,不适用善意取得。⑤

二、五要件说的合理性——对不同观点的评析

(一)关于票据权利善意取得构成要件的争议之点

从上述对票据权利善意取得构成要件的不同观点的介绍可以看出,学者们对于受让人从无处分权人处取得票据、受让人按照票据法规定的转让方式取得票据、受让人善意且无重大过失及受让人给付相应对价这四项要件并无异议,其有争论的事项主要集中在以下两个方面:

---

① 曾世雄、曾陈明汝、曾宛如:《票据法论》,中国人民大学出版社 2002 年版,第 58 页。梁宇贤:《票据法新论》,中国人民大学出版社 2004 年版,第 79 ~ 80 页。王小能:《中国票据法律制度研究》,北京大学出版社 1999 年版,第 72 ~ 74 页。

② 于莹:《票据法》,高等教育出版社 2004 年版,第 72 ~ 74 页。

③ 赵威:《票据权利研究》,法律出版社 1997 年版,第 63 ~ 67 页。

④ 吕来明:《票据法基本制度评判》,中国法制出版社 2003 年版,第 99 ~ 103 页。

⑤ 郭泽华:《论票据权利的善意取得》,载《民商法论丛》(第十一卷),法律出版社 1998 年版,第 724 ~ 740 页。

其一,是否必须有票据丧失占有的事实。郭泽华先生认为,构成票据权利善意取得必须具备票据丧失占有的事实,其他学者则并不对此设限。所谓票据丧失占有,是指票据非基于原持有人的意思而脱离其占有的事实状态。非基于原持有人的意思而丧失占有的情形,一般有票据因被盗、被抢、遗失等而丧失的情况。如果原持票人丧失对票据的占有,是出于其内心意思表示或符合其意愿,那么,就是说原持票人容忍或认可他人取得票据而行使占有。这实际上是原持票人对其票据权利的处分行为。因而这种占有即是合法的,有权的占有。占有人再依法律规定的方式转让票据,受让人行使票据权利时,则不属于善意取得问题了。①

其二,背书连续与票据形式完整、转让方为形式合法持票人及实际转让人三者的不同意义以及应否作为票据权利善意取得的构成要件。虽然都将票据权利善意取得的构成要件归结为五项,但具体内涵却有所不同。于莹教授认为,因为票据行为的无因性和形式性,使持有背书连续的票据的持票人,无需证明自己系依何种实质原因关系取得票据的,就可以径行行使票据权利,所以,如果受让人欲主张善意取得,所持票据必须背书连续。② 吕来明先生则认为,除背书连续之外,转让人的签章必须是真实的,否则也不能构成票据权利的善意取得。③ 而赵威先生和郭泽华先生认为,票据的作成格式和记载事项,必须遵照法定方式,票据上欠缺法定应记载事项的,票据无效,票据上欠缺法定应记载事项的抗辩,可以对抗任何持票人,所以票据的受让人所取得的票据必须是形式上完整的票据。④

(二)票据权利善意取得构成要件的确定——以对不同观点的评析为前提

对于受让人从无处分权人处取得票据、受让人按照票据法规定的转让方式取得票据、受让人善意或无重大过失及受让人支付了对价这四项要件,笔者也持赞同态度,对此不再评析,以下仅就争议之点加以评析,以确定票据权利善意取得构成要件的组成要素。

就争议的第一点而言,笔者认为,票据丧失占有并非是票据权利善意取得的构成要件,占有委托的情况下也可以成立善意取得。因为在占有委托的情况下,并不能推定原持票人对其票据权利的处分行为,虽然占有票据本身是合法的,但

---

① 郭泽华:《论票据权利的善意取得》,载《民商法论丛》(第十一卷),法律出版社 1998 年版,第 733 ~ 734 页。

② 于莹:《票据法》,高等教育出版社 2004 年版,第 73 页。

③ 吕来明:《票据法基本制度评判》,中国法制出版社 2003 年版,第 103 页。

④ 赵威:《票据权利研究》,法律出版社 1997 年版,第 66 页;郭泽华:《论票据权利的善意取得》,载民商法论丛(第十一卷),法律出版社 1998 年版,第 729 ~ 733 页。

如果现占有人并不是票据上的最后被背书人，其也不能取得票据权利，此时其对票据的处分即为无权处分，可被善意取得，除非该票据是空白背书票据，并且推定本身有法律依据或交易习惯的支持。而且从"举轻以明重"的法律适用原理出发，也可以得出这样的结论。在票据丧失占有的情况下，如被盗、遗失等(即此时原权利人并无过错或过错较轻)，尚且承认善意取得人可以取得票据权利，那么，在票据占有委托的情况下，原权利人任意转让占有与他人，相较被盗、遗失等情况，可以说过错较重，因此更应该适用善意取得制度。

就争论的第二点而言，笔者认为应对三者分别讨论。

首先，背书连续问题。连续背书的法律后果就是"具有权利证明的效力"，即持票人所持票据上的背书如果具有连续性，就可以凭此票据行使票据权利，无需再举其他证明自己为真正权利人的证据。① 如此一来，如果背书不连续，则持票人需证明自己为真正权利人。此种证明应是对票据上所有权利移转的真实性的证明。而此时有无权利人的介入，持票人是不可能对此予以证明的，因此不能取得票据权利。另外，背书不连续明显地表现在票据上，此时受让人应考虑到该票据已出现异常情况，未尽调查义务而径行接受票据，属重大过失。因此，构成票据权利善意取得必须具备背书连续的要件。

其次，票据形式完整问题。票据形式完整即票据记载事项不违反法律规定，票据有效且票据行为在形式上有效。如果票据上欠缺应记载事项或存在不应记载的事项，则票据的效力会受到影响。此时产生的抗辩为任何义务人可以对抗任何持票人的抗辩，因此，无论是否存在无权处分的情况，持票人若要取得票据权利都须满足此一要件，即票据形式完整是取得票据权利的一般要件。因此，有的学者并不将其作为票据权利善意取得的要件来加以论述。但从善意受让人最终取得票据权利来讲，此一条件必不可少。从论证的完整性来说，其应当作为票据权利善意取得的要件。

最后，转让人签章的真实性问题。如果转让人在转让票据权利时伪造签章，则受让人不能依善意取得的规定取得票据权利。这是正确的判断。但这并非是签章真实作为票据权利善意取得的特别要件的结果，而是"后手应对其直接前手背书的真实性负责"的必然结果。我国票据法第 32 条第 1 款规定，"以背书转让的汇票，后手应当对其直接前手背书的真实性负责。"所谓背书真实性，即意味着后手应保证其直接前手的签章真实性。如果其直接前手的签章系伪造，则由后手承担不能善意取得的后果。② 也就是说，依据"后手对其直接前手背书真实性

① 王小能主编：《中国票据法律制度研究》，北京大学出版社 1999 年版，第 238 页。

② 赵新华：《票据法论》，中国法院出版社 1999 年版，第 88 页。

负责"的规定,受让人即不能取得票据权利,而无须将其作为票据权利善意取得的构成要件。但与上一个问题相同,从论证的完整性来说,其应当作为票据权利善意取得的要件。

综合上述,笔者认为,票据权利善意取得的构成要件应为五项:(1)受让人从无处分权人处取得票据;(2)受让人按照票据法规定的转让方式取得票据;(3)受让人善意且无重大过失;(4)受让人给付相应对价;(5)形式上的合法持票人从实际转让人处取得形式完整的票据。对于这五项的具体内容,将在下一问题中作具体论述。

三、五要件说具体内容解析

(一)受让人从无处分权人处取得票据

1.无处分权人是否包括无行为能力人或无代理权人

如果转让人是合法票据权利人,有权处分该票据,则该票据行为有效,不存在与原持票人发生权利冲突的情形,受让人当然取得票据权利。因此,票据权利善意取得以转让人无处分权为条件。但无处分权人是否包括无行为能力人或无权代理人呢?笔者认为不应包括,原因在于:票据权利善意取得所要解决的,正是在票据流通过程中,票据作为一个"物"所有权的欠缺,导致受让人取得票据权利受到妨碍的问题。[1] 票据权利善意取得成立,必须是票据作为一个"物",其所有权上存在瑕疵,而如果是转让人无行为能力、代理权有欠缺等转让人意思表示方面的瑕疵而导致受让人权利障碍的情形,不适用善意取得制度。因为"依背书连续所能做出的推定,仅限于转让人为权利人,而不能进而对其是否为有行为能力人、是否有代理权等作出推定"。[2]

2.无处分权人是否限于善意第三人的直接前手

对于无处分权人是否限于善意第三人的直接前手的问题,学者们多持肯定意见。[3] 至于受让人的间接前手,即票据受让人直接前手的前手如亦为无处分权人,则在所不问。也就是说,如果先受让人的前手与其前手均为无权处分人,也不能影响持票人善意取得的效力。[4] 比如甲遗失一张支票被乙拾得,乙经背

---

① 于莹:《票据法》,高等教育出版社2004年版,第72页。

② [日]櫻井隆:《比较票据法支票法》,成文堂1993年版,第57页。

③ 王小能:《票据法教程》,北京大学出版社1994年版,第65页。赵威:《票据权利研究》,法律出版社1997年版,第63页。梁宇贤:《票据法新论》,中国人民大学出版社2004年版,第79~80页。

④ 郭泽华:《论票据权利的善意取得》,载《民商法论丛》(第十一卷),法律出版社1998年版,第728页。

书将支票转让给丙,丙在接受该张支票时无恶意或重大过失,其中乙为无权利人,且为丙的直接前手,这时丙根据善意取得的规定,便可取得付款请求权。如果其中的甲是无权利人,乙是善意持票人,并是从乙处取得票据,丙当然取得票据权利,无需适用善意取得制度,因为甲并非丙的直接前手。如果丙为恶意,不适用善意取得的规定,但其后手丁为善意,则虽然乙丙均为无处分权人,丁亦可根据票据善意取得的规定享有票据权利。

3.无处分权人的范围

无处分权人的具体范围如何,学者们一般以具体列举的方式加以说明。例如,有学者认为,无处分权人,一般包括以偷盗、诈骗、抢夺、拾得等方式取得票据的让与人。[①] 也有学者认为,除上述无处分权人外,尚包括基于无行为能力人或限制行为能力人的签章或伪造的签章而不能享有票据权利的人以及依原持票人的意志占有票据,但不享有票据权利、无处分权而又不属于票据代理人的持票人。[②] 笔者认为,后一种观点是正确的,无处分权人包括占有委托情形下的转让人,理由如本文第二个问题所述。需要指出的是,列举方式虽然有助于法律的适用,但存在挂一漏万的缺点,所以在确定无处分权人的范围时,仍需把握无处分权人的内涵,即无处分权人是依据法律规定不享有票据权利的人。

(二)受让人按照票据法规定的转让方式取得票据

所谓票据法上之转让方法,即指背书或交付而言。若非依背书或交付而取得票据者,则不在适用之列。其中,背书转让适用于记名式票据,单纯交付转让适用于无记名式票据和空白背书票据。[③] 由于各国票据立法对票据的形式要件要求不同,实际上,善意取得制度所要求的转让方式也就不尽相同。对于我国《票据法》所规定的票据转让方式,学者间有不同观点。吕来明先生认为,依我国《票据法》第 22 条、第 76 条、第 85 条的规定,汇票、本票都是记名式的,支票可以是记名式的,也可以是不记名式的,因此,汇票、本票只能依背书转让。此外,《票据法》第 30 条规定,背书只能是完全背书,不允许空白背书。这些规定表明,在我国,汇票、本票、记名式支票适用善意取得制度,必须以完全背书的方式进行转让,而不记名支票的善意取得票据权利,则可以采用背书方式,也可以采用单纯交付方式。[④] 而于莹教授则认为,虽然我国《票据法》第 87 条规定,支票的收款

① 郭泽华:《论票据权利的善意取得》,载《民商法论丛》(第十一卷),法律出版社 1998 年版,第 728 页。

② 吕来明:《票据法基本制度评判》,中国法制出版社 2003 年版,第 101 页。

③ [英]施米托夫:《国际贸易法文选》,中国大百科全书出版社 1995 年版,157 页。

④ 吕来明:《票据法基本制度评判》,中国法制出版社 2003 年版,第 101 页。

人名称可以经出票人授权，由持票人补记。似乎该持票人就可以依单纯交付方式转移票据权利。但从我国《票据法》第27条及第30条不允许空白背书的规定，可知，我国票据法不允许单纯交付方式移转票据权利。[①] 笔者认为，于莹教授的观点符合我国《票据法》的立法目的。因为我国《票据法》第93条规定："支票的背书、付款行为和追索权的行使，除本章规定外，适用本法第二章有关汇票的规定。"而"本章"即《票据法》第四章"支票"，对于支票的背书并无任何实质规定，因此支票背书应适用有关汇票背书的规定。而依据我国《票据法》第27条及第30条的规定可知，汇票必须背书转让，且不允许空白背书，所以在我国，无论是汇票、本票和支票，都应以背书方式转让。

有鉴于此，就我国票据权利善意取得而言，我们可以从以下三方面来理解本项要件：

其一，成立票据权利善意取得，必须存在背书。所以，非以背书方式进行的票据权利转让，如因继承、公司合并或普通债权的转让方法而取得票据的，不适用善意取得的规定。

其二，成立票据权利善意取得，必须是转让背书。所以，非转让背书，如委托取款背书等不适用善意取得的规定。

其三，成立票据权利善意取得，必须是一般转让背书。所以，特别转让背书，如期后背书、出票人记载禁止转让的背书等不适用票据权利善意取得，因为该等背书仅具有一般债权转让的效力，而非票据权利的转让。

（三）受让人善意且无重大过失

1. 善意且无重大过失的含义

民法学界一般认为，民法中的"善意"，是指行为人在从事民事行为时，不知道或无法知道其行为缺乏法律依据，而认为其行为合法或其行为的相对人有合法权利的一种主观状态。善意只是指称"不知"，至于此不知是否有过失，在所不问。[②] 所以善意是一种不知的客观状态，其对应的恶意则是指明知，即明知让与人无让与之权利。而所谓重大过失，即指欠缺通常人之注意，亦即若稍加注意，即可知之，而竟怠于注意，以致不知之谓。[③] 因此，不知本身并不足以成立善意取得，还需要此种"不知"非出于重大过失，即在善意但有重大过失的情形下，不适用善意取得。

① 于莹：《票据法》，高等教育出版社2004年版，第73页。

② 转引自丁南：《论公信力与交易主体的善意》，载于莹：《法学微言——赵新华教授花甲纪念》，吉林人民出版社2007年版，第19页。

③ 梁宇贤：《票据法新论》，中国人民大学出版社2004年版，第79页。

2.善意且无重大过失的判断主体

有学者认为,基于票据的流通证券性,对于受让人的善意,只要求对其直接前手作出判断即可,即使受让人明知在先的某一前手让与人为无权利人,只要对于其直接前手为无权利人不知或者尽到了必要的注意义务而对其为无权利人一事仍未察知,就属于善意。如出票人 A 签发一张汇票给收款人 B,B 在背书人处签章但尚未记载被背书人时遗失,被 C 拾得后,直接补充 D 的名称将票据转让给 D,D 又背书转让给 E,此时,虽然 E 明知 C 为无权利人,但他相信其直接前手 D 为支付了对价的善意持票人而接受了票据的转让,则此时,D 若对 C 为无处分权人一事不知或尽到了必要的注意仍未察知,D 构成善意,如果 D 因疏于注意则不构成善意。但 E 虽然明知在先前手 C 为无处分权人,却因相信其直接前手 D 的正当权利,而接受票据转让,也构成善意,可以主张善意取得。[①]

但笔者认为,在上述的例子中,E 没有理由相信 D 的正当权利。因为既然已经明知 C 为无处分权人,则若相信 D 有正当权利,须查明 D 为善意,否则 E 也不能谓无重大过失。然而,D 是否为善意属于主观状态,不能证明;另外,证明责任应属于 E。如果证明了 D 为善意,D 成立善意取得,则 E 为从权利人处取得,无需主张善意取得。因此,受让人不仅对于直接前手须是善意,对于其他前手也应当为善意,否则不能成立善意取得。

3.善意且无重大过失的判断时期

由于判断受让人的善意是一种主观要件,所以,应以受让人取得票据当时的情况作为判断标准,而不能以事后发生的情况对受让人的主观状态作出判断。也就是说,只要受让人在接受票据转让的时候,对于转让人无处分权一事不知或尽到了必要的注意也未察知,就成立善意。即使后来他了解到转让人无处分权,也不再对其善意这一主观要件的构成产生影响。[②]

(四)受让人给付相应对价

1.给付相应对价作为票据权利善意取得的构成要件

梁宇贤先生认为,虽非恶意或重大过失取得票据,然其取得系无相当对价者,依台湾地区"票据法"第 14 条第 2 项观之,仍有善意取得,但取得人不得有优于其前手的权利。[③] 依梁先生之观点,无对价而善意者可因善意取得制度而取得票据权利,但其权利不能优于其前手。但是,此种观点在实际的效果上与承认

---

① 于莹:《票据法》,高等教育出版社 2004 年版,第 74 版。
② 赵新华:《票据法论》,人民法院出版社 1999 年版,第 85 页。
③ 梁宇贤:《票据法新论》,中国人民大学出版社 2004 年版,第 80 页。

无对价不能取得票据权利的观点相比,并无不同。因为无对价的善意者之前手为无处分权人,即不享有相应的票据权利,所以其取得的票据权利与其前手相比为劣,即更不能享有票据权利。因此,从能否最终行使票据权利的结果上看,给付相应对价作为票据权利善意取得的构成要件。

2.给付相应对价的判断标准

我国《票据法》第10条第2款规定:"票据的取得,必须给付对价,即应当给付票据双方当事人认可的相对应的代价。"此"对价"一词,是从英美票据法中借鉴而来的,"对价"按照《英国票据法》的解释,为"有等值的酬偿",而我国票据法则没有规定什么情况下为给付对价,只是说给付对价为给付双方当事人认可的相对应的代价。可见,对价一词,在我国票据法中并非"有等值的酬偿",而是指"相对应的代价",而且对价是否为"相对应的代价"是由双方当事人在给付当时认可的。这就是说,不论客观上这种代价是否为对价,只要双方当事人在当时同意为对价给付即可。这就是说,我国票据法在排除了无对价给付而取得付款请求权的同时,在给付对价取得付款请求权方面,又颇宽松。给付相当对价或不相当对价与取得票据权利没有太大影响。给付的代价客观上可能不相当,但票据双方当事人认为相当则为给付对价,或客观上可能相当,但当事人认为不相当,则不为给付对价。①

笔者认为,在善意取得制度中,对于对价是否相当不能采取主观化的标准。从该条的文义来看,确是一种主观化的标准,而且这一解释可以缓和我国票据法与其他国家票据法在这方面的冲突。因为只有我国将支付对价作为票据权利取得的一般要件,而其他国家都是将无相当对价作为排除抗辩限制的理由,并不否认权利的取得。然而,就票据权利善意取得而言,却应该采取客观化的标准。因为在票据权利正常取得的情况下,转让票据的人为真实权利人,如何转让依私法自治原则确定,包括对对价是否相当的判断,当事人享有充分的自由。但在善意取得的情况下,是牺牲真实权利人的利益来保护善意受让人的利益,因此在构成要件上应当较正常情况下严格,否则就是对真实权利人利益的不当侵害。未支付相当对价的受让人也不具有保护的必要,因为其已超出了交易的范畴。

如此一来,判断对价相当与否,应从交易习惯之观点客观认定之。票据为金钱证券,持有票据与持有金钱,理论上应同视之。票据之价值为票据上记载之金额数目,对价是否相当,依交易习惯,认定之空间往上应为票据金额之数目,往下应为扣除中间利息之金额数目;亦即:对价如在此一空间内,应属相当;对价不在

① 周天林、沈联合主编:《中国票据法律与实务》,中信出版社1996年版。

此一空间内，原则上应以不相当视之。① 笔者认为，对价是否相当，亦可参照票据贴现之规则。如果所付对价与扣除贴现利息后的票据余额相同或高于该余额，则认为对价相当。

(五)形式上的合法持票人从实际转让人处取得形式完整的票据

此要件包括三层内容：

其一，背书的连续。如果转让方持有不连续背书，则需另行证明其权利的合法性。按我国票据法的规定，背书转让的票据，必须连续。因此受让人在接受票据时，如背书不连续，则转让方在形式上并不能证明其权利的合法性。在此情况下，受让方仍受让票据，不能构成善意取得。

其二，转让方向受让方背书时，其签章签的是其真实姓名或名称。如所签章是伪造的，则适用票据伪造的规定，受让人不能取得票据权利。②

其三，受让人取得形式完整的票据。票据是要式证券，为维护票据设权的明确和统一，避免票据文义的混乱或欠缺，票据的作成格式和记载事项，必须遵照法定方式，否则票据权利即会受到影响。③ 如果票据权利本身存在瑕疵，则无论受让人善意与否，都不能取得票据权利。

① 曾世雄，曾陈明汝，曾宛如：《票据法论》，中国人民大学出版社 2002 年版，第 58 页。
② 吕来明：《票据法基本制度评判》，中国法制出版社 2003 年版，第 103 页。
③ 赵威：《票据权利研究》，法律出版社 1997 年版，第 66 页。

破产清偿顺位的应然选择

——兼评我国《企业破产法》关于破产清偿顺位的规定

李育元[①]

摘　要:破产清偿顺位涉及的是对破产企业财产享有正式法律权利的群体的利益,如担保债权人、普通债权人、税收债权人、雇员、破产费用及共益债务权利人等群体的利益。清偿顺位如何安排将直接影响该等群体利益的实现程度,因此,其备受学者及立法者的重视,形成了许多不同的观点及立法例。在本文中,笔者以我国的讨论为背景,对有争议的几种债权[②] 的清偿顺位问题进行探讨。以此为基础,对我国《企业破产法》关于该问题的规定进行了评析并提出了改进建议。

关键词:清偿顺位;企业破产法;劳动债权;税收债权;侵权债权

目　次:

---

① 李育元,法学硕士,现工作于深圳市中级人民法院。

② 关于上述的破产费用及共益债务的清偿顺序,学者们并无争议,一致认为应优先于其他债权而受清偿,因此在这里不作讨论。

一、担保债权的优先性——物权优先性在破产法中的体现

(一)担保债权与别除权是两种不同的权利

担保债权,即有财产担保债权的简称,属于英美法系的概念,而在大陆法系国家则有别除权的称谓。关于两者关系,学者有不同看法。有学者认为,这两大概念形式各有可取之处,前者概括性强,富有特殊性;后者浅明易懂,内涵较为固定①。而有学者则持反对见解,认为无论在内涵或者外延上,别除权与担保债权是有区别的,前者较后者是一个更为宽泛的概念②。

笔者认为,别除权在内涵上属于担保物权,与担保债权在性质上不同。担保债权是从债权的角度观察而来,是被担保物权所担保的债权;别除权是从物权的观察角度而来,是具有担保债权实现功能的担保物权。从破产清偿顺位的角度来看,担保债权的用语更加具有适应性。因为破产清偿顺位的核心是各债权的先后清偿顺序问题,而别除权的用语从字面上看并不是债权,这会导致在讨论时用语不统一。所以无论从字面还是从内涵上看,担保债权这一用语都是最佳的选择。其含义为被担保物权所担保的债权。

(二)担保债权的优先受偿性——担保物权优先性的必然结果

担保债权被担保物权所担保,这是担保债权与其他债权最大的不同之处,但其仍然属于债权的范畴,依债权平等原则,数个债权人对于同一债务人,先后发生数个债权时,其效力一律平等,不因其成立先后而有优劣之分③。因此,仅就担保债权的债权性而言,其并不具有优先受偿的效力。但对担保债权的优先受偿性,学者们并无异议。究其原因,乃在于担保其实现的担保物权的优先性使

---

① 齐树洁:《民事程序法》,厦门大学出版社 2003 年版,第 483 页。
② 王艳梅、孙璐:《破产法》,中山大学出版社 2005 年版,第 152 页。
③ 王家福:《中国民法学——民法债权》,法律出版社 1991 年版,第 9 页。

然。而担保物权的优先性来源于物权的优先效力。所谓物权的优先效力,是指物权优先于债权之效力①。担保物权的实现,就意味着被担保的债权的实现,而担保物权优先于其他债权,因此在破产清偿中,担保债权因担保物权的优先受偿而优先受偿,而且是优先于所有其他债权。

(三)对担保债权优先性的挑战及回应

虽然理论上如此,但在实践中,也存在担保债权劣后于某些债权受清偿的立法例。如我国台湾地区"税捐稽征法"第 6 条规定:"土地增值税之征收,就土地之自然涨价部分,优先于一切债权及抵押权。"另依"海商法"第 24 条及"矿场法"第 15 条规定,船长、船员及矿工工资应优先于抵押权而受清偿②。我国《企业破产法》第 132 条规定:"本法施行后,破产人在本法公布之日前所欠职工的工资和医疗、伤残补助、抚恤费用,所欠的应当划入职工个人账户的基本养老保险、基本医疗保险费用,以及法律、行政法规规定应当支付给职工的补偿金,依照本法第一百一十三条的规定清偿后不足以清偿的部分,以本法第一百零九条规定的特定财产优先于对该特定财产享有担保权的权利人受偿。"

就我国台湾的规定而言,王泽鉴先生认为是抵押权因财政目的和社会正义目的而对税捐及劳工工资所为之让步③。笔者认为,此一观点有待商榷。抵押权因财政目的所作的让步仅限于土地增值税、关税,而不涉及其他税种,此种立法本身就违反了平等原则,因为任何税种都具有财政的目的,仅规定土地增值税和关税具有优先于抵押权的效力,对于其他税种而言是一种不平等,而且财政目的是否优先于个人利益也有待于进一步确定,因此,此种规定的妥当性值得怀疑。这种怀疑也同样适用于劳工工资。王泽鉴先生认为,矿工工资为矿工出卖劳动力应得的报酬,出卖血汗之对价,为保障矿工之生存权④。但除船员和矿工职工外,其他行业职工工资皆为出卖劳动力之报酬,维持职工之生存权之必要,但为什么不能优先于担保物权?因此,这一理由欠缺说服力。

我国《企业破产法》的规定存在同样的问题。为什么在该法颁布前的职工工资等债权优先于担保债权,而在该法颁布之后的职工工资债权却不具有这种优先性?同样是职工债权,如此差别对待欠缺正当性。当然,就理论而言,我们也

---

① 史尚宽:《物权法论》,中国政法大学出版社 2000 年版,第 10 页。

② 王泽鉴:《税捐、工资与抵押权》,载王泽鉴:《民法学说与判例研究》(第 4 册),中国政法大学出版社 1998 年版,第 349、357 页。

③ 王泽鉴:《税捐、工资与抵押权》,载王泽鉴:《民法学说与判例研究》(第 4 册),中国政法大学出版社 1998 年版,第 359 – 361 页。

④ 王泽鉴:《矿工工资优先受偿权》,载王泽鉴:《民法学说与判例研究》(第 1 册),中国政法大学出版社 1998 年版,第 502 页。

可以规定所有的劳动债权优先于担保债权受偿,如有的学者所提议的那样,只有使其优先于抵押权,“这样才能从根本上解决破产企业职工劳动工资优先于抵押权受偿的问题,从而使优先权承载起保护弱者的特殊使命”。[①] 但此种做法将会危害交易安全并与整个物权法的基本原则发生冲突和矛盾,最终也会损害企业自身的利益[②]。因此,担保债权优于劳动债权更具有说服力。

二、劳动债权的优先性——保障劳动者的基本人权

(一)对于劳动债权清偿顺位的立法态度

所谓劳动债权,是指因为企业拖欠职工工资、劳动保险费、因企业破产解除劳动合同而应支付给职工的补偿金等所发生的职工享有的对企业的请求支付的权利[③]。

劳动债权的保护直接涉及职工的利益,但在一般情况下,职工利益之保护不会和债权人利益发生很大冲突。因为近几十年来,西方国家纷纷采取“福利国家”政策,对失业者进行救济,并形成了系统的经济福利政策[④]。例如,在澳大利亚、德国、奥地利已经将职工的工资的优先权取消,而代之以社会保障体系来承担[⑤]。

在我国,由于社会保障体制的不健全,破产人所欠职工工资和医疗、伤残补助、抚恤费用,所欠的应当划入职工个人账户的基本养老保险、基本医疗保险费用,以及法律、行政法规规定应当支付给职工的补偿金等其他费用及破产人欠缴的除前项规定以外的社会保险费用被列为破产债权的第一及第二顺位,仅次于担保债权与破产费用及破产债务而受清偿。对此规定,无论在理论上,还是实务中都是没有争议的[⑥]。

(二)赋予劳动债权优先性的理由

对于赋予劳动债权优先受偿地位的理由,学者多有论述。如陈荣宗先生认为,第一,其为低收入者生活所依赖,第二,其为劳务辛苦之微薄代价,第三,其为多无任何担保物权制度可事先加以设定而预为保障[⑦]。张卫平先生则针对我国的情况认为,首先,职工工资直接关系到职工的切身利益,这类债权能否清偿影

① 申卫星:《论优先权同其他担保物权之区别与竞合》,载《法制和社会发展》2001年第3期。
② 王利明:《破产立法中的若干疑难问题探讨》,载《法学》2005年第3期。
③ 王利明:《破产立法中的若干疑难问题探讨》,载《法学》2005年第3期。
④ 顾培东:《破产法教程》,法律出版社1998年版,第329页。
⑤ 李永军:《破产法律制度》,中国法制出版社2000年版,第334页。
⑥ 王利明:《破产立法中的若干疑难问题探讨》,载《法学》2005年第3期。
⑦ 陈荣宗:《破产法》,三民书局股份有限公司1986年版,第336页。

响到职工的基本生活的安定,而劳动保险费用是职工在生、老、病、死、残等情况下,解决本人或其家属的生活困难的重要保证;其次,我国职工的工资一般都比较低,因此,所欠职工工资的总额一般不会太大,首先对部分债权的清偿,不会对其他债权产生大的影响①。丁文联先生从雇员与其他债权人比较处于弱势地位这一前提出发,主张在破产清算程序中给予劳动债权优先受偿地位。雇员处于弱势地位的原因主要是:(1)雇员与雇主处于不平等的地位,雇员一般缺乏就工资、福利支付标准与支付条件与雇主讨价还价的能力,而只能接受雇主所确定的相对较低的工资支付标准与支付条件。而与雇主发生交易关系的普通债权人具备讨价还价能力,在债权价值确定方面能够尽量维护自己利益。(2)由于雇员相对于雇主处于附随地位,因此雇员缺乏通过与雇主谈判来回避雇主破产带来风险的能力,只能被动接受雇主破产带来的利益损失。而与雇主发生交易关系的其他债权人则一般与雇主处于平等的地位,能通过谈判来回避或减少破产风险。(3)劳动力商品转让性不及金钱债权。雇员在雇主破产解散情况下丧失的不仅是工资利益而且是工作机会,需要通过再次出售劳动力来维持生活。在高度专业分工的条件下,劳动者欲获得某一专业熟练技术需要花很大代价,而在获得该技术后又很难舍弃此行业另投他行,或者说,劳动力商品的“资产专用性”较高,这决定劳动力商品转让性较差。相反,普通债权人在债务人破产情况下损失的主要是债权利益,而其所拥有的金钱债权具有很高的流通性。②

笔者认为,上述学者的论述都有一定的道理,但从根本上说,赋予劳动债权以优先受偿地位乃在于劳动债权是职工或雇员维持生存所必需。而其他观点并不具有充分的说服力。如工资水平较低(或曰微薄),优先清偿不会对其他债权人造成太大损害这一理由,将数额大小作为优先清偿与否的考虑因素就有欠妥当,因为如此一来,其他小额债权人岂不也应优先受偿?而雇员一般缺乏就工资、福利支付标准与支付条件与雇主讨价还价的能力这一理由也并不充分,因为雇员可以通过工会同雇主签订集体劳动合同的方式来提高自己讨价还价的能力,也是法律所允许并鼓励的方式。而劳动商品的可转让性差只是表面原因,其背后所隐含的是,转让性差的结果是劳动商品无法出售后会导致其生存受到影响。正是由于劳动债权是职工或雇员维持生存所必需,所以有些国家虽然赋予劳动债权以优先受偿的效力,但却仅限于一定时期发生的一定数额的债权。如美国《破产法》规定,获得优先清偿的工资债权须在发生在破产申请前90天内,并且数额不超过2 000美元,获得优先清偿的福利支付计划须源于破产申请前

① 张卫平:《破产程序导论》,中国政法大学出版社1993年版,第214~215页。
② 丁文联:《论企业破产程序中的利益平衡》,对外经济贸易大学2005年博士论文,第122~123页。

180天以内的服务，数额也不超过2 000美元[①]。另外，从前述各国对劳动债权的立法态度来看，也能得出这一结论。之所以在某些国家取消了劳动债权的优先受偿地位，是因为该国社会保障体系比较健全，劳动者的生存并不会受到影响。

(三)劳动债权优先性的限制——以维持基本生活为必要

从目前各国立法来看，多数国家将企业破产程序中优先受偿的劳动债权限定于企业受破产宣告前一段时间，有的还有数额限制。除上述介绍的美国《破产法》的规定之外，日本《破产法》也有类似规定。日本《破产法》区分两种情况，雇员基于民法上一般先取特权的工资债权是破产宣告前最后6个月内产生债权，而所谓“物的公司”(即股份有限公司、有限公司及相互保险公司)的使用人的工资债权优先受偿则没有这种限制，破产宣告前所有工资债权都可以优先受偿，但这种给予物的公司的雇员特别待遇的做法受到批评[②]。英国区分得也较细，优先受偿的雇员报酬包括法院发布破产令之前4个月的报酬，在法院发布破产令之前任何时间应予支付的假期报酬，以及债务人根据有关就业保护措施法律规定应支付的金额，所有这些报酬和应付金额规定，不应超过国务大臣命令所规定的金额[③]。

我国现行《企业破产法》没有对企业破产程序中优先受偿雇员劳动债权产生时间及金额作出限制。有学者认为，是否对企业破产程序中优先清偿劳动债权时间和金额作出限制与一国的实际情况相关。在西方国家，工资支付一般以周为时间单位，工会力量比较强，对工人保护比较充分，拖欠工人工资的现象比较少，加之存在拖欠工资保险等救济手段，因此可以对优先受偿劳动债权产生时间和优先受偿数额作出限制。在我国，工人工资支付一般以月为时间单位，工会在保护工人利益方面力量不足，拖欠工人工资现象比较多，工人又缺乏其他救济手段，为充分保护工人利益，不应对优先清偿劳动债权的产生时间与优先清偿金额作出限制[④]。笔者认为，在劳动债权优先受偿的理由被界定为维持劳动者生活必需的前提下，应该对其产生时间有所限制，超过范围之外的债权应作为普通债权。原因在于既然拖欠工资达如此之长其仍能提供劳务，说明工资对其而言并非绝对必要，对其保护则超出了必要的限度，对其他债权人而言则是一种不当损害。

---

① [美]大卫·G·爱泼斯坦、史蒂夫·H·尼克斯坦、詹母斯·J·怀特著，韩长印等译:《美国破产法》，中国政法大学出版社2003年版，第468～469页。

② [日]石川明著，何勤华、周桂秋译:《日本破产法》，上海社会科学院出版社1995年版，第105页。

③ 转引自丁文联:《论企业破产程序中的利益平衡》，对外经济贸易大学2005年博士论文，第123～124页。

④ 丁文联:《论企业破产程序中的利益平衡》，对外经济贸易大学2005年博士论文，第124页。

三、侵权损害赔偿债权作为优先债权的理论

破产清偿顺位是以债权的存在为其基础。在民法当中,债形成的原因共计四种:契约、侵权、无因管理和不当得利。对于此四种债权在破产法当中的受偿顺序是否应有所区别及如何区别,学者有不同看法。笔者将在介绍两种不同的观点之后,提出自己的看法。

(一)全部侵权损害赔偿债权应优先受偿的观点

韩长印先生认为,如果按照债的形成是否以合意为基础来区分,债可以分为合意之债与非合意之债。合意之债的权利人在与破产债务人发生交易关系时,基于对企业信息的掌握,可能预见债务人破产,有机会通过谈判来回避债务人破产可能给其带来的风险,而非合意之债的权利人没有机会通过谈判来回避债务人破产给其带来的风险。那些有机会与债务人谈判的权利人一般能够从谈判中获得一种与非合意当事人不同的权利救济方式,并且如果没有来自外部的干预,这种救济方式往往比非合意当事人获得的救济优越。因此,可以把当事人的意志亦即当事人之间合意作为衡量标准,来确定当事人在破产事件中回避风险的能力并进而确定其在破产程序中的权利排序。基于破产这一特殊事件的性质,有必要对那些实际处于被支配地位和弱者地位的非合意当事人提供一种必要的救济,以改变他们这种相对被动和不利的地位,进而实现破产法的目标。在企业破产程序中,侵权之债的债权人由此应该获得优先于一般债权的清偿①。

(二)人身损害赔偿债权应优先受偿的观点

丁文联先生同意韩长印先生从风险产生的自愿性以及回避风险能力对合意之债与非合意之债不同特征的风险,也同意原则上在企业破产程序中非合意之债的债权人应该比合意之债的债权人优先受偿。但他同时认为,这样的分析还有必要结合社会现实、制度现实作进一步深入的探讨。侵权行为可能发生在有合同关系的当事人之中,也有可能发生在没有合同关系的当事人之中。对于商事主体而言,商事交易是其在社会中发生社会关系的主要形式,其实施的侵权行为也主要发生在合同交易关系中。随着合同交易关系的广泛渗透,也随着合同法与侵权法的交叉融合,由同一行为产生合同责任与侵权责任竞合的现象日益普遍。在这种背景下,赋予侵权债权优于一般债权的优先地位存在一些难以解决的问题:首先,如果在纯粹的合同之债与侵权之债中区分,很容易判断出侵权之债的债权人在预见和回避债务人破产风险方面的地位处境劣于合同之债的债

① 韩长印:《论企业破产立法的公共政策构成》,中国人民大学 2001 年博士论文,第 85~87 页。

权人,但如果侵权行为发生在合同关系之中,侵权行为本身就有可能是合同履行行为,还能说侵权行为的权利人对债务人信息掌握程度、对债务人破产风险的预见程度以及在谈判中回避债务人破产风险的能力要低于合同债权人吗?在合同责任与侵权责任竞合背景下,只是以自愿性以及风险预测和控制能力的差异为依据赋予侵权损害债权人优先受偿地位显然缺乏正当性。其次,实践中在很多时候债务人行为是侵权行为、合同行为还是两者的竞合,很难分辨,由于赋予侵权损害债权优先受偿效力必然激励债权人以侵权为由在破产程序中主张权利,债务人或其他权利人可能提出异议,由此产生的甄别工作会产生很大成本,降低破产程序效率。因此,仅仅债权产生的自愿性以及风险预测和控制能力的差异,还不足以构成侵权损害赔偿债权优先于合同债权的依据①。

(三)笔者的观点

笔者认为,如果风险产生的自愿性以及回避风险能力的大小能够成为非合意之债的债权人应该比合意之债的债权人优先受偿的理由,那么,侵权之债作为一个整体应该得到优先受偿,因为反对论者的论点并不成立。原因在于:其一,商事主体破产并非仅影响其他商事主体,其影响面会波及普通的消费者,不的话也就不会有消费者权益保护法及产品质量法等法律对消费者加以特殊保护的必要了。对于消费者而言,其义务对象为经营者和生产者,在大部分的情况下属于商事主体,也就是说,对消费者的侵害来自于经营者和生产者等商事主体;其二,对于侵权责任与合同责任竞合情况下甄别成本较大的问题,笔者认为,并不存在充分的理由来说明这一点。相反,在破产中,无论债权人以何名义申报债权,都要经过债权人会议的审查,其程序并无不同,何来成本较大问题?因此,反对论者的理由并不成立。

四、税收债权的一般性

(一)税收的债权性

债,作为民法上的概念,是指特定当事人之间可以请求为一定给付的民事法律关系。在传统民法上,债包括合同之债、侵权行为之债、无因管理之债和不当得利之债。这四项基本制度的构成要件、指导原则及社会功能虽然各不相同,但其各种法律关系在形式上均产生相同的法律效果,即使一方当事人可以向他方当事人请求为特定行为。此种特定当事人之间得请求为特定行为的法律关系,就是债的关系②。法律效果的相同性是债的构成要素,即凡在本质上为特定人

---

① 丁文联:《论企业破产程序中的利益平衡》,对外经济贸易大学 2005 年博士论文,第 103 页。

② 张广兴:《债法总论》,法律出版社 1997 年版,第 17 页。

得向特定人请求为特定行为的法律关系，均可视为一种广义的债[①]。在税收法定主义之下，税收实体法律关系在本质上正是特定人(国家或地方政府)得向特定人(纳税人)请求为特定行为(缴纳税款)的法律关系，因此，税收实体法律关系在本质上属于广义的债的关系。税收之债，就是作为税收债权人的国家或地方政府的请求作为税收债务人的纳税人履行纳税义务的法律关系[②]。

税收债权是一种特殊的债权，其与一般债权的不同主要表现：其一，它据以产生的法律基础乃是公法而非私法，即税收债权是公法权利。它所体现的不是平等主体之间的交易关系，而是管理者和被管理者之间的隶属关系。其二，权利主体具有特殊性，税收债权的权利主体是国家。其三，从其性质和用途上看，税收为国家行使管理职能所必需，具有公益性[③]。

(二)税收债权在破产程序中的法律地位

关于税收债权在破产程序中的地位，各国法的规定有所不同，即使在同一国家也因不同历史时期而有区别。

有的国家将其列为共益债权，如日本《破产法》第47条。有的国家将其列为优先破产债权，即承认其为破产债权，但优于一般破产债权，如我国《企业破产法》即是如此。德国旧《破产法》与我国的做法一样，将其放在优先地位，但新破产法即将其作为一般债权来对待[④]。我国台湾地区将土地增值税、关税及营业税作为优先债权，而其他税收债权则作为普通债权[⑤]。

(三)税收债权优先性质疑

与上述立法规定相对应，在学说上对于税收债权是否应优先被清偿也是有争议的。

有学者采肯定见解，认为税收债权是一种特殊债权，其特殊地位在破产法上应有所体现。当然，像日本法将其列为共益债权，未免过甚，故多受到学者的批评。并且，从世界各国破产法的发展趋势看，也越来越多淡化税收债权的清偿地位。我国现行《企业破产法》将其列为一般债权但又将其在清偿顺序上优先于一般破产债权的做法是可行的，这样既保证了其他利害关系人的利益，又体现了税

① 王泽鉴：《债法原理》(一)，中国政法大学出版社2001年版，第3页。

② 刘剑文：《财税法学》，高等教育出版社2004年版，第390~391页。

③ 李永军：《破产法律制度》，中国法制出版社2000年版，第176页。

④ 《中华人民共和国企业破产法》起草组编：《〈中华人民共和国企业破产法〉释义》，人民出版社2006年版，第167页。

⑤ 王泽鉴：《税捐、工资与抵押权》，载王泽鉴：《民法学说与判例研究》(第4册)，中国政法大学出版社1998年版，第355页。

收债权的特殊性[①]。张卫平先生也认为,税收作为国家财政收入来源之一,是实现国家职能的重要工具,是特定历史条件下的产物。任何纳税主体只要取得了应该纳税的收入,就必须按照税法规定的比例纳税,一般不受其他客观因素的影响。我国税收作为主要的社会经济杠杆之一,是国家用来筹措生产建设所用资金和调节国民经济结构比例的主要手段。税收的强制性及税收的重要作用决定了破产企业的财产必须部分地用于偿还企业所欠国家的税款,不能因企业经营状况恶劣而免却纳税的责任[②]。

但也有学者持反对意见。如我国台湾有的学者主张,公司破产前所欠的税款,充其量为无担保的破产债权。其依据是国民党统治时期的司法院 1947 年 9 月 6 日院字第 3578 号解释。该解释称:纳税人受破产宣告时,其在破产前所欠税款为破产债权,应与其他破产债权平均分配。公司法准用破产法,则公司于破产程序开始前所欠的税款应解释为一般破产债权[③]。而澳大利亚将税收债权改为一般债权的理由是,税收债权往往数额较大,一旦列为优先权将使得其他破产债权人难以得到清偿和分配,故从保护一般债权人利益看,应将之列为一般破产债权[④]。

从上述争论可以看出,是否赋予税收债权以优先受偿地位取决于税收债权与其他一般债权相比是否具有特别保护的充分理由。笔者认为,并不具有充分的理由将税收债权整体作为优先受偿的对象,原因如下:其一,的确,税收作为国家财政收入来源之一,是实现国家职能的重要工具,具有公益性的特征,但在我国分税制的体制下,国税与地税的公益性是有区别的,统一赋予相同的优先受偿地位是否妥当值得怀疑。其二,不同税种在国家税收中的地位不同,并不是同等重要的,不区分税种而统一赋予相同的优先受偿地位也是不妥当的。其三,税收的公益性只是一种可能性,须确定受影响的范围之后才能转化为现实性,而一般债权因税收债权的优先受偿而受损害则是确定的,正如澳大利亚关于废除税收优先权的哈默报告中所指出的:很显然,将税收作为优先权出于对公共利益的考虑以保证政府特派员能够以有效的手段收取税收,并不使国库的收入受到严重威胁。然而,没有任何迹象表明对税收优先权的废除会影响国库的收入。相反,却有许多债权人被迫放弃他们合理正当的请求权,以便使政府特派员能够得到优先清偿[⑤]。因此,以不确定的事实作为理由赋予税收债权优先性也是站不住

① 李永军:《破产法律制度》,中国法制出版社 2000 年版,第 177 页。

② 张卫平:《破产程序导论》,中国政法大学出版社 1993 年版,第 215 页。

③ 黄川口:《公司重整之研究》,载《铭传学报》总第 25 期,第 6 页。

④ 李永军:《破产法律制度》,中国法制出版社 2000 年版,第 334 页。

⑤ 转引自李永军:《破产法律制度》,中国法制出版社 2000 年版,第 334 页。

脚的。

综上所述,笔者认为,不对税收债权进行区分而从整体上赋予其优先受偿地位是不妥当的,应在破产法中取消其优先性。如果根据调查某些税种对国家财政收入影响较大而其债权须优先受偿时,则可以在该税法中特别规定。

五、我国破产清偿顺位规定的不足与改进建议

(一)我国《企业破产法》关于清偿顺位的规定及其不足之处

1.我国《企业破产法》关于破产清偿顺位的规定

我国新《企业破产法》已于2007年6月1日起施行,其中涉及破产清偿顺位的规定共有5条,分别是第43条、第109条、第110条、第113条和第132条。其内容分别如下:(1)第43条规定:"破产费用和共益债务由财产人随时清偿。债务人财产不足以清偿所有破产费用和共益债务的,先行清偿破产费用。债务人财产不足以清偿所有破产费用或者共益债务的,按比例清偿。"(2)第109条规定:"对特定人的特定财产享有担保权的权利人,对该特定财产享有优先受偿的权利。"(3)第110条规定:"现有本法第一百零九条规定的债权人行使优先受偿权未能完全受偿的,其未受偿的债权作为普通债权;放弃优先受偿权利的,其债权作为普通债权。"(4)第113条规定:"破产财产在优先清偿破产费用和共益债务后,依照下列顺序清偿:(一)破产人所欠职工工资和医疗、伤残补助、抚恤费用,所欠的应当划入职工个人账户的基本养老保险、基本医疗保险费用,以及法律、行政法规规定应当支付给职工的补偿金等其他费用;(二)破产人欠缴的除前款规定以外的社会保险费用和破产人所欠税款;(三)普通破产债权。破产财产不足以清偿同一顺序的清偿要求的,按照比例分配。破产企业的董事、经理和高级管理人员的工资按照该企业职工的平均工资计算。"(5)第132条规定:"本法施行后,破产人在本法公布之日前所欠职工的工资和医疗、伤残补助、抚恤费用,所欠的应当划入职工个人账户的基本养老保险、基本医疗保险费用,以及法律、行政法规规定应当支付给职工的补偿金,依照本法第一百一十三条的规定清偿后不足以清偿的部分,以本法第一百零九条规定的特定财产优先于对该特定财产享有担保权的权利人受偿。"

从上述我国《企业破产法》对于破产清偿顺位的规定可以看出,其先后顺序为:担保债权——破产费用——共益债务——劳动债权——其他社会保险费用及税收债权——普通破产债权。但《企业破产法》颁布前的劳动债权在未获清偿的范围内可以优于担保债权受偿。

2.《企业破产法》关于破产清偿顺位规定的不足之处

新《企业破产法》对于破产清偿顺位的规定有一定的不合理之处,主要表现在如下四个方面:(1)欠缺关于特别优先权及劣后债权的规定;(2)对于税收债权作了优先于普通债权的规定;(3)未区分普通债权产生的不同原因作同一处理;(4)部分劳动债权优先于担保债权受偿。其中后3种不足的原因及修正前已述及,因此仅就第1种不足进行论述。

(二)我国应明确特别优先权在破产清偿中的顺位

1.特别优先权的含义

优先权是指特定债权人基于法律的直接规定而享有的就债务人的总财产或特定动产、不动产的价值优先受偿的权利①。由此可见,优先权可以分为一般优先权与特别优先权。就债务人不特定的总财产上存在的优先权被称为一般优先权;就债务人特定财产上存在的优先权被称为特别优先权②。由于一般优先权存在于债务人的一般财产之上,它难以成为担保物权,故仅仅具有优先于一般请求权的清偿地位。而特别优先权存在于债务人的特定财产之上,故可就特定物行使别除权③。

具体到破产法中,优先权是一个意义极为宽泛的概念,它既可表示对普通破产债权的优先权。如破产企业所欠的职工工资、劳动保险费用、税款等,也可表示对所有破产债权的优先权。如破产费用、财团债务等;还可以表示不受破产程序拘束的优先受偿权,如别除权。即便在别除权里,也有等次差别,由此呈现的优位性,亦属优先权④。由于我国《企业破产法》对于职工工资、劳动保险费用、税款、破产费用、财团债务等优先权已有规定,所以本文仅就别除权中的优先权,即特别优先权作为讨论对象。

2.我国关于优先权的法律规定

我国并无优先权的一般规定,而是在《企业破产法》中规定了职工工资、劳动保险费用、税款、破产费用、财团债务等一般优先权,并在《海商法》、《民用航空法》等法律中规定船舶优先权和民用航空器优先权等特别优先权。

我国《海商法》第21条规定,船舶优先权是指海事请求人依照本法第22条的规定,向船舶所有人、光船承租人、船舶经营人提出海事请求,对产生该海事请

① 崔建远:《我国物权法应选取的结构原则》,载《法制与社会发展》,1995年第3期。

② 申卫星:《我国优先权制度立法研究》,载 http://www.jcrb.com/zyw/n92/ca176293.htm,2007年11月2日。

③ 李永军:《破产法律制度》,中国法制出版社2000年版,第313页。

④ 王艳梅、孙璐:《破产法》,中山大学出版社2005年版,第156~157页。

求的船舶具有优先受偿的权利。该法第22条规定:下列各项海事请求具有船舶优先权:(1)船长、船员和在船上工作的其他在编人员根据劳动法律、行政法规或者劳动合同所产生的工资、其他劳动报酬、船员遣返费用和社会保险费用的给付请求;(2)在船舶营运中发生的人身伤亡的赔偿请求;(3)船舶吨税、引航费、港务费和其他港口规费的缴付请求;(4)海难救助的救助款项的给付请求;(5)船舶在营运中因侵权行为产生的财产赔偿请求。根据该法第25条的规定,船舶优先权优先于船舶留置权受偿,船舶抵押权后于船舶留置权受偿。由此可见,当船舶所有人、光船承租人或者船舶经营人破产时,上述请求权人对于船舶在该海事请求的范围内享有别除权。

我国《民用航空法》第18条规定,民用航空器优先权,是指债权人依照本法第19条规定,向民用航空器所有人、承租人提出赔偿请求,对产生该赔偿请求的民用航空器具有优先受偿的权利。该法第19条:下列各项债权具有民用航空器优先权:(1)救援该民用航空器的报酬;(2)保管维护该民用航空器的费用。该法第22条规定,民用航空器优先权先于民用航空器抵押权受偿。

3.明确特别优先权顺位的必要性——特别优先权不同于担保权

是否应当在破产法中明确规定特别优先权的顺位,关键在于现行破产法对特别优先权是否进行了规范,如果已经规范,即便是隐含的规范,也无需再明确规定;如果并未进行规范,则须明确其顺位,以利法律的使用。这就涉及优先权与担保权之间的关系问题。如果优先权可以划入担保物权的范围,则可适用《企业破产法》第109条的规定解决优先权在破产程序中的清偿问题。如果不能,则应另行规定其清偿顺位。所以,问题的关键是优先权是否是担保物权。对此问题学者有不同观点。

一种观点认为,优先权具有支配性、优先性、从属性、法定性、不可分性、物上代位性、变价受偿性和一定条件下的追求性等担保物权特征,是一项传统的法定担保物权①。我国《担保法》虽未将船舶优先权作为一种担保方式,但其第95条"海商法等法律对担保有特别规定的,依照其规定"的表述,使船舶优先权成为担保物权家族中的一员。从其设置序位来看,海商法将船舶优先权与留置权、抵押权并列规定在一起,亦不难得出此结论②。

另一种观点认为,把优先权归为担保物权的做法是很牵强的。无论从担保物的特定性上、物上代位性上看,还是从法定性的角度看,优先权都不能完全被

---

① 申卫星:《优先权性质初论》,载《法制与社会发展》,1997年第4期。

② 徐孝先:《论兑现船舶优先权》,载万鄂湘:《中国海事审判论文选集》(最高人民法院民事审判第四庭编),人民法院出版社2004年版,第280页。

涵摄在担保物权制度中，它是一个独立的财产权利[①]。

笔者认为，在理论上我们可以对优先权的性质作出不同的判断，但从法律适用上讲，并无充分的理由将船舶优先权及航空器优先权视为担保物权的一种。理由如下：其一，《企业破产法》第 109 条是关于别除权的规定，其内容为："对破产人的特定财产享有担保权的权利人，对该特定财产享有优先受偿的权利。"依据《担保法》的规定，担保的方式有抵押、质押、留置、保证和定金。其中，保证和定金并非在保证人的特定财产上设定，因此被保证人、定金的收取人并不属于该条所规定的权利人，只有抵押权人、质权人和留置权人才是该法所规定的权利人。从文义上看，此处的担保权人也不包括优先权人。其二，《担保法》中的除外规定是否意味着承认优先权是担保物权尚有疑问。因为只有在二者对于同一事项都有规定且具体内容有所不同时，才能成为"特别规定"，《担保法》与《海商法》中的共同规定是抵押权和留置权，在《海商法》中关于这两种权利的规定与担保法有不同时，适用《海商法》的规定。而《担保法》中无优先权的规定，二者并未形成竞合，无所谓"特别"与否。从《担保法》第 95 条的规定看不出船舶优先权是担保物权。

因此，在理论上存在疑问，在解释上也无法将优先权作为担保物权，而我国又有关于特别优先权的规定的情况下，应在破产法中明确规定特别优先权的清偿顺位。

（三）我国应建立劣后债权清偿制度

1.劣后债权与除斥债权的区别

在破产程序开始后，会发生某些费用与债权，其中，除共益债务外，尚有破产程序开始后的利息、程序开始后的债务不履行所生的损害赔偿金及违约金、参加程序的费用及因破产程序开始后的原因而生的对破产企业的非为共益债权的财产请求权。此类债权能否作为破产债权，各国的立法有不同的规定。有的国家将之称为劣后债权，意指在受偿位次上劣于一般债权，但尚有受偿的机会，即属于破产债权。例如，日本《破产法》第 46 条规定：以下请求权后于其他破产债权：(1)破产宣告后的利息；(2)因破产宣告后的不履行所生的损害赔偿及违约金；(3)参加程序所支出的费用；(4)罚金、罚款、刑事诉讼费用、追征金及行政罚款等。德国新《破产法》第 39 条几乎作了相同的规定。

有的国家或地区则将其排斥在破产法之外，称为除斥债权。例如，我国台湾地区《破产法》第 103 条明确规定了除斥债权，规定下列各款债权不得作为破产

① 梅夏英、方春晖：《优先权制度的理论和立法问题》，载于《法商研究》2004 年第 3 期。

债权:(1)破产宣告后的利息;(2)参加破产程序所支出的费用;(3)因破产宣告后的不履行所生的损害赔偿及违约金;(4)罚金、罚款及追征金。根据法国 85—98 号法律第 55 条的规定,自破产程序裁定开始之日起,法定和协议利息以及所有迟付利息和滞纳金均停止计算。故也将之列为除斥之列①。而所谓除斥债权,乃指破产法规定的、不具有清偿资格的债权;所谓劣后债权,则指破产法规定的、后于普通债权受偿的债权②。

由此可见,除斥债权与劣后债权是两种不同的立法例。这就意味着劣后债权仍有受偿的机会,只不过受偿顺序劣于一般债权,而除斥债权则不能在破产程序中得到清偿。

2.劣后债权的应受清偿性

对于上述所列债权在破产程序中应否受到保护,学者们有不同的观点。李永军先生认为,该等债权有受到保护的必要性与合理性,因为此类债权虽产生于破产程序开始后,但毕竟是因合法原因而生的债权,应给予其受偿的机会。而且,将之列为劣后债权,并不影响其他债权人的权利③。汤维建先生则从主体归属的角度认为我国采取除斥债权的做法是不尽妥当的。因为,我国破产法实行的是企业法人破产主义,自然人破产尚未纳入调整的范围。企业法人破产后,其主体资格随即消失。普通债权受偿后若有剩余,其剩余财产缺乏主体归属。相反,如果采取劣后债权的立法原则,则不仅债权人的利益可得到更周全的保护,而且剩余财产也无缺乏主体归属之虞④。

除上述两位学者之外,更多的学者在论述除斥债权的时候都是以我国现行法的规定为基础,从解释论的角度介绍除斥债权制度⑤,可以认为是对劣后债权采取反对态度。

笔者认为,汤维建先生的观点有些牵强,是否有归属主体不能成为这些债权作为劣后债权的理由,因为在采取除斥债权立法例的国家或地区,企业破产也是存在的,此时也无权利归属主体。因此,归属主体的有无并不是设立劣后债权所考虑的因素。笔者赞同李永军先生的观点,因合法原因产生的债权理应受到清偿,这是债的效力所决定的。但赋予该等债权在破产法中的一般债权地位又不

---

① 李永军:《破产法律制度》,中国法制出版社 2000 年版,第 187 页。

② 汤维建:《破产程序与破产立法研究》,人民法院出版社 2001 年版,第 198 页。

③ 李永军:《破产法律制度》,中国法制出版社 2000 年版,第 187 ~ 188 页。

④ 汤维建:《破产程序与破产立法研究》,人民法院出版社 2001 年版,第 198 页。

⑤ 王艳梅、孙璐:《破产法》,中山大学出版社 2005 年版,第 115 ~ 116 页。王卫国:《破产法》,人民法院出版社 1999 年版,第 157 ~ 158 页。郑远民:《破产法律制度比较研究》,湖南大学出版社 2002 年版,第 77 ~ 78 页。

合适，所以只能以劣后债权的形式出现。如破产宣告后的利息，这是债权人受清偿之前所应得的利益，理应按一般债权受偿，但破产宣告后至清偿前的时期是不确定的，对于该利息的精确计算会无法进行或虽能进行但延缓破产程序的进行，对于各债权人及债务人都是不利的，而在清偿一般债权之后进行清偿则不会出现上述问题。罚金、罚款等因是在债务人破产之前即已确定，属于应清偿之列，但罚金和罚款带有法律上的惩罚性质，如果破产宣告后，对破产人仍然追缴罚金和罚款，则等同于惩罚破产债权人①，因此不能列入一般债权，而应以劣后债权的形式出现。其他两类债权也可以为促进破产程序的顺利进行，或为维持债权人之间的公平而作为劣后债权。

3.劣后债权的具体类型

如果我国法上规定劣后债权，应该将哪些债权作为其组成部分呢？汤维建先生在建议建立劣后债权制度之后，基于现行破产法的原则精神和我国国情，旁鉴于国外法制的相关规定，认为我国的劣后债权应当包括以下几方面：(1)债权人参加破产程序所支付的费用；(2)破产宣告后的利息；(3)破产宣告后因合同不履行所产生的违约金；(4)自然债权；(5)未按法定期间申报的债权；(6)尚未执行的滞纳金、罚款、罚金和没收财产；(7)破产人配偶的债权及其利息②。

笔者认为，自然债权及未按法定期间申报的债权不能作为劣后债权。在我国，自然债权是指超过诉讼时效而丧失胜诉权的债权。与其他可成为劣后债权的债权相比，最大的不同之处在于自然债权在非破产程序得到清偿的可能性就很小，债务人一般都会以此为抗辩，而拒绝履行债务。如果将其作为劣后债权，则使得自然债权取得了在非破产程序中更为有利的地位，而且作为劣后债权意味着破产人不能提出抗辩，这有损其他劣后债权人的利益，因此，自然债权不能成为劣后债权。

我国新《企业破产法》对于未在申报期内申报债权的法律后果作出了与原《企业破产法》不同的规定。新《企业破产法》第56条第1款规定："在人民法院确定的债权申报期限内，债权人未申报债权的，可以在破产财产最后分配前补充申报；但是，此前已进行的分配，不再对其补充分配。为审查和确认补充申报债权的费用，由补充申报人承担。"从此条款可以看出，未在申报期限内申报债权的债权人并未丧失受偿权，其在破产财产最后分配前可补充申报，申报后仍按原债权顺序清偿，只不过对于此前的分配不能进行补充分配并且确认费用由自己承担。这一规定保证了其他债权人的利益不受损害，也维护了未按期申报的债权

① 郑远民：《破产法律制度比较研究》，湖南大学出版社2002年版，第78页。

② 汤维建：《破产程序与破产立法研究》，人民法院出版社2001年版，第199～201页。

人的合法权益，是妥当的规定。如果将其作为劣后债权，则与上述适当的规定相违背，因此是不适当的。

另外，破产人配偶的债权及其利息仅适用于自然人，在我国破产法未明确自然人可否破产的情况下，也不宜作为劣后债权加以规定。相反，与此一建议在立法精神相一致的控制股东的从属求偿权应当被肯定，即将控股股东的债权作为劣后债权加以规定。因已有学者对此作了详细的论述①，而笔者亦赞同其观点，因此本文不再赘述。

综上所述，劣后债权应当包括以下五种：(1)债权人参加破产程序所支付的费用；(2)破产宣告后的利息；(3)破产宣告后因合同不履行所产生的违约金；(4)尚未执行的滞纳金、罚款、罚金和没收财产；(5)控制股东债权。

① 丁文联：《论企业破产程序中的利益平衡》，对外经济贸易大学2005年博士论文，第118~120页。

□判例研究

储蓄合同视角下的许霆案

资琳[①]

摘　要：在许霆案件的众多争论中，大多忽视了许霆案发生的合同法背景。即许霆的行为是在银行与许霆存在储蓄合同的前提下发生的。以储蓄合同为视角，我们可以得出，许霆的行为是因给付错误导致的不当得利。许霆案件也反映了目前我国储蓄合同内容不公平的现状。以许霆案件为分析范本，本文就如何实现储蓄合同的公平，提出了一些建议。

关键词：储蓄合同；不当得利；给付错误；公平正义

目　次：

一、许霆案的基本状况

2006 年 4 月 21 日晚 10 时许，许霆到广州市商业银行某处 ATM 机前取款，许霆的银行卡内存款余额为 170 元人民币，当时他想取出 100 元人民币，操作输入取款金额时，许霆误将数字 100 输入成了 1 000，自动取款机由于出现故障，输出了 1 000 元人民币，而银行卡存款余额显示仅减少了 1 元人民币。此后，许霆与同事郭安山两人如法炮制，许霆相继 171 次从取款机上取出 17.5 万元人民

① 资琳，法学博士，中南财经政法大学法学院讲师，研究方向为民商法学。

币,郭安山取款1.8万元人民币。许霆取款后仍回单位上班。2006年4月24日中午,许霆逃离广州返回原籍山西,开始了为期一年的逃亡生涯。期间许霆先是5万元被窃,投资网吧10万元血本无归,后到一公司打工跑业务。事发后,郭安山投案自首,广州市天河区人民法院以盗窃罪判处郭安山有期徒刑一年。

2007年5月,许霆在陕西省宝鸡市被警察抓获。2007年11月6日,广州市人民检察院以盗窃罪向广州市中级人民法院提起公诉,2007年12月初,广州市中级人民法院一审以盗窃罪(盗窃罪"盗窃金融机构"的情节加重)判处许霆无期徒刑,剥夺政治权利终身,并处没收个人全部财产,追缴许霆的违法所得175 000元返还广州商业银行。

判决宣布后,许霆向广东省高级人民法院上诉,2008年1月初,案件进入二审程序。1月14日,广东省高级人民院以"事实不清,证据不足"为由将该案件发回原审法院重审。2008年2月22日,广州市中级人民法院依法另行组成合议庭重新审理此案。许霆在自辩时推翻了其之前的多次供述,称自己取款仅是想先替银行保管这笔钱,事后会归还银行,他同时还否认事后潜逃。重审中,许霆的行为是否构成盗窃罪,依然是控辩双方争论的焦点。许霆行为的法律性质,是无罪还是有罪(民事案件还是刑事案件);是盗窃罪还是侵占罪,抑或是信用卡诈骗罪。如果是罪名成立,对许霆判处无期徒刑的刑罚是否合理,持续成为庭上庭下争议的焦点。2008年3月31日,许霆案一审重审结果宣布,广州市中级人民法院以盗窃罪判处许霆有期徒刑5年,罚金两万,追讨其取出的173 826元。许霆当庭表示不上诉。4月9日,许霆正式向广东省高级人民法院提起上诉。上诉状中,许霆坚持认为自己的行为只是民事关系上的过失,而不是刑事犯罪,应该不构成盗窃罪,重审原判决定性错误,二审应作出无罪判决①。二审维持原判,驳回许霆的上诉。许霆深感于5·12地震受灾人们的悲惨,表示自己已经很幸运,接受判决。

二、与储蓄合同相关的争论焦点

许霆案件引起了人们的高度关注,一般网民和专家学者都踊跃对该案件发表了自己的意见,从而引起了许霆案件的争论。其争论的焦点有:许霆的行为是适用民事法律还是要承担刑事责任?许霆的行为究竟构成盗窃罪还是侵占或其他罪名?ATM机属不属于金融机构?基于本文主要就合同问题进行分析,因而笔者主要就与合同相关的问题的争论作一番简要地探讨。许霆案件是否属于合同问题,首先要予以探讨的则是许霆的行为究竟是适用民法还是刑法?

① 载http://news.163.com/08/0331/15/48CHDLV500011229.html

(一)许霆行为的民刑之辩

对许霆行为究竟仅适用民事法律就能解决,还是必须动用刑事法律,这个问题的争论,网友中形成了多种不同意见。有的认为法无明文不为罪,许霆的行为并不符合任何罪名,所以不能够成犯罪;有的认为许霆的行为介于刑法与民法中间;有的则认为构成犯罪,但是量刑太重。而专家学者当中对这个问题的争论,最为集中地体现则在华南理工大学举办的讨论会上。①

在这次讨论会上,主张适用民法的有徐松林教授和贺卫方教授。徐松林教授认为,对许霆案应该考虑到刑法定罪量刑时通用的谦抑原则,即一个案子如果能用民法解决,就不要再动用刑法来解决。他认为,如果在某种情况下,很多人都会经受不住诱惑而去做的话,就不应该再认定为刑事犯罪行为。清华大学法学院许章润教授也认同判决太过严苛,“如果一个人采用非暴力手段非法侵占了一定钱财,就应该以终身自由为代价,还是太严重”。许教授认为被告与金融机构应该先在一种服务对等关系的前提下去协商解决问题,如果一方出现侵权,则应首先动用民法法律,不能擅用公权刑法。“相反,对因银行提供的服务不完善而引发的人性恶的一面,引发不良贪念,银行应该道歉,甚至可以向银行提起附带民事诉讼”。而许霆的行为并不够构成盗窃,因为盗窃罪应该是当事人施行的一种秘密行为。然而,在这个案件中,当事人是持有自己的工资卡,利用个人的真实身份在公开场合公开取得的财物,不符合秘密取得的要件。所以,在这个观点上,我认为当事人行为是民法上的不当得利行为。

贺卫方教授也认为许霆的行为不构成盗窃,因而不宜适用刑法解决。他指出盗窃罪是采用一种非常隐蔽的手段,在别人并不知情的情况下,非法占有人家财物,是有特定内涵的犯罪行为。但这个案件中,当事人跟所有普通人一样,是大摇大摆进去取款。在银行全面掌握取款人资料的情形下,这是一种不可思议的“盗窃”。另外,从犯罪风险来看,当事人的行为风险非常小,而盗窃罪的风险则非常大,比如盗取金库、博物馆等,故而不能简单认定为是盗窃罪。

张谷教授则认为应该适用刑法,他指出从法律上来说,中国民法正好有一个缝隙——代理人的错误或者被欺诈,能不能归结为被代理人的错误和被欺诈,我们的法律没有专门规定。而德国民法上就有这么一条,代理人的知与不知,可以直接构成被代理人的知与不知。但有一个例外,即代理人的行为是被代理人所指定的,从事指定性交易。ATM 取款机可以辨识出被告许霆的身份,不等于被代理人银行知道此事,更何况 ATM 机是一个机器,和自然人不同,所以许霆在

---

① 杨晓红、周皓:《专家直指银行滥用公众权力》,载《南方都市报》2007 年 12 月 24 日,载 http://news.sina.com.cn/o/2007-12-24/031013131266s.shtml

取款时,只是ATM机知道,是符合秘密盗窃的行为要件的。如果第一次发现银行系统有问题,那是不当得利。但事后发现他是主观上利用银行系统的疏漏,非法取得他无权占有的东西,主观上有故意,客观上他在直接支配下取得了货币的所有权。这时他就构成了盗窃罪,应适用刑法。

(二)许霆行为的民事定性之争

尽管主张适用民法或刑法的两派都有些道理,但是笔者认为由于刑法并没有独立的调整对象,犯罪行为的构成是因为违背民法、行政法等违法行为达到了非常严重的程度。那么无论许霆的行为是否构成犯罪,许霆肯定都要承担民事上的责任,那么这一种民事责任是什么性质呢,许霆的行为在民事上属于什么行为呢?所以有必要检讨一下在许霆行为民事定性上的争论。对于许霆行为的民事性质,主要的观点有三种,不当得利、侵权行为和乘人之危。

有很多人认为许霆的行为构成了不当得利。不当得利是"没有合法根据而取得利益,致他人受有损失的事实。"① 那么许霆因为ATM机出错而多获得的金钱,则是缺乏合法根据的不当得利。

但是有的人认为构成不当得利有一个很重要的主观性构成要件,就是不当得利债务人(即不当得利者)在占有不当得利的当时没有非法占有的企图,其获得不属于自己的利益,是由于对方的错误或者因为先前约定的事项发生变更导致的。如果是有意或者故意利用对方的错误,那么就不能算作是不当得利。例如营业员多给货物,导致购物者事后才知道多得,这就构成不当得利,如果获益人事先已经知道对方必然出错,而故作不知,采取主动行为去获得额外的利益,这样就不只是不当得利的问题了②。所以根据此标准,许霆第一次取款的行为是不当得利,而后的17次取款行为都不能算作不当得利。那么许霆而后17次取款的行为属于什么性质,有的人直接归结为盗窃,认为这种行为和看到别人家没锁门,从而潜入其中的盗窃行为性质一样,都是利用别人的过错而得到非法利益。有的则认为后17次取款行为属于侵权行为,因为许霆的行为主观上具有故意,所以侵犯了银行的财产权。

在不当得利与侵权行为的争论之外,许霆的辩护律师则认为许霆的行为是乘人之危的行为。

在上述的争论中,都仅仅针对许霆的行为而做出判断,而没有从银行与许霆的关系中进行讨论,许霆的行为或者银行的行为属于什么性质,从而都忽略了许

---

① 张广兴:《债法总论》,法律出版社1997年版,第85页。

② 萧瀚:《许霆案证明银行就是大爷》,载 http://news.sina.com.cn/pl/2007-12-29/13381463O625.shtml

霆和银行之间所存在的储蓄合同关系，以及由于该合同的存在而带来的特殊的权利和义务。下文笔者就将许霆的行为纳入到许霆与银行的储蓄合同中进行讨论。

三、储蓄合同背景中的许霆案

(一)许霆行为产生的背景关系:银行与许霆的储蓄合同

很多人把许霆利用自动取款机的出错多取钱的行为，类比于看见别人家没锁门而入室盗窃，认为两者都是利用别人的错误，获得非法利益的行为。但是其实这两者之间存在根本的背景性的区别，那就是许霆的行为是在一种储蓄合同中发生的，许霆和银行之间有着特殊的权利和义务。

自从许霆将钱存入银行，银行向许霆发放储蓄卡或者存折，那么许霆与银行之间的储蓄合同就成立了。此时许霆与银行之间的关系，就不再是一般的权利义务关系，而是较为紧密的合同关系。银行实施给付行为，有义务保证不出错，如果一旦出错，应该为此错误承担责任。在上文关于合同意思表示的错误时，我们已经讨论过，如果产生了重大误解，错误方可以撤销合同。同样，在给付行为中，若给付方发生了错误，同样可以撤销此给付行为。但是发生错误方要承担相对方因此而造成的信赖损失。我们可以看出在储蓄合同中，即使相对方利用了银行的错误，仍然是在合同关系中，违背了诚信义务，而不是主动地侵权。

尽管 ATM 机不能等同于银行或者银行的工作人员，但 ATM 机是银行的代理人，代理人的行为应该归属于被代理人，当 ATM 机出错时，视同银行出错。尽管 ATM 机是机器，不是人，机器对自己的错误是不可能自行察觉的。但是银行同样也因为使用机器而免去了雇佣费。银行采用 ATM 机进行代理时，作为理性的合同主体，其应该预料到 ATM 机错误的特殊性，为了其工作的效益和便利，银行仍然使用 ATM 机，这是银行完全自愿的行为，这意味着银行应该为此可能出现的错误承担责任，同时也就有责任经常检查 ATM 机是否出错。

但是银行保证 ATM 机不出错的义务，只是在特定的储蓄合同中相对于储蓄人而言的。如果非储蓄人利用 ATM 机的错误获利，则可能构成盗窃等侵权行为。例如 ATM 机的外壳坏了，钱已经暴露在外，行人不用卡就可以随意拿钱，此时如果行人拿了钱，其不是在储蓄合同关系中，所以其构成了盗窃。即使是储蓄人，没有用卡取钱，而是直接拿钱的行为，也同样构成盗窃，因为尽管其和银行之间有储蓄合同，但是该行为不是以履行合同的形式实施的，所以仍然是侵权行为。但是许霆的行为是以合法的形式去实施合同，进行取款，显然与上述行为有着质的区别。

从上文所述可以看出，一旦把许霆的行为纳入到储蓄合同的大背景中予以考虑,那么银行就应该承担更多的责任,而许霆的行为由于是以履行合同的形式实施的,所以与盗窃等侵权行为的性质明显不同。

(二)储蓄合同中的许霆行为:因给付错误导致的不当得利

对于许霆第一次取款的行为,人们一般都认为构成了不当得利。因为其取钱时并不知道 ATM 机出错了。而后的 17 次取款,有的人则认为不属于不当得利,因为其主观上具有故意。这些人认为,不当得利有一个重要的构成要件,即不当得利的获利人在获利之初并不知情。不当得利的构成是不是必须符合这个要件呢?

不当得利是指没有法律依据获得利益,并因此致他人受损。可见关于不当得利的构成要件中并没有得利人主观要件的规定。不过,如果得利人的主观心理状态不同,其返还不当得利的范围有可能不同。台湾学者王泽鉴认为不当得利可分为因给付而受利益和因给付外事由而受利益。[①] 在因给付外事由而受利益的情形中,甚至还包括受利人的侵权行为,可见即使受利人的故意侵权行为,也能够构成不当得利,只不过此时产生了损害赔偿请求权和不当得利请求权的竞合。王泽鉴认为因给付而受利益包括自始欠缺目的,目的不达,目的消灭(如解除条件成就)。[②]

在许霆恶意取款的行为中,银行一旦撤销了 ATM 机的给付行为,那么此给付行为的目的消灭,许霆的取款就属于不当得利。如果银行不撤销此行为,例如一直没有向许霆追要这些钱达到一年,这意味着银行已经承认了此给付的有效性。因而许霆的不当得利是属于因给付而受利益。由于许霆的不当得利不是善意的,所以银行向其追索财物时,不仅可以要求追回本金,还可以要求追回由此产生的利息。

(三)储蓄合同中的正义——许霆案的反思

许霆案件之所以引起这么大的反响,并不限于个案的判决,更多的是凸显这个问题,即在储蓄合同中,特别是代表银行的 ATM 机与储户之间的关系中,如何处理两者的关系,如何使得双方之间的权利义务达致公平?

尽管人们用 ATM 机交易的行为已经非常普遍,但是对于 ATM 机以及银行卡的使用,我国法律却没有作出明确的规定。只有银行方面制定的一些办法和规定。在我国,由中国人民银行制定的《银行卡业务管理办法》是在使用银行卡方面规范银行与客户关系的最重要的文件。但该办法并没有明确规定银行与客户在出现非正常交易时的权责问题,只是在第 54 条第 2 款笼统地规定:持卡人应当遵守发卡银行的章程及《领用合同》的有关条款。按照这一规定,与交易有

---

① 参见王泽鉴:《法律思维与民法实例——请求权基础理论体系》,中国政法大学出版社 2001 年版,第 142 页。

② 参见王泽鉴:《法律思维与民法实例——请求权基础理论体系》,中国政法大学出版社 2001 年版,第 142 页。

关的权利义务关系完全由发卡行自行制定的章程加以确定。

而银行作为商业主体，为了最大限度地维护自己的利益，其单方面制定的条款体现着金融机构的绝对强势地位，将银行方面应当承担的关键责任都予以免除，而对客户应当享有的正当权利则予以限制或剔除。例如中国工商银行《牡丹国际信用卡章程》第21条规定：持卡人遗失国际卡应就近到发卡机构及时办理书面挂失或电话挂失。书面挂失为正式挂失，发卡机构对电话挂失只协助防范，不承担任何责任。凡书面挂失前及发卡机构受理书面挂失起至次日24时（含）内的经济损失由持卡人承担。挂失后如需补办新卡，可凭书面挂失申请书和本人有效身份证件办理补办手续。我国其他各大商业银行也都有类似规定。

从上述规定可以看出，银行与客户的权利义务是不对等的，客户基本上要承担一切意外事件所导致的损失。而银行则尽量缩小自己的义务。客户丢失卡，只有书面挂失才能有正式的作用，而书面挂失需要耗费更多的时间和精力，在这期间就可能导致损失的产生，对此损失银行不承担任何责任。而且书面挂失24小时内的责任银行也不承担。可以想象，卡丢失以后的24小时是损失最有可能发生的时间段，一般拾卡人或盗卡人都会在拿到卡的第一时间想办法取钱，所以这种规定实际上则意味着一旦客户将卡丢失，无论挂失与否，如果产生损失，一般都由客户自己承担。

对于这种不公平的条款，客户没有协商、更改的自由，都是由银行单方面决定的。由于ATM机的便捷以及可能发生的意外事件急需钱的情形，很多客户只好不考虑条款的不公平，而选择办卡。根据合同法的正义原则①，每个人都有同等的基本自由，在没有协商的前提下，客户同等的基本自由遭到了损害，因而这样的规定至少从形式上是不正当的。另外，从内容上看，双方的权利义务严重的不对等，根据合同法正义原则，如果在社会地位和经济方面，双方当事人存在不平等，那么这种不平等必须最有利于处于最不利地位的人。而银行与客户的关系中，银行掌握着技术、资源等等优势，客户是处于不利地位的人，所以减少银行的义务，是对最不利地位人的自由的侵犯，其结果是使得有利地位的人获得更多的利益。因而，其从内容上说也是不正当的。

尽管在银行卡相关的条款中，已经对客户不公平，但是在实践中，由于银行在技术、举证以及金融地位等方面都占有优势，所以其经常找各种理由推卸自己的过错所导致的责任，甚至有的已经成为惯例，导致了更为严重的不公平。例如在金融犯罪实践中，如果发生了针对银行卡的犯罪，我国金融行业的惯例是，不管银行和持卡人的过失如何，一概都由持卡人先行承担相应的损失。在刑事案

---

① 本文所认同的合同法正义原为下述两条：（一）每一个人都具有平等的权利，享有充分的平等的转让自己财产的自由和选择自己生活计划的自由，而且所享有的自由与其他每个人所享有的同样的自由相容。（二）契约的签订，如有社会和经济上的不平等，则这种不平等必须满足下列两项条件：1.各项职位、地位及交易机会必须在公平的机会平等下，对所有人开放。2.最有利于处在最不利地位的人。对这两个合同法正义原则的具体论述，请参见资琳：《契约制度的正当性论证》，吉林大学2006年博士论文。

件得到侦破的情况下,再由行为人承担相应的刑事责任和民事责任。如果该犯罪没有被侦破,或者犯罪嫌疑人没有被抓获,或者即使抓获犯罪嫌疑人,但其没有能力承担民事责任,那么持卡人只有独自承担全部的损失,银行则不需要承担任何损失。

客户在ATM机上操作,即使是出现故障,例如吐出练功钞、假钞,少了钱等等,银行总是找各种理由推卸,由于客户难以举证,所以往往也就由客户自行承担损失。即使银行承认了过错赔偿了客户的损失,但是由此给客户造成的路费、误工费、取证费等损失,银行也是不可能承担的。这其实意味着银行不需要为自己的过错负责,其补偿给客户的仅仅是其因过错而少给的那部分。但是如果ATM机多吐出了钞票,银行则可以通过各种方式追回,即使无法追回,也可以向制造商索要赔偿。银行不仅可以追回损失,而且还可以在某些情形下如许霆案件中,让持卡人承担刑事责任,而银行却不需要为自己的过错承担任何责任。因而有人指出许霆案说明银行就是大爷,有的人说ATM机出错少给钱,银行不承担责任;多给钱,就要储户承担责任甚至刑事责任,这是显失公平。

从上述可见,我国目前储蓄合同中关于银行卡的规定是严重违背合同法正义原则的,非常不利于处在不利地位人的利益。而由于客户处在劣势地位,所以不可能与银行相对抗。为了公平地保护客户的正当权益,根据合同法的正义原则,对银行卡的相关规定应该做出以下修改。

首先,让一个中间机构规定银行卡使用的规则以及出现意外事件时双方权利义务责任的承担,然后让客户与银行再进行协商,协商的变更只能做出对客户有利的变更。因为客户是处于弱势地位的一方,如果任由客户与银行之间进行协商,客户的权利仍然得不到公平地保障。所以首先由第三方根据一般的公平原则拟定相关的规定,再在此基础上由客户和银行进行协商。这种形式,其实是为了维护银行与客户同等的基本自由。如果银行与客户之间协商做出了某些变更,在定式合同中,为了防止弱势方的被迫同意更改,所以规定若有更改,则必须有利于客户。这样的规定尽管可能使得银行与客户享有的某些权利不对等,但是这是有利于处于最不利地位的人的,所以也是符合合同法正义原则的。

其次,如果出现了相关规定中没有规范或明确规定的事件,根据合同法的正义原则确定责任,并且要做出有利于客户的解释。例如,在许霆案件中,尽管徐霆具有恶意取款的行为,他要为此恶意承担责任,归还多取出的金额,赔偿银行由此造成的利息损失。但是由于银行也有过错,所以如果许霆归还多取的金钱,那么银行要赔偿许霆为此造成的损失或者为保管此款花费的金额。例如许霆归还金额所花的误工费、路费等。这才能体现双方具有同等的基本自由。

以北京美丽园案件[①]的再审为视角析《关于审理物业服务纠纷案件具体应用法律若干问题的解释》[②]的得失

张春雷[③]

摘　要：本文以北京首例业委会告物业公司胜诉案件——美丽园案件的再审为视角，审视最高人民法院新近出台、位列2009年中国十大法制新闻的《关于审理物业服务纠纷案件具体应用法律若干问题的解释》的得失利弊。通过该《解释》对核心案件再审环节中有关问题的应对，针对合同效力、收费标准、双方自处和诉讼主体四个问题，得出结论并由此提出建议，以期最终完善我国物业管理立法，定纷止争。

关键词：美丽园案件；司法解释；物业管理

---

① 北京美丽园案是指，北京市海淀区美丽园小区业委会状告其物业北京鸿铭物业管理有限公司，经过两审胜诉一案。该案是北京首例业委会告物业公司胜诉的案件，被称为是"拧干了湿漉漉的物业费"。其基本案情及一审二审情况如下：2002年年底，美丽园小区第一届业主委员会成立。该届业委会经过核查，对鸿铭物业公司每平方米2.72元的物业费的测算产生了疑问。他们发现，物业费中的水泵费，并非按照实际使用的1组2台变频水泵收费，而是按照原规划中30组60台的高压水泵来收费；电梯的维护与运行费，也按照规划中的118部来收费，而实际运行的只有111部。此外，有关文件规定按户收费的保安费、保洁费、垃圾清运费等均按平方米收费；室内中小维修费，不论是否委托给物业公司，一律照收。该届业委会与鸿铭物业公司多次就降低物业费进行了商谈。2003年6月，双方协商的结果是将物业费下调至2.65元，同时停车费由每年1600元降至1300元。但这一收费最终因为业主分歧大而未能施行。2004年8月，新一届业委会选举成立。2005年3月，新一届业委会得到业主大会授权，向法院起诉物业公司的"不实收费"。在业委会的13项诉讼请求中，除要求将按平方米收取的保安费等改为按户收费、未经委托的室内中小维修费取消、停止收取公用天线管理费等之外，还要求按照实际的水泵数、电梯数目收费。如此经法院测算下来，电梯维保费由原来的0.441元降为0.405元，运行费由原来的0.606元降为0.522元；而水泵费则由原来的0.292元降为0.008元。此外，法院还判令物业公司将3年的电梯广告位租赁收益返还给业委会，计18万元。按照北京市第一中级人民法院2005年12月下达的终审判决书，在原价每平方米2.72元的物业费中，被挤出的"水分"最多约1.14元。更为详尽的叙述请参见张帆：《北京首例物业费业主胜诉案再起波澜》，中国经济时报2006年6月14日第002版。

② 《解释》全称为《最高人民法院关于审理物业服务纠纷案件具体应用法律若干问题的解释》，该司法解释经过中国物业管理协会分别于2008年2月22日、2008年3月27日和2008年7月15日向最高人民法院提交的三次《关于"建筑物区分所有权纠纷"和"物业服务纠纷"司法解释稿修改意见的报告》，最终于2009年10月1日起实施。

③ 张春雷，法学硕士，现工作于哈尔滨工业大学，研究方向为国际法学、民商法学。

目 次:

一、核心案件选择的原因及意义

(一)现实原因及意义

选择北京美丽园案件作为载体,现实的原因即是物业纠纷已经是社会的热点、难点问题,关系重大,而此案又极具代表性,追踪该案即可显露物业问题的绝大多数矛盾,审视该案即可分析新近司法解释的得失利弊,定纷止争,规范物业领域,此即为其现实意义。

从辽宁省沈阳市铁西区法院的房产纠纷案件受理统计数量看,物业管理合同纠纷案件乃呈井喷之势增长。2005 年 809 件;2006 年 895 件;2007 年 1 249 件,2008 年 1 ~ 10 月份 2 757 件,与去年同期相比增加 221%,该法院法官人均结案 344.6 件,创历史最高纪录。而物业管理服务公司与业主之间的物业管理合同纠纷正是该类案件的主要类型。①

可以想见,在诉讼中,业主辛苦一生,买下房屋,但居住未能如意,其情绪自应比较激烈,矛盾双方不容易达成调解协议。并且此类纠纷多为群体性纠纷,诉讼当事人一方人数众多,但群体一方往往又是弱势一方。他们在诉讼中常简单地以裁判结果胜诉与否作为衡量司法公正的唯一标准,而不考虑司法运行中诸

① 林军:《关于房产纠纷案件增加的特点及对策》,中国法院网沈阳频道 2010 年 1 月 12 日发布,载 http://www.chinacourt.org/public/detail.php? id = 390471。

如程序、证据、时效等致败因素。司法与感性的隔阂导致群体性纠纷一旦处理不善，往往会演变成群体性事件，并造成社会公众对司法的不信任，影响社会稳定。① 这也使得此类案件影响甚深甚远，也非常不好处理。

2009年12月29日，由人民网、央视网、中国法院网联合主办的，由网友投票评选产生的2009年中国十大法制新闻揭晓，"《物权法》两部司法解释公布"位列其中，而《关于审理物业服务纠纷案件具体应用法律若干问题的解释》就是公布的司法解释之一，这更加说明了全国公民的普遍关注程度。②

(二)理论原因及意义

《解释》虽然是《物权法》的司法解释，但物业管理的纠纷解决，不仅涉及《物权法》、《物业管理条例》，还与《合同法》、《民法通则》及建筑物区分所有权、民事诉讼主体等诸多法规、理论息息相关。所以，选择核心案件分析《解释》的得失，一方面会使得《解释》自身得以完善，另一方面还会促进物权法体系的建立，协调民法诸体系的关系。在微观上，也会进一步明确解决此类案件的标准和基本原则，提供裁决的法理分析力度和实践操作强度，具有指导意义。③

二、《解释》对再审中显现问题的解决

(一)《公约》地位及合同效力问题

在再审之前，北京市物业管理协会向北京市第一中院递交了一份法律意见书。意见书中认为，根据《物业管理条例》第21条、26条规定，在业主大会选聘物业管理企业之前，仍由建设单位选聘的物业管理企业继续提供物业管理服务并收取服务费用，直至业主大会选聘物业管理企业并签订新的物业服务合同生效时，美丽园小区业主与物业管理企业签订的《美丽园小区房屋使用管理维修公约》(即文中所指《公约》)的法律效力才终止。而该案中，原《公约》的终止是在美丽园业主大会没选聘物业管理企业并签订新的物业服务合同之前。鸿铭物业公司依据《公约》提供物业服务并按约定的收费标准收取费用是合法的、有效的。在双方当事人没有达成一致以前，任何单方面改变公约的约定(包括收费标准的约定)是违反物业管理的有关法律规定的。④ 其实，这是一个前期物业服务合同地位和效力的问题。《解释》明确了前期物业服务合同和物业服务合同具有等同

---

① 林军：《关于房产纠纷案件增加的特点及对策》，中国法院网沈阳频道2010年1月12日发布，http://www.chinacourt.org/public/detail.php? id=390471。

② 载 http://www.chinacourt.org/html/article/200912/28/388171.shtml。

③ 法易网法易社区发布：《美丽园业主追讨物业费案终审宣判，缴费标准确定》，载 http://case.148365.com/631p3.html。

④ 张帆：《北京首例物业费业主胜诉案再起波澜》，载《中国经济时报》2006年6月14日，第002版。

的效力。

在此之前的事实往往是,一个小区建成后,若前期物业服务企业不能令业主满意,业主往往援引合同相对性原则,以非合同一方当事人为由而拒绝支付物业费。诚然,合同是由开发商与物业服务企业签订的,貌似合理。但是仔细分析,这种借口是不能成立的,而且从诸多途径中均可分析出该结论。

比如,开发商与物业服务公司签订了前期物业服务合同,当开发商将房屋转让给业主之后,附设于房屋的前期物业服务,可以看做是房屋买卖主合同的附合同,与房屋一并概括转移。[①] 再比如,有的学者认为,前期物业服务合同的性质属于涉他合同,或称为第三人利益订立和由第三人履行的合同,它就突破了合同相对性原则,合同当事人在合同中为第三人设定了权利或约定了义务,包括为第三人利益的合同和由第三人履行的合同,[②] 那么这样的合同,第三人也应履行。再比如,还有学者援引公司法中的"揭开法人面纱"理论比对分析此问题,笔者认为道理是通用的,但毕竟此理论适用在公司法层面,且业主内部各机构的法人地位有无尚在讨论,直接适用颇为不妥,况且当下分析已经足以说明问题了。

但是,不是说前期合同有与物业合同等同效力,《公约》的所有规定就应全部得到承认。如果业主对合同有异议,则可根据《解释》第二条规定的"符合下列情形之一,业主委员会或者业主请求确认合同或者合同相关条款无效的,人民法院应予支持:……物业服务合同中免除物业服务企业责任、加重业主委员会或者业主责任、排除业主委员会或者业主主要权利的条款"来维护自身合法权益。

可以说此条款是对物业服务企业的警告和提示,告诫其不能以"霸王条款"[③] 来侵害业主利益;同时它也是对前期合同物业合同效力认定的一种限制,一种公平而适度的限制。

(二)收费项目与标准问题

再审的又一个非常重要的问题是案件中费用价格的判定及计算。意见书中认为,审判专业性强的复杂价格争议应由价格主管部门会同行业主管部门进行价格认证鉴定,供法官审判时参考,而不便由法官直接定价。该案实行了双重标准,导致物业费标准背离了市场价值。在 2003 年至 2005 年间,北京市普通住宅

---

① 曹春林:《<最高人民法院关于审理物业服务纠纷案件具体应用法律若干问题的解释>对物业管理行业的影响》,载《城市开发》(物业管理版)2009 年 6 月,第 50 页。

② 杨立新:《物业服务纠纷案件法律规范的新进展》,载《城市开发》(物业管理)2009 年 6 月,第 35 页。

③ 杨晓刚:《根据最高院司法解释分析物业管理 5 大常见纠纷》,载《中国物业管理》2009 年 6 月,第 18～19 页。

物业管理收费实行的是政府定价,[①] 建设部、发改委1864号文件规定从2004年1月1日起可由双方协调,实行市场调节价,但双方没有协商一致前,仍应执行《公约》中的政府定价。[②] 也就是说,价格的认定要么严格按《公约》约定的收费标准,直至业主大会选聘物业管理企业并签订新的物业服务合同为止;要么如果双方当事人同意,可以由价格主管部门会同行业主管部门,依据美丽园小区物业的实际情况和双方争议期间的收费政策,依照双方争议期间执行的政府指导价标准确定物业管理服务费的收费标准。

笔者认为,如上部分所述,《公约》也只是一个合同,其强制性约定内容,不足以完全使得业主们遵守;但此处的困难之处在于,政府有文件也规定了类似的内容。但是,政府规定就一定准确无误吗?现行价格政策与收费标准其实是存在问题的。物业费用定价是个系统工程,要从多方面考虑才客观、全面。现行物业管理服务收费的政策及标准是1996年出台的,几年来不论是从物业管理规模、产权人住房的结构及服务要求等方面都发生了很大的变化,而沿用老的收费管理办法明显地存在着不足、政策标准滞后。[①]

以上分析与结论,其实都是在做事后解决,而《解释》将"丑话"都说在了前头,使得物业收费从项目到价格都有了事前的明晰,可以说是做出了有益的突破和变革。《解释》首先明确了慎重承诺与物业服务细则公示是物业服务合同的必要组成部分。这样就杜绝了一些物业服务企业为了拿到项目,夸下海口,做出不切实际承诺;在物业服务合同中玩弄模棱两可的模糊字眼;在拿到项目后,又迫于成本压力,无法兑现自己当初的承诺,进而依据政府的指导价格收费等现象。《解释》还规定服务收费要预先明确。实践中,因物业服务企业擅自做主,在物业服务合同之外收取各种费用,或者提高收费标准、重复收费,是个别物业服务公司的生财之道。《解释》第五条规定,业主以违规收费为由提出抗辩的,人民法院应予支持。可见,最高人民法院已将审判实践中的常见的业主抗辩理由,上升为具体审判指导规则,这大大便利了业主,同时也要求物业服务企业务必要考虑周全、长远,未来可能需要收取的费用必须事先在物业服务合同中予以明确体现,避免未来出现《物业服务合同》约定之外的收费。[③]

---

① 其实物业收费共分三大类,第一类为物业公司管理服务收费,第二类为代收代付部分,第三类为有偿服务部分。前两部分收费根据《北京市普通居住小区物业管理服务的收费暂行办法》(京价(房)字【1997】第196号)规定。详见张庆地、唐力军:《关于物业管理服务收费中存在问题的调查》,北京物价2003年第2期,第25~26页。

② 张帆:《北京首例物业费业主胜诉案再起波澜》,载《中国经济时报》2006年6月14日,第002版。

③ 曹春林:《<最高人民法院关于审理物业服务纠纷案件具体应用法律若干问题的解释>对物业管理行业的影响》,载《城市开发》(物业管理版)2009年6月,第50页。

(三)再审宣判后业主与企业如何自处问题

2006年8月11日美丽园案件再审“维持原判”,法院再次支持了业委会13项诉求中的12项,小区物业费单价由每月每平方米2.72元降为1.58元。① 2006年8月31日深夜,鸿铭公司突然撤离美丽园,小区停水、停电梯、停门禁。2006年9月1日上午经多方协调后决定,当地政府指定另一物业管理公司代管美丽园。2006年9月5日海淀区小区办授权业委会召开业主大会组织招投标,选聘新物业管理公司。鸿铭公司在小区内贴出公告,表示可以有条件地重回小区。2006年9月10日在北京市建委的要求下,鸿铭公司重回美丽园小区,恢复管理工作。笔者认为,鸿铭公司尚算明智,在判决下达之后立即撤离,避免成本的进一步增长,并以此作为小小示威,或者自认收费确有不合理之处,无需纠缠。但无论出于何种原因,它避免了一个恶性的循环。因为以往的情况通常是,业主们不满意,不缴纳物业费,赶走物业服务企业。物业服务企业得不到应收的物业费,赖着不走,继续事实上提供物业服务,产生新的物业费。对此,《解释》明确规定:物业服务企业拒绝退出,并以存在事实上的物业服务关系为由,请求业主支付物业费的,人民法院不予支持。可见,纠纷一旦产生,判决一旦下达,物业服务公司最好的方式就是不再纠缠,若仍有存疑事项,也应选择司法途径,依法解决。

而业主一方呢?他们貌似是胜利者,费用降低了,但是服务也走了,新的服务企业能够根据这样的费用进驻小区进行服务,仍是未知。至此,业主和物业管理公司之间的矛盾,开始向业主内部转化。② 一部分业主希望鸿铭公司回来,另一部分业主则要求坚决执行法院的判决,无论哪个公司提供服务,物业费的收取必须执行法院裁决的标准。其实,业主的处境,根源于整个物业服务行业,若一个小区降低了价格,但大多数物业公司不认同,那么这个小区将没有物业公司入驻,业主处境两难,而整个行业也将是“奴大欺主”、“卖方市场”。

(四)再审中的诉讼主体资格问题

这一问题,涉及的是业主、业主大会、业主委员会与物业公司的关系。根据我国《物权法》以及《物业管理条例》的规定,业主大会是小区共同事务的决策机构,体现了业主的共同意志。《物业管理条例》还规定“业委会是业主大会的执行机构”,业委会只能执行业主大会的决议,它既不是法人,也不是非法人组织,不能对外直接以自己的名义从事民事活动,它所进行的“善意独裁行为”也是越权

① 详见2006年8月11日,北京市第一中级人民法院(2006)一中民再终字第8001号民事判决书,它维持了该院(2005)一中民终字第12818号民事判决,http://www.dqlaw.cn/sbws/ShowArticle.asp? ArticleID=65。

② 朱柏润:《对待“美丽园”事件:我们需要更多理性》,载《热点讨论》2006年第3期,第57页。

行为。[①] 可以说,业主、业主大会与业主委员会,是权利人与执行人的关系。但实践中,业主大会本身存在一些问题,尤其是效率问题,在业主不反对的情况下,由业委会处理对外事务比较方便,所以业委会的唯一原则就是“便利”。其对物业管理事务并无决策权,而只有执行义务。这里的对外事务,笔者认为可以包括诉讼,并且只在具有业主大会经程序通过的决定下才可。至于业主委员会与物业公司的关系,业委会只不过是一个虚幻的合同相对人。它们的关系集中体现在物业服务合同上,这点如同前期物业服务合同的地位与效力问题,而《物业管理条例》第67条的规定也是明证,该条规定:在物业服务企业依《物业服务合同》追收物业服务费提起诉讼时,欠费的业主成为被诉主体而非合同签订方业主委员会。业主与物业服务企业,才是合同的真正双方。[②]

三、建议与结论

(一)合同主体方面

笔者认为,《解释》针对此方面,虽然有明确的规定,但是仅限于规定,而无解释,并且对于现有的诸多法理解释没能统筹兼容,给出一个统一的结论。可以说是提及但没有说透彻。笔者认为在该问题上,《解释》可以引申提出业主共同体[③] 的概念。

业主委员会与物业服务企业签订的物业服务合同应当视为业主作为共同体与物业服务企业签订的合同。那么主附合同理论就可以认为是私有部分所有权转移的义务和共有部分所有权转移的义务,都并未脱离过业主共同体这一主体,这样在物权法层面的推理就顺理成章了;同时,涉他合同理论也就无所谓“他”,因为主体只有一个,就是业主共同体。这样,多种法理解释就合而为一了。并且,这样做在救济双方权益上也更好操作。原来,业主可以根据《物权法》第八十三条第二款规定,源于物权和共同管理权对违反法律规定,侵犯业主权益的事项提起诉讼;物业服务企业可以根据合同权益进行救济。但在此问题上,业委会能否作为诉讼当事人,企业能否就个别业主而非业主大会进行诉讼等问题,还是困扰着双方主体。但若明确了业主的共同体观念,那么就可以由业主委员会代表业主大会(业主共同体)进行起诉,代表性更强,更有说服力,同时物业服务企业也可因个别业主妨害了企业履行其与业主共同体的合同来进行起诉。其实,将

① 苏宝炜:《美丽园小区为什么被“摘牌”?》,载《现代物业》2006年7月,第9页。

② 孙权、夏阳:《业主、业主委员会和物业服务企业三者关系之研究》,载《法制与社会》2008年1月上,第81页。

③ 孟宪生:《厘清物业管理关系,促进物业服务业理性发展——<最高人民法院关于审理物业服务纠纷案件具体应用法律若干问题的解释>的得与失浅析》,载《城市开发》(物业管理)2009年6月,第45页。

隐藏在业主、业主大会和业主委员会背后的业主共同体明确化,是畅通双方沟通与诉讼道路的最佳途径,否则只有企业和业主大会双方,各主体间的作用达成将一直是间接的。

(二)费用收取方面

笔者认为,在费用收取方面《解释》的作用是关键的,其规定在事前就明确收费的项目和标准,并通过市场规律来让小区业主选择物业服务企业,是恰如其分的做法。同时,笔者认为,在收费模式上,《解释》或可提倡针对不同时期或者不同的物业服务内容使用多样性的收费模式,如有的学者认为,酬金式模式就比较适合前期物业服务。①

(三)业主方内部关系方面

《解释》在此方面并未提及,尚需大力完善。虽然强调业主共同体对此方面也有较大影响,但是仍有一些更为具体的做法值得研究、参考。

比如,有的学者主张将业主大会法人化。并且最近北京市政府法制办在网站上征求民意,讨论《北京市物业管理办法(草案)》规定的具备条件的业主大会可以试行法人登记,经依法登记取得法人资格的,可以按照相关规定开展与物业管理有关的活动等内容。②

此外,业委会也确实应加强对程序的重视。和谐社区发展中心理事长蔡若焱认为,美丽园事件再一次表明,业委会的处境在目前的法律环境内非常尴尬,一方面业委会作为一个法定的业主大会的执行机构,如何引导和启发业主大会的意志产生是非常重要的;另一方面业主也必须改变对程序的认识,在程序未被质疑的时候,业主不应直接质疑业主委员会的作为及产生的结果。③ 确实,这很容易导致业主权利的滥用,而任何权利其实都是需要限制的,这样也就能够避免美丽园事件再审之后业主内部的分裂与分化问题。

(四)结论

美丽园案件已经呈现出一种两个集团间的竞争。北京市物管协会在2006年4月13日组织了专家对该案进行了研讨。研讨后,物管协会向北京市一中院主管领导发出了《行业专家对北京市海淀区美丽园物业管理纠纷案给物业管理行业造成严重影响的意见和情况反映》,北京市价格认证中心出具了《关于美丽

---

① 收费模式包括包干制和酬金制。包干制即由业主向物业管理企业支付固定物业服务费用,盈余或者亏损均由物业管理企业享有或承担;酬金制则在预收的物业服务资金中,按约定比例或者约定数额提取酬金支付给物业管理企业,其余全部用于物业服务合同约定的支出,结余或者不足均由业主享有或承担。具体介绍请参见陈晶晶:《北京首例酬金制物业遭业主索赔案开庭》,法制日报2007年4月11日第006版。

② 沈克明:《借美国实例谈业主大会法人地位可行性》,载《中国物业管理》2009年12月,第43页。

③ 易安:《美丽园事件告诉了我们什么》,载《社区》2006年11月,第8页。

园小区物业收费项目价格咨询报告》。而7月5日,一份《美丽园物业重申案件声援联署书》发表在美丽园社区业主论坛上,北京33个小区的业委会主任在联署书上签名,对美丽园业委会表示声援。中国消费者协会也对美丽园的诉讼表示公开的支持,这是中消协成立十几年来,第一次主动支持的相关诉讼,也是中消协律师团成立两年来第一次支持和关注的案子。[①] 但是,《解释》仅仅是对《物权法》的解释,它尚不能调整所有的物业纠纷问题,也就更谈不上解决物业行业和业主阶层之间的矛盾。但这个矛盾解决不好,要么是物业管理行业受到沉重打击,物业管理企业因来不及降低成本、改善经营而纷纷财政困难甚至倒闭,小区物业管理造成混乱状态,不利于社会和谐稳定和安定团结;要么业主忍气吞声,物业企业牟取暴利,漫天要价,直接损害公民的合法权益。笔者认为,真正能够导致物业管理企业倒闭的,是这个行业的暗箱操作和不诚信经营,不能适应竞争,但这种规范与风气的形成尚需时日,许多物业企业还需良性引导,若操之过急,用药过猛,也确实达不到效果。所以,这个度,不好拿捏,且肯定不是一个司法解释可以做到的。

笔者认为,首先,正本清源之道乃是加快物业管理专项立法[②],并且我国立法应采取物业管理法模式。因为我国物业管理现状中人与人之间的关系急需规范,而民法模式、住宅法模式和建筑物区分所有权法模式重在对物的管理,对人管理存在漏洞,但物业管理法具有人法色彩。其次,我国城市采用的是社区管理,且物业区通常都是一个由许多建筑体组成的住宅小区,刻意区分单个建筑体的功能等,不便于在我国的适用和辨别,所以物业管理法更适合我国现状;最后,从立法目的来看,我国努力建设的是和谐社会,和谐的社区,故而物业管理立法应该着重于环境的维持和秩序的价值,正义价值与权利义务规制应居次席,这样一来,物业管理法也恰好符合这一点。[③]

---

① 赵晓秋:《美丽园再审案:两个群体的较量》,载《法律与生活》2006年9月下半月特别报道,第33页。

② 当前世界各国关于物业管理的立法模式共有四类:1.民法模式。以意大利和瑞士为代表,指在民法典中设若干条款,以规范物业管理中的法律关系,但其无法详尽物业管理的诸项制度,操作性弱。2.住宅法模式。以英国、加拿大、澳大利亚、新西兰、印度等为代表,指制定一部住宅法对所有类型住宅的所有、租赁等法律关系进行专门调整,而把物业管理作为其中一部加以规定,但其将物业管理局限于住宅,非住宅物业则无法律调整,与日益发展的物业管理不相适应。3.建筑物区分所有权法模式。以德国、日本、法国等国为代表,指专门制定建筑物区分所有权法,其中设专章或专节对物业管理进行调整。这种模式将物业管理法律作为建筑物区分所有权的三大要素之一加以规定,揭示了物业管理法律关系与建筑物区分所有权的内在联系。4.物业管理法模式。以我国香港和台湾地区为代表,指专设物业管理法,统一规制物业管理法律关系。这种立法模式将物业管理法律关系从区分所有权法中独立出来,集中规定,具有显著的特色。可以说,从民法模式到住宅法模式再到建筑物区分所有权法模式,对物业管理法律关系进行规制的法律层次越来越专业化而内容越来越具体和完整,是一条符合历史发展逻辑的脉络。详见周四新:《完善我国物业管理立法的构想》,载《财经理论与实践》(双月刊)2000年3月第21卷第104期,第120页。

③ 沈克明:《借美国实例谈业主大会法人地位可行性》,载《中国物业管理》2009年12月,第43页。

□ 域外法专论

浅析俄罗斯思想对俄罗斯民法发展的影响

于天娇[①]

摘　要：本文主要从俄罗斯历史发展出发，探讨各种思潮以及道德文化的变迁对其民法发展的影响。法律的发展是一国文明进程中的重要环节，而每当一国之文化、思想以及道德审美的情趣发生变化，就会影响到该国、该社会阶段的法律制度的演变，这其中又因为民法与社会民生的息息相关而犹受牵连。俄罗斯思想是影响俄罗斯国家民法制度发展的不可忽视的因素。这种造就了俄罗斯民族特性的思想情操也打造出俄罗斯民法发展的独特脉络。笔者希望通过本文对俄罗斯思想与俄罗斯民法发展之间联系的简要分析为我国学者提供一个研究俄罗斯民法的新视角。

关键词：俄罗斯思想；民族性；俄罗斯民法

目　次：

俄罗斯思想是指俄罗斯历史发展中的各种思潮，它反映了俄罗斯民族的特性。在本文，俄罗斯思想是指涵盖了在俄罗斯国家民法发展中对其起到一定影响的本民族独特的思想道德观念。其中，包含了俄罗斯民族传统的道德理想以及接受和改造后具有俄罗斯特性的西方理念。

一、罗斯国家法律建立的思想根基

在罗斯国家的最初建立过程中，有这样一种描述：

---

① 于天娇，法学博士，现工作于中国国营林场开发总公司。

诺夫哥罗德人邀请瓦良格人留里克统治诺夫哥罗德时说："我们的土地辽阔，物产丰富，但我们缺少规则。来做我们的大公，来统治我们"。[①]

尽管这可能只是古代编年史传奇中，留里克王朝的统治者对自己占领并统治诺夫哥罗德公国的一种美化或找寻的一个合适理由，但由此，至少可以看出，当时的罗斯国家的制度与规则状况都不甚完备，需要建立一个统一而有效的国家运行规范体系。留里克王朝在诺夫哥罗德公国的确立，首先满足了当时罗斯社会对大公政权国家的现实需要，同时，也为各种规范，以至国家法律体制的形成创造了条件。而作为邀请者和被统治者的诺夫哥罗德人（即罗斯人——俄罗斯人之前身），则扮演了一个主动要求被治理的角色，其特性在于具有自我控制外在行为自由的渴望和团体纪律性约束的要求。

恰恰是在这样一种特性的基础上，造成了罗斯民族对英雄和领袖的崇拜、追随，乃至服从。其结果就是造就了特权阶层，而且，这一阶层还被长期接受和认可。基于此罗斯建立起农奴制的国家体制，在法律上确立了一种不平等的，带有鲜明身份特征的制度构建。当 1497 年的《律书》和 1550 年《律书》颁布实施后，农奴制国家政权得到正式确立。而这种确立就是依靠达成了基本共识的社会各阶层对身份特权的认可而实现的。

作为欧罗巴家庭一员的罗斯民族，从外在环境上看，其法律制度具有发展传统罗马法精神，与欧洲其他民族在追求自由和平等的道路上共同前进的条件。但事实上，它的国家法律制度建构却与同时代的其他欧洲国家有着显著差异。相对于其他欧洲国家而言，它的发展与构筑更保守，也更表露着制定者的迟疑态度。"农奴制→封建农奴制→带有农奴制的资本主义"，这样一种国家的发展模式不能不说明其历史变迁过程中的保守和顽固。而这种状况下，调节社会生活的各种规范必然是在一种矛盾中缓慢的发展。同时，展现出反复和妥协性的前行轨迹。

当我们翻看欧洲大部分国家在资本主义阶段蓬勃发展的法律史时，俄罗斯当时的法律，尤其是民法制度的变革却是步履维艰。俄罗斯思想与西方思想之间的冲突与辩驳成为其民法发展道路上的一个重要阻力。

二、沙俄国家民法变迁中的思想博弈

当欧洲大部分国家开始轰轰烈烈的资产阶级革命时，俄罗斯的思想家、活动家们也力图把俄罗斯推向这场变革。他们当中有的人推崇西方思想，力图让俄

---

① А.С.Орлов, В.А.Георгиев, Н.Г.Георгиева, Т.А.Сивохина: История России : С древнейших времен до наших дней : Учебник, М. : Проспект, 1997. ст.22.

罗斯跟随西方脚步，走西方模式；有的人坚持俄罗斯的民族传统，甚至希望俄罗斯可以重回天然的村社型社会模式。沙俄开始在所谓的“西欧派”和“斯拉夫派”各自推崇的这两种社会模式的争执和角逐中摇摆。

在西方派思想家和活动家的实践中，最有代表的就是斯别兰斯基的改革方案。在一系列改革方案中，法律改革是其改革理想的主要内容和实现其改革俄国社会的重要手段。19世纪初亚历山大一世统治时期，沙俄处于国内政治自由化时期，沙皇试图进行俄罗斯帝国国家立法系统和技术的改革。斯别兰斯基以法典编纂委员会领导人的身份于1810年向议会提出了自己的民法草案。斯别兰斯基对当时俄国社会革命问题进行深入思考，希望以最小的代价实现社会的变革，通过一部新的民法典在沙俄建立起西欧模式的民事生活秩序。由于当时拿破仑法典的巨大影响，和其反映出的先进性，因此斯别兰斯基的民法草案主要以这部新的法国民法典为范例。有人评价这部民法草案基本上就是1804年法国民法典的沙俄版。其目的在于建立一个体现私法自治精神的新的民事法律关系调整秩序。

不过，这种新的民法理念是否可以得到各阶层的认可呢？答案是否定的。沙俄从上至下还无法改变自己固有的认识和习惯，以通过这样一部法典。

民法草案被认为是法国立法式处方。从一定程度上可以看出，在当时的俄国，国家各个阶层中的民族意识对立法改革具有相当影响，对直接沿袭欧洲新的立法改革方案不能接受。完全西欧化的改革，包括在俄国施行新的西欧模式的民法规范是行不通的。

尤其，1812年拿破仑进攻俄国，卫国战争开始，西欧派推崇的法国式的民法改革更受到了批判。著名的历史学家、保守主义者卡拉姆辛在自己的《新旧俄罗斯笔记》中对斯别兰斯基的民法草案给予的评价就是：“拿破仑法典的译本”。“这对俄罗斯人来说是怎样的惊奇！感谢上天，我们还没落入那个侵略者的统治之下；我们这里还没有流着眼泪用翻译过来的拿破仑法典做民法章程。”卡拉姆辛在《新旧俄罗斯笔记》中九次对俄国民法草案循习外国法律的问题进行批判。可见，在俄罗斯的知识分子阶层中还是有一部分人不愿意借用当时所谓先进的拿破仑民法典。[①] 他们希望可以制定闪耀俄罗斯自己民族智慧的法典，用以处理俄罗斯人自己的生活。根据这些“斯拉夫”知识分子的认识，当时俄罗斯需要的民法典应当是带有鲜明俄罗斯民族特色的，根植于俄罗斯大地之上的民法。他们更强调本国法律的国情特色。这说明欧洲的民法理念只有找到合适的俄罗

---

① Севастьянов Ф. Л. Консервативная альтернатива кодификации русского права в первой трети XIX века. 载 http://conservatism.narod.ru/oktober/sevastyanov.doc，2007.10.21登陆。

斯民族载体,才有可能释放出来。这是俄罗斯民族性的强大使然。

在斯拉夫派改革社会的方案中,更强调俄罗斯民族的道德力量。其认为,道德因素可以规范法律因素,人类的法律权力与道德义务相对立,真正的社会生活科学是道德责任的科学,能够给人类法律施加力量,且高于法律。罗马法仅仅具有外在的形式,这种形式的斟酌反而淹没了内容的公正性,失去了内在生活根源。西欧的平等与自由的法律仅存在于形式之上,俄罗斯社会的理想形式是摆脱了外部法律形式的道德社会,是一种更为成熟的拥有内在强大力量的成熟社会。良心的力量高于法律力量,俄罗斯民族的传统村社的日常法律就是摆脱了外在形式,确立了内部信念的优先地位,并以这种道德自律来达到社会生活的和谐的。沙俄现有的专制制度是人民精神力量的一种反映,是源于道德感和对政权的自我节制的结果。移植到俄国土壤上的西欧的法律是虚伪的,俄国可以有另一种更加完满和更加人道的自由,专制制度是可以成为代表所有阶层利益的一种现象,外部法律形式确认的不是各阶层人民的自治权利,只有俄罗斯人民内心的信仰和民族性可以支撑起真正的自治权利。西方的法律文明是物质文明的制度表现,是以牺牲精神为代价的,是一种牺牲了民族同一性和整体性的"文明成果"。① 形式的自由与平等以丧失内心的自由与平等为代价。心灵对自由与平等的渴望唤起了对形式上自治的需求,而这种对形式自治的唯理性主义的倚重却又使人模糊了对自由与平等追求的原始出发点。在斯拉夫派看来俄罗斯精神的力量和俄罗斯社会传统的村社法可以代替罗马法和它在现实生活中所起的作用。②

不过,在斯拉夫派的社会政治理想中并不是没有对平等自由的民主原则的现实要求。他们要求政权赐予公民自由——信仰的自由、言论的自由、出版的自由、意见的自由。通过这些主要还是达到俄罗斯人的精神自治和与精神自治有关的行为自治。在斯拉夫派的眼中,天然的原始的社会生活方式更有利于俄罗斯民族的发展。西欧的新法不适用于古老的俄罗斯民族,俄罗斯有自己的内在法则,可以创设自己的民主原则,可以在牢固的土地私有制基础上以村社的生活方式活动,在农民的人身权上,斯拉夫派也呼吁实现人身自由,不过他们提出的与这种呼吁相适应的制度改革却是妥协的,仅仅基于人道主义关怀的一种改革方案。

斯拉夫派与西欧派对平等与自由的渴望具有一致性,但对实现平等与自由的自治手段和方式有不同的观点。西欧派的理想是建立法制的社会,以西方的

---

① 白晓红:《俄国斯拉夫主义》,商务印书馆 2006 年版,第 91、126、170 页。

② 白晓红:《俄国斯拉夫主义》,商务印书馆 2006 年版,第 125 页。

理念统领俄国的法律制度，在民法上确立西方的民法原则。而斯拉夫派则是反对对西方法律范例的模仿，反对在俄罗斯的土地上建立西方的法律模式，认为俄国有自己民族的人民自治模式，强调精神和道德力量的规范大于法律的规范。

到19世纪下半期，用法律手段变革俄国社会，逐渐成为当时各个阶级的基本共识。而在影响俄国法律改革的各种社会思想流派中对个体自由和权利实现的理解却仍旧各有不同。

与西欧派一脉相承的自由主义流派把个体自由的理解表述为重要的精神和政治价值。在保障公民和个人的自由与权利中，自由主义者认为应当以改变政治和社会个性解放为条件，转变传统的阶级社会为公民的、法制的社会。俄罗斯的自由主义的学者更希望在俄罗斯的土地上根植培育"自由"的苗圃。他们的要求可以概括为承认个体自由和为它的实现创建体系化的法制保障。

而与之有所差异的斯拉夫主义者则希望俄国的民法制度有自己的特色，他们不希望借鉴外国法律的范例，认为俄国的民法应当吸收俄国的传统生活经验，到俄国的古代历史中寻找实现自由和平等的方案，"自由"的种子是俄罗斯自己历史发展而来的，俄罗斯不是西方自由的孩子，而是有自己的"自由"精神的母亲。斯拉夫派认为西方形式的自由是以精神枯竭为代价的，俄罗斯的自由要区别于西方的自由。斯拉夫派甚至呼吁限制私人所有权的发展，目的在于避免社会动荡。他们对自由与自治的理解，更多是建立在心灵层面上的，而非对更多现实权利的要求。他们提出"不应当存在任何形式上的、法律上的东西，不需要任何权力上的保障。有机的关系和契约是对立的。一切都应当建立在信任、爱和自由的基础上"。①

在俄国1905年完成的民法草案中，充分体现了这两种改革指导思想的斗争。自由派和斯拉夫派之间在法律，乃至民法上的理想都旨在实现"自由"。自由派要求先在形式上创建实现"自由"可能，而斯拉夫派对自由的理解主要是提倡精神层次的自由，认为真正的"法"不是形式上的，而是自发的调节各种社会关系，自由来自于人的心灵体验。双方的矛盾是俄罗斯民族思想与西方思想之间冲突的表现，沙俄的改革家们在两种指导思想的博弈中试图寻找妥协折中的方案。斯拉夫派与西欧派的争执实际上也体现了俄罗斯民族的东方思想和西方思想之间的争斗，体现了资本主义和民族主义理解和表现"自由"、"平等"理想的不同方式的争斗。这种冲突和争斗自然地影响到俄国法律制度的改革进程与改革的力度和内容，也是俄罗斯当时民法发展局限性的原因所在。

① 转引自[俄]尼·别尔嘉耶夫著，雷永生、邱守娟译：《俄罗斯思想》，生活·读书·新知三联书店1995年版，第49、50页。

三、苏联民法制度建立发展的民族性考虑

1922年苏联颁布了世界上第一部社会主义性质的民法典——《俄罗斯苏维埃联邦社会主义共和国民法典》,这也是历史上第一部正式在俄罗斯国家实施的民法典。《俄罗斯苏维埃联邦社会主义共和国民法典》的制订确立起新的民事关系调整原则,颠覆了以往对民法的理解,建立起全新的民事法律思想理论。

而为什么体现社会主义法学理论的民法制度首先在苏联建立起来呢?这也和俄罗斯思想和俄罗斯民族性有着不可分的联系。可以说,苏联的法学理论和民法制度能够建立起来有一定的思想基础。这种思想为苏联的社会主义法制提供指导。苏联的民法能够脱离传统的民法理念和原则,独立存在并发展了70多年,也是因为有特殊的精神伦理对其支持。

首先,苏联社会主义、共产主义理论的产生有其一定的民族道德基础。从俄国19世纪形成的斯拉夫主义来看,他们就断定俄国不会有资本主义的发展,不会形成强有力的资产阶级。在这样一种社会情绪下,社会主义、共产主义的理论比资本主义的理论更易于被接受。那么究竟是怎样一种俄罗斯思想让社会主义、共产主义的理论得到支持的呢?这就是与西方的个人主义生活方式相区别的俄罗斯人生活方式的集体性。[①]苏联的社会主义、共产主义理论都描绘了一个理想的集体生活方式,对集体性和共同利益高度崇拜,正是这种图景与俄罗斯人传统的生活方式集体性不谋而合。自然地,苏联的关于国家、集体权利的崇高地位可以被俄罗斯民族心理所理解和接纳。

确立了国家、集体权利的高尚性地位,就要使个体权利的空间受到挤压,对"牺牲"意义的价值就必然要被高大化。传统的西方民法体系对权利空间的排位是私权→公权。而苏联民法体系则是公权→私权。西方价值观认为私权空间对公权空间的让渡要基于一定的补偿,让渡本身就是牺牲,补偿与牺牲之间没有必须的联系。而苏联的价值观则强调私权空间对公权空间的让渡是必须的,补偿是次要的,对牺牲的价值肯定就是一种"补偿",有财产内容的"补偿"并不重要,甚至这种带有财产内容的"补偿"会损害对"牺牲"的价值评定。当牺牲成为一种信仰,私权的被挤压就有了伦理价值。

当私权空间被缩小,私权地位被人为地下降,公权的崇高性和无限性就造成了权力的集中。列夫·托尔斯泰曾经把俄罗斯民族对权力的态度表述为"俄罗斯民族对待政权的态度向来不同于欧洲各民族,它向来把政权不是看成幸福,而是

---

① [俄]尼·别尔嘉耶夫著,雷永生、邱守娟译:《俄罗斯思想》,生活·读书·新知三联书店1995年版,第105页。

看成灾祸……"[1] 这说明俄罗斯对代表权力的政权持否定态度。俄罗斯民族传统思想中认为个人和个人意识是实现自由和完美的最大障碍。那么个人与个人意识的表现形式——个人的权利实现就成为俄罗斯人理想中要成就真正自由所应当克服的了。苏联政权首先针对俄罗斯民族传统的对"政权"的态度,把自己的"权力集中"表述为是"为了消灭一个阶级压迫另一个阶级的政权而存在"的必然形式;然后又给这种"权力集中"的苏维埃政权加上了一个期限,称国家和政权必然是走向消亡的,社会主义政权是暂时的,是权力消亡过程中的一个必经阶段;最后以国家和集体权利高于私权的地位来从法律上肯定俄罗斯传统理想中"真正自由"的实现方式。

权力集中的突出表现之一是个人崇拜。就像前面提到的一样,苏联时期一直存在着个人崇拜主义的影响。这种个人的崇拜主义能够在苏联产生并存在一方面有民族性影响,一方面是苏联化的社会主义理论理解。俄罗斯的偶像膜拜是为了创造一个民族力量的象征,在压抑亦或紧张的社会生活现状中寻找精神的寄托。苏联化的社会主义理论认为要为人从奴隶制解放出来而斗争,断言社会居于个人之上,居于具体的人之上。[2] 在这里具体的人指的就是"私人"、"个人"。而社会利益的实现依赖于具体的执行者。这个执行者的"私人"、"个人"的特性被忽略,而被看做是社会和集体的代表。这样,苏联政权把一个个人从剥削与暴力下解放出来,但同时,又创设了另一个权力的集合体,另一个偶像。解放个人的集体成为个体的奴役者了。为了把这种体制固定下来,苏联的法律制度在最多涉及私人和个体权益与关系的法律部门——民法中树立了集权和行政命令的绝对效力。

总之,"俄罗斯民族在民族文化方面没有西欧那些民族的优势,它是更加直爽和更富有灵感的民族,它不懂得方法而好走极端。在西欧的民族中,所有事物都用决定论来说明,并且最终都划分为类别,而在俄罗斯民族这里主张决定论的很少,人们更多地倾向无限性;在这里没有想了解分类问题的人……在俄罗斯精神结构的基础中有两种对立的因素:自然的、语言的、狄奥尼索斯的力量和禁欲主义的僧侣的东正教。在俄罗斯人身上可以发现矛盾的特征:专制主义、国家至上和无政府主义、自由放纵;残忍、倾向暴力和善良、人道、柔顺;信守宗教仪式和追求真理;个人主义、强烈的个人意识和无个性的集体主义;民族主义、自吹自擂和普济主义、全人类性;世界末日——弥赛亚说的宗教信仰和表面的虔诚;追随

① [俄]尼·别尔嘉耶夫著,雷永生、邱守娟译:《俄罗斯思想》,生活·读书·新知三联书店 1995 年版,第 139 页。

② [俄]尼·别尔嘉耶夫著,雷永生、邱守娟译:《俄罗斯思想》,生活·读书·新知三联书店 1995 年版,第 95 页。

上帝和战斗的无神论；谦逊恭顺和放肆无理；奴隶主义和造反行动。”[①] 别尔嘉耶夫把俄罗斯民族的这种特性总结为“极端性”和“矛盾性”。这种“极端性”和“矛盾性”的表现就在于“内在的解放”、“紧张的精神追求”和“社会追求”。[②] 内在的解放使俄罗斯人不关注私权的被限制和压缩，紧张的精神追求让俄罗斯人以偶像崇拜和绝对权力的崇拜来释放自己，社会追求更为权力的集中提供了崇高的理由。苏联的思想学说能够成立，能够在民法领域控制私权，否定私法自治的传统民法原则就是因为其找到了在矛盾中表达极端性的方式。私权的基础在于自由和平等，俄罗斯有自己对自由和平等的理解，强调这种自由、平等与其他民族的差异是一种极端性的表现。外在的“自治”形式在俄罗斯民族思想观念中实际上是实现内心自由与平等的障碍，对私权的限制和建立公权的绝对性以及公权对私权干涉的原则，实际上是俄罗斯人达到真正自由与平等的法律辅助手段。自由与平等应该是最大限度地不受干涉与限制，但俄罗斯思想中形式的“自治”又是一种“真正自由平等”的阻碍，这就在自由与平等的追求中形成了矛盾。苏联民法“公有制”的神圣不可侵犯，正是俄罗斯思想所能够理解的实现俄罗斯理想的方案。

四、俄罗斯思想在俄罗斯联邦民法制度构建中的影响

俄罗斯新的民事法律制度是在俄罗斯社会大力加快市场经济和私有化的进程中逐步确立起来的。1991 年苏联通过了新的民事立法纲要，以服务于制定新的民法典。苏联解体后，1993 年 12 月 12 日俄罗斯联邦通过了新的宪法——《俄罗斯联邦宪法》。1994 年俄罗斯联邦国家杜马通过俄罗斯联邦民法典第一部分，1996 年 1 月国家杜马通过俄罗斯联邦民法典第二部分，2001 年国家杜马通过俄罗斯联邦民法典第三部分，2006 年 12 月最后的第四部分得以通过，2008 年 1 月 1 日俄罗斯联邦民法典全部正式实施生效。

新确立起来的俄罗斯联邦民法制度充分体现了俄罗斯思想道德发展新阶段对西方思想的重新认识和接受。

在新的俄罗斯社会，道德取向发生了重大变化，对私权和个体重要性的重新认识意味着对苏联时期民法原则和社会价值观的否定。这种否定不仅仅是对一种原则、一种理念的颠覆，也是对一种生活和追求的颠覆，意味着建立起新的价值衡量标准，意味着俄罗斯人的思想观念发生了变化，对自由和平等的要求与西

---

① [俄]尼.别尔嘉耶夫着，雷永生、邱守绢译：《俄罗斯思想》，生活·读书·新知三联书店 1995 年版，第 2～3 页。

② [俄]尼.别尔嘉耶夫着，雷永生、邱守绢译：《俄罗斯思想》，生活·读书·新知三联书店 1995 年版，第 3 页。

方社会的解说更为接近。当地球被称做“地球村”，当一体化浪潮席卷全球时，俄罗斯思想也走上了调频的道路，开始主动理解和接受西方观念。在俄罗斯联邦新的民法改革过程中，更是进行了一场私法的复兴运动。民法的基础，民法的内容都呈现出新的姿态。

权利的本质就是不同道德利益的权衡和较量。私权的保护在新的价值观念下有了变化。尤其是私权的救济上，个体有了更多的可实现的受到补偿的可能。例如，俄罗斯联邦民法典规定了民事法律责任的财产手段可以用于精神损害的赔偿。在以往的价值取向中，用金钱来衡量“人”受损害的价值是可耻和可鄙的。尽管精神损害要受到救济，但以往的救济不注重以金钱价值来衡量受到的损害。而新的社会道德价值体系，不以金钱为耻，肯定这种补偿的积极意义。由此，可见道德观和价值观的变化使法律的保护手段更丰富。

而民事主体的意思自治原则的应用赋予民事主体本身以极大的自由，可以按个人的意愿从事一定的法律行为。那么，民事主体的思想和道德追求作为其意愿的指导必然影响他的行为，法律调整这些行为关系的同时，就体现了它作为社会规范所倾向的道德价值取向。俄罗斯联邦民法典 10 条规定：“如果法律规定民事权利的保护取决于这些权利的实现是否善意与合理，则推定民事法律关系参加者行为的合理与善意。”合理与善意的界定取决于司法实践中法官的自由裁量，而这种自由裁量的实现取决于社会道德评判标准。法官对合理与善意的理解要与俄罗斯社会普遍的道德标准一致，才可能作出被当事人所接纳的判决。

人的精神道德发展影响了社会价值的取向。而大部分的社会价值取向被法律规范确认后，就成为社会运转的基础与依据。善与恶、公正与不平是法律从来都要给予确认和划分的问题。不同的历史时期，从不同的精神道德发展角度出发，法律对这种确认和划分适用了不同的标准。现代俄罗斯法律的发展建立在改变苏联行政命令体系的基础上，它确立了独立的人文主义和社会文明价值标准。俄罗斯新的法律规范的建立，首先就是确立了新的社会道德标准。民法中对私人独立平等地位的确认，实际上反映了法律的人文道德标准的转变。当公共利益不再一味地置于私利之上，当为了公益、他利而牺牲的个人私利要基于公平和等价原则被补偿，都说明了个体价值的地位变化，这也是社会精神道德评价标准的变化。私人、私权和自由成为最高价值。

由此可见，主体的权利和义务不仅仅属于法律范畴，还属于思想精神范畴，它们成为可能的和必要的、道德的和不道德的、公平的和不公平的行为模式的标准。①

俄罗斯联邦在进行法律制度的变革中,一是吸纳俄罗斯思想可以接受的西方法律制度设置;二是改造西方特征的制度为符合俄罗斯精神的设计;三就是把与俄罗斯道德规范不相矛盾的西方先进制度逐步地引进,以期引导和改变俄罗斯思想中的保守和顽固。毕竟不同的国家在自己的民事生活习惯和思维的基础上已经建立起自己的一套约定俗成的规范。在新的历史条件下,对这些规范进行法律现代化的改进是必要的,但要尊重社会的接受程度。对这些规范发挥的积极作用要在立法中充分给予肯定,而对它们逐渐不适应新的社会发展的思想根源则要逐渐进行改造和转变。

俄罗斯思想造就了俄罗斯民族的特征,也造就了这个国家民法制度发展的形态。认识这种思想变化对其民法前行轨迹的影响,对了解和研究俄罗斯的法律文化颇有裨益。毕竟一国之法律文化的意义在于其是一国政治经济状况的反映,也是一国思想道德的凝练。当我国在新的历史条件下反复讨论和制定自己的民法典时,中国深厚的精神文化遗产也应该成为学者们关注与参考的对象。

① Цыбулевская О.И. Нравственные основания современного российского права //Право и политика. 2004. № 4.

□ 民商法研究评述

新中国票据法与票据法学的回顾与展望

郑宇[①]

票据是以一定金额支付为目的的有价证券,其在当前经济社会中作为信用交易和支付手段被广泛利用,具有重要作用。无论在国际领域还是国内领域,票据都有着悠久的历史,只不过由于种种原因,我国票据法制定与施行仅有十余年的时间,其在理论研究与司法实践方面尚处于起步阶段,有待于进一步加强理论研究,完善相关立法。因此,本文将系统梳理票据法以及票据法学的发展历史,并对我国未来票据法以及票据法学的发展路径进行展望。

1949年中华人民共和国成立后,废除了国民政府时期的六法全书,由此作为商法组成部分的票据法也随之失去效力。在1949~1979年的30多年时间里,我国并没有制定专门的票据法对票据活动进行规制,只是在银行结算办法中对票据,而且仅仅是支票作了一些简单的规定。例如,1955年9月制定的《国营企业、供销合作社、国家机关、部队、团体间非现金结算暂行办法及结算放款暂行办法》、1959年9月制定的《中国人民银行非现金结算办法》、1972年制定,1977年10月修订的《中国人民银行结算办法》等都只是规定作为结算工具的支票的使用规则。这主要是因为50年代末以来,随着资本主义工商业社会主义改造的完成,国民经济逐步走上了全面计划经济、高程度国营经济的道路。国家实行严格的金融管理,大力推广银行信用,限制以致取消商业信用,导致票据在经济生活中已无甚价值,票据使用被限制在极小的范围内。比如汇票只有在国际贸易中方可使用;本票基本上被取消;支票只能由企业或者单位使用,且以转账支票为主,个人不得使用支票。[②]

与此种社会经济发展情况和立法状况相对应,我国不仅没有高等院校的法学院开设票据法课程,也不存在所谓的票据法学研究,这一时期没有票据法方面

---

① 郑宇,法学博士,哈尔滨工业大学法学院讲师,研究方向为民商法学。

② 王小能:《中国票据法律制度研究》,北京大学出版社1999年版,第5页。

的任何著作与研究论文。[①]

进入 80 年代以后,随着改革开放的深入,市场经济的发展,我国逐涉恢复了票据的使用,与此同时调整票据活动的规则也逐渐增多。例如。1982 年制定的《票据承兑、贴现办法》、1984 年发布的《商业汇票承兑、贴现暂行办法》、1986 年发布的《中国人民银行再贴现试用办法》、1986 年发布的《关于个体经营户和个人使用支票结算基本规定》、1988 年发布的《银行结算办法》等。其中,1988 年 12 月中国人民银行制定的《银行结算办法》,规定可以使用商业汇票、银行汇票、银行本票、支票作为支付结算手段。这一规定,可以说是我国票据发展史上的一个重要转折点,它标志着我国的结算制度,已经开始从非票据结算向票据结算全面转变。但是,从严格的意义上说,这些规定仍然不属于票据法的规范,而主要是属于银行制度方面的、有关结算规则的规范。而且,就其内容来说,也是不充分的,不能完全适应我国当前票据使用现实需要。[②] 因此,制定一部统一的、严格意义上的票据法就显得十分必要了。这一时期,虽然我国还没有一部统一的票据法,但是各种票据结算规则的颁布及其不断完善,为日后我国制定票据法奠定了坚实的基础,有力地推动了我国票据立法的进程。

随着票据的恢复使用和票据立法的逐渐增多,我国票据法学研究也初露端倪。在此期间,不仅在教学领域与以前相比有了明显的突破,即部分高等院校的法学院开设了票据法课程;在科研领域也开创了票据法研究的先河,已有一部以票据法为研究对象的专著,即谢怀先生在 1990 年出版的《票据法论》,而以票据法为研究内容的论文则达到 20 余篇。这一时期对于票据法的研究,在研究方向上多是宏观性、体系性的研究,在研究内容上则多是对基础知识的阐释,当时多数文章都是直接以票据或者票据法为题,例如,郭锋先生的《论票据法律制度》、刘定华先生的《票据立法刍议》、周德裕先生的《对我国票据立法的探究》等。而对于票据法中的具体制度进行细化的研究少之又少,仅有郭玉军先生的《空白支票的若干法律问题》、彭胜坤先生的《略论支票流通的若干法律问题》等文章。但是,此时已经存在对外国票据法的研究以及票据法的比较研究,例如赵新华先生的《日本票据法略论》、郭锋先生的《西方国家的票据与票据立法》以及李明发先生的《票据立法形式比较研究》。

随着 90 年代的到来,社会主义市场经济日趋完善,此时作为市场经济重要环节的票据活动不仅数量日益增多,而且内容纷繁复杂。但这一时期与之相应

---

① 本文关于不同时期著作、博硕士论文以及发表的论文数量的结论,是笔者根据中国国家图书馆和中国知网的相关信息进行的大致统计,可能与实际情况会存在一定的出入。

② 赵新华:《票据法论》,吉林大学出版社 1998 年版,第 47~48 页。

的票据立法却处于滞后状态，其不仅立法层次较低，而且各种规定极不统一。因此，制定一部统一的票据法便提上了立法日程。

在1990年的全国人民代表大会上，一些代表提出抓紧制定票据法的议案。在同年年底，中国人民银行正式成立票据法起草小组，经过研究讨论，于11月草拟了《中华人民共和国票据法》(讨论稿)。后又经深入调查，总结实践经验，广泛征求各界意见，几易其稿，于1993年将草稿提交国务院，国务院法制局在一年多的时间里，对草案进行了一定的修改，主要删除了草案中带有行政管理色彩的内容，补充了国外先进的票据制度，于1994年12月5日经国务院总理签署呈报全国人大常委会提请审议。全国人大法律委员会、财经委员会等权威机构对国务院的草案又进行了广泛深入的研究讨论，终于在1995年5月10日，由第八届全国人民代表大会常务委员会第13次会议通过，并于1996年1月1日起实施。①至此，中华人民共和国第一部票据法诞生，从此我国的票据活动走向了法制化的新阶段。此部《票据法》规定了汇票、本票、支票三种票据，对于出票、背书、承兑、保证等票据行为，付款、追索等票据法上的行为和票据违法行为进行了具体详细的规定，这些规定对于规范票据行为，保障票据活动中当事人的合法权益，维护社会经济秩序，促进社会主义市场经济的发展起到了重要作用。

为了保障票据法在司法实践中的正确适用，也为了弥补票据法规定的不足，1997年8月21日中国人民银行发布了《票据管理实施办法》，同年10月1日起施行。1997年9月19日中国人民银行又发布了《支付结算办法》，同年12月1日施行。2000年11月14日最高人民法院《最高人民法院关于审理票据纠纷案件若干问题的规定》，同年11月21日施行。此时，我国的票据立法逐步走向成熟与完善。

在这一时期，我国票据法研究得到了飞跃式的发展，不仅各高等院校的法学院开设了票据法课程，而且在票据法理论研究领域也呈现百花齐放的态势。这一时期，以票据法为研究内容的专著与论文数不胜数。仅以票据和票据法为题的专著就达到近300部，研究论文则达到1 700余篇。而从1999~2009年间以票据法为题的博士论文有8篇、硕士论文为300余篇。此时的票据法研究已经从宏观、体系性研究转变为微观、细致性研究，几乎票据法中的每一项具体制度都有学者进行较为具体、深入的研究。在进入2000年以后，每年的票据法研究自发地形成了一些专题，即形成了所谓的焦点与热点的研究。例如，在2001~2002年，关于票据法的研究主要集中在票据法如何适应加入WTO后与国际接轨，完善票据法律制度等问题上。在2003~2004年，关于票据法的研究主要集

① 参见王小能：《中国票据法律制度研究》，北京大学出版社1999年版，第6页。

中在票据的无因性原则、票据抗辩、票据追索权、票据利益偿还请求权等问题上。在2004～2005年，关于票据法的研究主要集中在票据行为无因性、票据抗辩及限制、票据瑕疵、票据权利质押、失票救济、票据权利善意取得等问题上。在2005～2006年，关于票据法的研究主要集中在票据的无因性、票据拒付处分制度、票据的背书、票据保证、票据救济的对抗事由等问题上。

从以上对我国票据法以及票据法学的回顾中可以看出，票据立法以及相应的票据法学研究虽然在我国起步较晚，存在时间不长，但其却有着无限的活力与发展空间。首先在票据立法方面，在《票据法》制定时，由于对票据相关理论认识的广度与深度不够，导致我国的票据立法相对简单、粗糙，甚至一些规定有违票据法的基本理论。之后，虽然通过一定的规定以及司法解释对此进行补充、完善与修正，但是仍与成熟的票据立法存在较大的差距。因此，我国应尽可能地参考外国的立法经验以及采纳我国学者的立法建议，对票据法进行修订，使其达到世界先进立法的水平，从而在经济生活中更好地发挥其作用。其次在票据法学研究方面，虽然近几年我国票据法学得到长足发展，不仅其研究人员及研究机构不断增加，而且研究成果的数量与质量也不断提升，但是相对于民法中的其他部分而言，其仍然处于弱势状态。在今后对票据法的研究上，我们应该动员更多的学者参与到票据法的研究中来，在研究的深度上应该有所增强，不能只在低水平上不断重复，无所突破。在今后的日子里，随着我国经济迅猛发展和国际交往的增加，随着我国票据法学的发展，中国的票据法和票据法学也必将迎来自己更加辉煌的明天。